Francesco Petrarca

Brief an die Nachwelt
Gespräche über die Weltverachtung
Büchlein von seiner und vieler Leute Unwissenheit

Übersetzt und eingeleitet von Hermann Hefele
(1885–1936)

Regenbrecht Verlag

© Regenbrecht Verlag, Berlin 2022
Alle Rechte vorbehalten
www.regenbrecht-verlag.de
ISBN: 978-3-948741-06-8

Die Vorlage dieses Buches bildete »Petrarca: Briefe und Gespräche«, übersetzt und eingeleitet von Hermann Hefele, Jena 1910, Diederichs Verlag

Herstellung: BoD – Books on Demand, Norderstedt

Einleitung

Petrarcas Leben

In seinem »Briefe an die Nachwelt« berichtet Petrarca selbst die wichtigsten Daten seiner ersten Lebensjahre. Er wurde geboren zu Arezzo am 20. Juli 1304. Seine Eltern waren Florentiner, lebten aber in der Verbannung – seinen Vater, einen Anhänger der »Weißen«, hatte gleichzeitig mit Dante das Verbannungsurteil getroffen – und der junge Petrarca teilte mit ihnen das wechselvolle Schicksal eines heimatlosen Lebens.

Erst im Jahre 1313 hatte der Vater in Avignon und später im nahen Carpentras eine zweite Heimat gefunden. Seine Geburt im Exil war für Petrarca von großer Bedeutung. Sie bewahrte ihn von Anfang an vor der kleinbürgerlichen Sesshaftigkeit und deren geistigen Folgen; sie gab seinem Leben Bewegungsfreiheit und seinen Anschauungen die Weite des Blickes, die zu seinen vornehmsten Eigenschaften gehörte. Als Vollblutitaliener wuchs er unter dem freien Himmel des provencalischen Avignon auf als lebensfroher Exilgenosse des römischen Hofes. So blieben ihm die Fesseln einer kleinstädtischen Tradition und die Interessenenge der italienischen Polis erspart, die selbst dem größeren Dante anhaften.

In Carpentras genoss er 4 Jahre lang den Unterricht eines Landsmannes, des alten Convenevole da Prato; dann folgten 7 Studienjahre auf den Hochschulen zu Montpellier und Bologna. Sein Vater hatte ihn gezwungen, das erwerbssichere juristische Studium zu ergreifen. Petrarca hasste es; mit seiner ganzen jungen Seele hing er schon damals an den geahnten Schönheiten des klassischen Altertums. Aber er folgte dem stärkeren Willen des Vaters; denn er war viel zu schwach, sich etwas zu ertrotzen, was das Glück ihm versagte. Und doch bewahrte ihn sein guter Stern vor dem verhassten Beruf. Im Frühjahr 1326 traf ihn in Bologna die Nachricht vom Tode seines Vaters. Er eilte zurück nach Avignon, um fortan sein Leben nach eigenem Willen zu gestalten.

Nach dem Tod seiner Eltern scheint Petrarca fast mittellos gewesen zu sein. Er sah sich daher genötigt, den einzig möglichen Weg zu einer unabhängigen und doch sicheren Existenz einzuschlagen: Er empfing die Tonsur und die niederen Weihen, um im Besitz von kirchlichen Pfründen vor materiellen Sorgen sich sicherzustellen und unbehindert seinen schönen Neigungen leben zu können.

Ein Jahr etwa nach seiner Rückkehr trat das Ereignis ein, das seinen Namen in der Geschichte der Weltliteratur berühmt machen sollte. Am 6. April 1327 sah er in der Kirche der hl. Klara zu Avignon zum ersten Male Madonna Laura, die nun mehr als zwei Jahrzehnte lang der Gegenstand seiner Liebe und seiner Lieder sein sollte. Über Lauras Lebensverhältnisse sind wir sehr mangelhaft unterrichtet. So viel scheint sicher zu sein, dass sie verheiratet war und Petrarcas Flehen nie Erhörung geschenkt hat. So war seine Liebe zu ihr nur ein stilles, keusches Schwärmen und Schmachten, ein Gebilde von so ätherischer Zartheit und so innig verwachsen mit den Sonetten, die sie besangen, dass selbst Freunde, die ihm nahestanden, anfingen, an der Existenz der Laura und an der Wirklichkeit des Liebesverhältnisses zu zweifeln. Wahrscheinlich ist, dass bei der Vielseitigkeit von Petrarcas Interessen die hoffnungslose Liebe ihn nicht allzustark und allzulange fesselte und später vielleicht mehr in seinen formvollendeten Versen als in seinem Herzen lebte. Erst der Tod Lauras im Jahr 1348 entfachte die alte Glut aufs neue und schuf den zweiten, schöneren Teil des »Canzoniere«, die Lieder auf den Tod der Madonna Laura. Aber auch hier mochten andere Saiten mitgeschwungen haben. Die tiefe Wehmut, die aus diesen Liedern spricht, war die Frucht vieler bitterer Enttäuschungen, zerstörter Hoffnungen und zerrissener Freundschaftsbande, die ihm die trüben Jahre der großen Pest brachten.

Vielleicht trug seine aparte Liebe zu Laura dazu bei, dass er so früh schon bekannt wurde: »... und meine Bekanntschaft fing an von großen Leuten gesucht zu werden«, erzählt er nicht ohne Stolz im »Briefe an die Nachwelt«. Damals, in den ersten Jahren seines Aufenthaltes, schloss er die wertvollsten

Lebensfreundschaften. Vor allem waren es seine Beziehungen zu der vornehmen Familie der Colonna, die ihm die größten materiellen und geistigen Vorteile boten. In ihrem Hause lebte er geachtet, geschätzt und geliebt wie ein Sohn und Bruder. Mit Giacomo und Giovanni verband ihn eine tiefe, aufrichtige Freundschaft.

Es waren das für Petrarca Jahre heitersten, ungetrübten Glückes, freudiger Arbeit und fröhlichen Genießens. Er selbst erinnerte einst in späteren Jahren seinen Bruder Gherardo an die alten schönen Zeiten zu Avignon, da sie in eleganten neumodischen Kleidern durch die Straßen flanierten und ihre wichtigsten Sorgen die um Toilette und Frisur waren.

Im Frühjahr 1333 unternahm er, vermutlich mit Unterstützung der Colonna, die erste seiner großen Vergnügungsreisen. Er sah Paris, reiste durch Brabant und Flandern, besuchte in Aachen das Grab Karls des Großen und kehrte rheinaufwärts über Köln und durch die Ardennen nach Avignon zurück. Der Grund dieser Reise war, wie er selbst sagt, »der Wunsch und Eifer vieles zu sehen«. Vielleicht äußerte sich auch schon damals die nervöse Unruhe, die ihn in späteren Jahren unaufhörlich von Ort zu Ort trieb.

Drei Jahre später bestieg er in Begleitung seines Bruders Gherardo von Avignon aus den Mont Ventoux. Seit Alexander von Humboldt betont man die weltgeschichtliche Bedeutsamkeit dieses Ereignisses. Petrarca ist der erste Mensch des Mittelalters, von dem wir wissen, dass er aus reiner Neugier und zu dem einzigen Zweck des Genusses die Besteigung eines Berges von immerhin beträchtlicher Höhe (1900 m) unternommen hat. In einem seiner schönsten Briefe, gerichtet an Dionigi von Borgo San Sepolcro, erzählt Petrarca selbst die Einzelheiten des ereignisreichen Tages. Der Brief gehört zu den merkwürdigsten und beredtesten Dokumenten, die wir über Petrarcas Seelenleben besitzen. Er schildert darin, wie er auf dem Gipfel des Berges, die Wolken zu seinen Füßen, die Augen schweifen ließ über die unermesslichen Fernen. Da wandte er den Blick nach der Richtung, wo seine Seele die italienische Heimat suchte; ein unendlich süßes Heimweh nach dem Vaterland und den fernen Freunden beschleicht ihn; kaum kann er sich der unmännlichen Schwäche erwehren. Und dann denkt er daran, dass es nun zehn lange, inhaltsreiche Jahre sind, seit er als fröhlicher Student Bologna verlassen, und während sein Auge über die Lande gleitet, die im Schein der Abendsonne liegen, wühlt seine Seele in fernen und nahen Erinnerungen und denkt des Schmutzes ihrer Sündenlast und der bitteren Kämpfe um Gott und ein besseres Selbst, die ihn und seinen Bruder seit drei Jahren beschäftigen. Es ist kein Naturgenießen mehr; ein Blick in andere, tiefere Räume hat sich ihm geöffnet. Da greift er zu dem kleinen Büchlein, das er stets bei sich trägt, Augustinus' Bekenntnisse. Willkürlich öffnet er es und liest dem staunenden Bruder die Stelle: »Da gehen die Menschen hin und bewundern die Berge und die Fluten des Meeres und den Lauf der Ströme und die Bahnen der Gestirne, auf sich selbst aber sehen sie nicht.« Erschüttert schließt er das Buch und zürnt sich selbst, dass er irdische Dinge bewunderte; gibt es doch nichts Größeres und Bewundernswerteres als die menschliche Seele. – Der Abend auf dem Mont Ventoux war die Keimzelle des großen Lebenswerkes der inneren Auseinandersetzung, deren literarischer Niederschlag die Gespräche von der Weltverachtung sind.

Im Januar 1337 erfüllte sich der sehnlichste Herzenswunsch Petrarcas: Er sah Rom, den Gegenstand seiner Träume. Seine Seele erglühte in Begeisterung. An Giovanni Colonna schrieb er, alle seine Erwartungen seien übertroffen worden von der Herrlichkeit der Stadt. Mit dem greisen Stefano Colonna, in dessen Haus er Wohnung genommen hatte, oder mit anderen Angehörigen dieser Familie wanderte er unermüdlich über die Trümmerfelder der ewigen Stadt. Was er in den letzten Jahren aus alten Büchern von der Heimat Ciceros und der Scipionen kennen gelernt hatte, das trat nun lebendig und zum Greifen nahe vor seine Seele und aus den zerfallenden Ruinen, deren verwahrlosten Zustand er beklagt, hielt der Geist des klassischen Altertums seinen Einzug in sein Herz.

Im Spätsommer war er wieder in Avignon, um eine Fülle von Erfahrungen und Eindrücken reicher. Da merkte er, dass er nicht mehr in das lärmende Treiben der Stadt passte. All das, was er in sich trug, sehnte sich nach Einsamkeit, um dort genossen zu werden und reifen zu können. Er kaufte sich in einem engen Seitental der Rhone, die Vaucluse (geschlossenes Tal) genannt, an der Quelle der Sorgue ein kleines stilles Häuschen, wo er nun, freilich mit großen Unterbrechungen, 16 Jahre lang mit sich, seinen Gedanken und seinen Büchern lebte. In unzähligen Sonetten und Briefen schildert Petrara die Schönheiten der Vaucluse und das glückliche Leben in seiner Einsiedelei, das er wie ein Sybarit zu genießen verstand. Er wanderte in seliger Einsamkeit durch die herrliche Natur, arbeitete in seinem Gärtchen oder lag träumend im süßen Schatten der Bäume, feilte an seinen Sonetten oder schrieb schöne Prosa, las seine lieben Klassiker und meditierte über Gott, die Rätsel des Lebens und über sein liebes, wertvolles Ich. Für gewöhnlich sah er nur einen gutmütigen Diener und das runzlige Gesicht einer alten Haushälterin. Nur der Besuch lieber Freunde aus der nahen päpstlichen Residenz unterbrach mitunter in angenehmem Wechsel das schöne Leben. In der Vaucluse scheint Petrarcas Geist am fruchtbarsten gewesen zu sein. Die meisten seiner Werke wurden dort entworfen und zum Teil auch vollendet. Dort dichtete er die Bukoliken und schrieb die schönen Bücher vom einsamen Leben; auch der Plan und der erste Entwurf zu seinem Lieblingswerk, der »Africa«, einet großen epischen Dichtung, die die Taten des Scipio Africanus besang, und vielleicht auch die Gespräche von der Weltverachtung entstanden in der Vaucluse.

In die letzten Jahre seines Aufenthaltes in Avignon und in die ersten Jahre zu Vaucluse fiel auch der Verkehr Petrarcas mit der Mutter seiner Kinder, einer Konkubine. Giovanni scheint im Jahre 1337, die Tochter Francesca 1343 geboren zu sein. Wir sind weder über die Persönlichkeit dieser Frau noch über den Charakter ihres Verhältnisses zu Petrarca näher unterrichtet. Während er seine Kinder zu sich nahm, scheint er die Frau verstoßen zu haben. Vielleicht ist sie identisch mit jener »Freundin«, von der er in einem Brief erzählt, sie habe gar nicht glauben können, dass er mit der Sinnlichkeit gebrochen habe, und sei immer wieder zu ihm gekommen, obwohl er sie vom Hause fortgejagt und zu ihr gesagt habe, dass er nichts mehr von einem Weibe wissen wolle. An Giovanni, den er später legitimieren ließ, erlebte Petrarca wenig Freude. Vater und Sohn verstanden sich nicht. Vielleicht war Giovanni etwas missraten, vielleicht waren auch die pädagogischen Talente seines egoistischen Vaters recht mangelhaft. Er starb schon im Jahre 1361 an der Pest, gerade als Petrarca glaubte, besseres von ihm erhoffen zu dürfen. Mit Francesca, die später mit einem venezianischen Adligen vermählt war, scheint er sich besser verstanden zu haben. Petrarca fehlte der Sinn für das Familienleben. Darum enthüllten sich auch auf diesem Gebiete die dunkelsten Seiten seines Charakters. Wo von seiner grenzenlosen Selbstsucht Opfer verlangt wurden, versagte er völlig und wurde hart und lieblos.

Im Jahr 1341 unterbrach er das schöne Landleben in der Vaucluse. Man rief ihn zum höchsten Triumph seines Lebens, zur Dichterkrönung. Am gleichen Tage erhielt er vom römischen Senat und von der Universität zu Paris die Einladung, den Dichterlorbeer aus ihrer Hand zu empfangen. Die Aufforderung kam Petrarca nicht überraschend. Willfährige Freunde hatten im Auftrag des eitlen Dichters alles getan, ihm diese Ehrung zu verschaffen. Petrarca entschied sich für Rom. Im Februar verließ er Avignon und erreichte auf dem Umweg über Neapel die ewige Stadt in den ersten Tagen des April. Am Ostersonntag fand auf dem Kapitol die feierliche Zeremonie der Krönung statt. Für Petrarcas Leben bedeutete sie den Gipfelpunkt des äußeren Glanzes und er sonnte sich auch in späteren Jahren noch gern im Gedanken daran, wenn er auch von erheuchelter philosophischer Höhe aus glaubte, gering davon denken zu müssen. Manchmal freilich mochte ihm auch der Gedanke kommen, dass die Krönung verfrüht war; von den Werken, die ihn berühmt machen sollten, war damals erst ein kleiner Teil geschrieben.

Bei König Robert von Neapel hatte Petrarca zum ersten Male Hofluft geatmet. Der philosophische Einsiedler vermochte sich ihren Reizen nicht ganz zu entziehen. Immer häufiger finden wir ihn fortan als Ehrengast an italienischen Fürstenhöfen: bei den Correggi, den Carrara, den Visconti, den Vorboten des »mediceischen Zeitalters«, da der Fürst dem Künstler und Gelehrten nicht bloß die Sonne seines Mäzenatentums leuchten ließ, sondern ihm Achtung, Verehrung und Freundschaft schenkte. Im Mai 1341 war Petrarca bei den Correggi in Parma, die eben damals durch einen kühnen Handstreich die Herrschaft über diese Stadt an sich gebracht hatten. Etwa ein Jahr lang hielt er sich dort und im nahen Selvapiana auf, vor allem beschäftigt mit der Arbeit an seiner »Africa«. Erst im nächsten Frühjahr war er wieder in Avignon und in der geliebten Vaucluse. Anderthalb Jahre später führte ihn eine politische Mission im Auftrag der Kurie schon wieder nach Neapel; das Jahr 1344 brachte er in Parma zu; fast das ganze folgende Jahr füllten Reisen durch Oberitalien. Im Dezember 1345 kehrte er nach seiner stillen Einsiedelei an der Quelle der Sorgue zurück.

Sein Aufenthalt währte auch diesmal kaum 2 Jahre. Im Frühsommer 1347 drang in die stille Vaucluse die Kunde von der Erhebung des »römischen Tribunen« Cola di Rienzo. Petrarca vermochte das phantastische Unternehmen nicht mit ruhigem Blute zu beurteilen. Sein von den klassischen Idealen erfülltes Herz flammte auf in Begeisterung. Was er in seinem Livius von der alten römischen Herrlichkeit gelesen, das glaubte er nun wiedererstanden und er pries sich glücklich, in diesen Tagen leben zu dürfen. Er richtete begeisterte Briefe an Cola und an das römische Volk, und als im Sommer und Herbst die Nachrichten über Rienzos Triumphe sich mehrten, war er entschlossen, das kühle, feindselige Avignon, wo sein Jubel gar keinen Widerhall fand, zu verlassen, um an der Seite des Tribunen das alte Rom in Herrlichkeit wieder aufzubauen. Petrarca glaubte, seiner Überzeugung folgen zu müssen. Er, der sonst so vorsichtige Konservative, wagte in diesem Falle selbst den Bruch mit seinen besten Freunden, mit den Gesellschaftsklassen, denen er verwandt und verpflichtet war. Cola di Rienzos Unternehmen richtete sich vor allem gegen die in Rom allmächtigen Baronengeschlechter, nicht zuletzt gegen die Colonna. Petrarca wusste, dass er nicht Colas Verbündeter und zugleich der Freund der Colonna sein konnte. Er opferte den Freund dem Vaterlande. In der herrlichen achten Ekloge, die er »Trennung« überschrieb, nimmt er von seinem Freunde Giovanni Colonna – Giacomo war schon 1341 gestorben – rührenden Abschied für immer. Am 20. November verließ er Avignon und eilte nach Italien, den bittersten Jahren seines Lebens entgegen.

Schon in Parma unterbrach er die geplante Reise nach Rom. Die Nachrichten, die er erhielt, ließen ihn nicht länger daran zweifeln, dass das Unternehmen des Tribunen missglückt war. Für Petrarca bedeutete das die Zerstörung seiner schönsten Hoffnungen. Er gab den Gedanken einer Romreise völlig auf und blieb zunächst in Parma, gequält von den denkbar trübsten Stimmungen, und schrieb wehmütige Briefe. Im Frühjahr 1348 brach dann die fürchterliche Pest aus, die fast zwei Jahre lang in Italien wütete. Es waren das die Jahre, in denen Petrarca anfing zu altern, wo sich in ihm eine innere Wandlung zu einer ernsteren, religiösen Lebensauffassung vollzog. Seine innere Unrast steigerte sich; ruhelos reiste er durch Oberitalien von Stadt zu Stadt. Nach Avignon zurückzukehren wagte er wohl deshalb nicht, weil er noch ganz unter dem Eindruck seines Bruches mit den Colonna stand. Im Mai erhielt er in Parma die Nachricht vom Tode seiner Laura und er schrieb in seine Vergilhandschrift:

»Laura, durch eigene Tugenden erlaucht und durch meine Lieder gefeiert, erschien zum ersten Male meinen Augen in den Tagen meiner Jugend im Jahre des Herrn 1327, am 6. April, in der Kirche der hl. Klara zu Avignon in früher Morgenstunde. Und in derselben Stadt, im selben Monat April, am selben 6. Tage und zu derselben Morgenstunde ward mein Licht dem Lichte entrissen im Jahre 1348, als ich in Verona weilte und ach, nichts wusste von dem, was mir geschehen ... Ihr keuschester und schönster Leib wurde beigesetzt bei den Minderbrüdern am Abend desselben Tages ihres Hinscheidens. Ihre Seele aber, dessen bin ich überzeugt, ist zurückgekehrt in den Himmel, woher sie gekommen, wie Seneca von Scipio Africanus sagt. Das aber habe ich zu bitterem Gedenken in herber Süßigkeit niedergeschrieben an eben der Stelle, die mir so oft vor die Augen kommt, damit ich erinnert werde, dass nichts mehr auf Erden ist, was mir gefällt.«

Die schlimmen Jahre der Pest brachten ihm auch noch manche andere Trauerkunde: Francesco degli Albizzi, Mainardo Accursio, Roberto de' Bardi und viele andere Freunde erlagen der schrecklichen Krankheit. Und im August desselben Jahres starb Giovanni Colonna, der letzte von den Söhnen des überlebenden greisen Stefano, der Schöpfer und Zeuge von Petrarcas schönsten Lebensjahren. Die Sonnen seines Jugendglückes waren nun erloschen.

In diesen Jahren reifte in Petrarca ein merkwürdiger Gedanke, der bezeichnend ist für seinen Charakter und seine seelischen Bedürfnisse. Er wollte sich mit einigen gleichgesinnten Freunden, mit Sokrates, Mainardo, Luca und einigen anderen, die unverheiratet und unabhängig waren, wie er selbst, in ein stilles einsames Haus zurückziehen zu einer Vita communis, die geteilt sein sollte zwischen schönen Studien, anregenden Gesprächen und frommen religiösen Übungen, also im letzten Sinne zu einem Klosterleben, dessen Zweck und Inhalt eine verfeinerte gesellschaftliche und religiöse Kultur bilden sollte. In zwei ausführlichen Briefen schildert Petrarca mit Begeisterung seinen Plan. Der Gedanke, der nie zur Ausführung kam, gewährt uns einen wertvollen Einblick in Petrarcas Inneres. So stark drängte es also den »vollendeten Individualisten« zu einem warmen Leben der Gemeinsamkeit, in dem er vielleicht intuitiv größere Reichtümer geschaut hatte, als seine einsame Seele bergen konnte. Waren es die Tage des Elends und die Stunden seelischer Ermüdung, da der Einsiedler anfing, seine Einsamkeit zu fürchten und das Bedürfnis empfand, an andere sich anzulehnen?

Gegen Ende des Jahres 1348 treffen wir Petrarca in Padua, wo er eine neue Heimat gefunden zu haben schien. Der Herr der Stadt, Giacomo II. da Carrara, hatte ihn aufgefordert, an seinen Hof zu kommen, und um den Dichter an sich zu fesseln, verlieh er ihm ein einträgliches Kanonikat zu Padua. Wie keinen zweiten Fürsten seiner Zeit überschüttet Petrarca den Carrara mit Lobsprüchen. Dass derselbe durch Vetternmord und manche andere dunkle Taten nach Art der

Condottieri zum Throne gelangt war, war für Petrarca kein Grund, ihn weniger zu schätzen, und als er im Dezember 1350 ermordet wurde, klagte Petrarca, die Welt sei eines solchen Fürsten nicht würdig gewesen, darum habe ihn Gott hinweggenommen.

Im Jahr 1350 unterbrach Petrarca seinen Aufenthalt in Padua und reiste nach Rom. Er nahm den Weg beide Male über Florenz – er hatte die Stadt seiner Väter vorher nie gesehen – von Boccaccio und den anderen Florentiner Freunden jubelnd begrüßt. Ende Oktober war er in Rom. Der einzige Zweck seines Aufenthaltes war die Wallfahrt zu den Gräbern der Apostel. Einem seiner humanistischen Freunde schrieb er, es freue ihn, ihn nicht in Rom angetroffen zu haben; sie wären sonst wohl nur in eitlen Gedanken und Reden über die Ruinen gewandelt und hätten ihres Scelenheiles vergessen. Petrarca sollte sein geliebtes Rom nie wiedersehen.

Im Winter und Frühjahr 1351 lebte er wieder in Padua, um dort eine neue Huldigung entgegenzunehmen. Im April überbrachte ihm Boccaccio im Auftrag der Stadt Florenz ein Dekret, das den Verbannten feierlich nach seiner Heimat zurückrief. Petrarca dankte den Florentiner Behörden; der Aufforderung zur Rückkehr selber aber hat er nie Folge geleistet. Was hätte ihm die Vaterstadt, die ihm fremder war als eine andere, bieten können? Auch Padua vermochte ihn nach dem Tod des Giacomo da Carrara nicht länger zu fesseln. Die alte nervöse Unruhe und ein unstillbares Heimweh nach der lieben Vaucluse bemächtigten sich seiner. Im Mai verließ er Padua, um nach Südfrankreich zurückzukehren; seine Reise durch Oberitalien glich einem Triumphzug. Ende Juni war er wieder in Avignon und in der Vaucluse.

Aber die päpstliche Residenz und seine stille Einsiedelei schienen ihm nicht mehr dieselben zu sein; so sehr hatte er sich selbst verändert. Die süße Melancholie, der Weltschmerz, wovon er in seinen Gesprächen mit Augustinus spricht, verließen ihn nicht mehr. Wenn er auf einsamen Spaziergängen durch die altbekannte Gegend wanderte, musste er seiner Laura, seiner verlorenen Freunde und des entschwundenen Jugendglückes gedenken und klagend rief er dem murmelnden Bache, den Wiesen, Felsen und Grotten, jedem Baume und jeder Blume zu:

»Ihr wisst: in Glück erstrahlten meine Tage!
Nun sind sie düster wie des Todes Nacht«

Wir verdanken seinem damaligen Aufenthalt in der Vaucluse wohl die schönsten Sonette seines »Canzoniere«, die uns in ihrem schmelzenden Wohllaut und ihrer matten, milden Schönheit des Dichters Wehmut schildern. Anderthalb Jahre lang lebte er in der Vaucluse, da trieb es ihn wieder nach Italien zurück. Vielleicht war die Missstimmung, die damals an der Kurie gegen ihn herrschte, ein Grund, der ihn bewog, Südfrankreich für immer zu verlassen. Im Frühjahr 1353 besuchte er seinen Bruder Gherardo im Karthäuserkloster zu Montrieux, wo dieser seit 10 Jahren als frommer Mönch ein stilles Leben der Betrachtung führte. Im Mai brach er dann endgültig nach Italien auf und begrüßte in jubelnden Versen die wiedergewonnene heilige Heimaterde.

Petrarca wandte sich nun von den Visconti eingeladen nach Mailand und verbrachte an deren Hof mit geringen Unterbrechungen die nächsten acht Jahre. Der Verfasser der Bücher »vom einsamen Leben« schien vergessen zu haben, was er gegen das Großstadtleben und zur Verherrlichung des Einsiedlertums geschrieben hatte. Was ihn an den Fürstenhof des geräuschvollen Mailand fesselte, war wohl das Streben, sich materiell möglichst sicher zu stellen, das in Petrarcas Sinnen und Trachten eine unverhältnismäßig breite Stellung einzunehmen pflegte. Die Visconti brauchten die Dienste des berühmten Dichters für politische Missionen, die weniger diplomatisches Geschick als repräsentative und rednerische Fähigkeiten erforderten. So spielte er eine wenn auch wenig einflussreiche Rolle in den Wirren der italienischen und europäischen Politik. Im Auftrag der Visconti kam er im Sommer des Jahres 1356 selbst bis nach Prag an den Hof des Kaisers Karl IV. und im Winter 1360 an den französischen Königshof zu Paris.

In die Zeit seines Mailänder Aufenthaltes fällt Petrarcas persönliche Bekanntschaft mit Karl IV. Seit Cola di Rienzo an dessen Hof geflohen war, waren auch Petrarcas Augen auf ihn gerichtet; er erwartete von ihm die Erfüllung seiner politischen Träume, die Wiederherstellung des Reiches. Petrarcas politische Ideen waren durchaus mittelalterlich, sie waren in ihren wesentlichen Zügen dieselben, die Dante in seiner »Monarchia« dargelegt hat. Die Geschichte war schon damals über sie hinweggegangen und Karl IV. erfüllte Petrarcas Hoffnungen so wenig wie Heinrich VII. die Dantes. Als er im Jahr 1354 über die Alpen zog, begrüßte ihn Petrarca in einer begeisterten Zuschrift und der Kaiser dankte ihm, indem er ihn im Dezember zu sich nach Mantua einlud und ihn mit ausgesuchter Höflichkeit behandelte. Über Petrarcas Ideen mochte er gelächelt haben; ihm lag an seinem Hause mehr als am Reich und er war zu klug, als dass er seine Kräfte in den Wirrsalen der italienischen Politik hätte vergeuden wollen: nach seiner Kaiserkrönung im Jahre 1355 kehrte er in sein Böhmen zurück und überließ das zerrüttete Italien seinem Schicksal. Petrarca machte dem Kaiser gegenüber aus seiner Enttäuschung kein Hehl, Karl IV. aber war edel und groß genug, den Freimut des Dichters ohne Groll hinzunehmen. Im Jahr 1361 lud er ihn in schmeichelhafter Weise ein, für immer an seinen Hof nach Deutschland zu kommen. Petrarca lehnte ab; er zog es vor, im geliebten Italien und in einer weniger abhängigen Stellung zu leben.

Das Jahr 1361 brachte Petrarca wieder trübe Tage. Die Pest brach von neuem aus und entriss ihm seinen Sohn Giovanni und seinen innig geliebten Jugendfreund Sokrates. Die alte nervöse Unruhe und das Wanderleben begannen wieder. Er verließ Mailand und ging nach Padua, dachte sogar daran, nach Avignon zurückzukehren; nur äußere Gründe hielten ihn davon ab. Im Herbst 1362 entschloss er sich, nach Venedig überzusiedeln, das er durch seine Gesandtschaftsreisen im Dienste der Visconti kennen und schätzen gelernt hatte. Die Stadt überließ ihm eine schöne Wohnung und Petrarca verpflichtete sich dafür, testamentarisch zu bestimmen, dass nach seinem Tode seine reiche Bibliothek in den Besitz Venedigs übergehen solle. Es waren auch Familienbande, die ihn nach Venedig führten: seine Tochter Francesca lebte dort in glücklicher Ehe mit einem venezianischen Edelmann und der alte Petrarca verspürte in ihrem Haus etwas vom Geist des Familienlebens, das er selbst nie gekannt hatte. Seine literarische Tätigkeit ruhte nicht. Er schrieb damals die »Verteidigung gegen die Schmähungen eines anonymen Franzosen« und das Büchlein »Von seiner und vieler Leute Unwissenheit«, Streitschriften voll Geist und Bosheit, die nichts von der Abgeklärtheit erkennen lassen, die seine gleichzeitigen Briefe kennzeichnet. Von Venedig aus richtete er auch im Jahre 1367 den berühmten, kirchenpolitisch bedeutsamen Brief an Papst Urban V., worin er ihn auffordert, Avignon zu verlassen und die päpstliche Residenz, wie es Gottes Wille sei, endlich wieder nach Rom zurückzuverlegen.

Vielleicht hatten Petrarca die Angriffe der Averroisten, wovon die Schrift »Von seiner und vieler Leute Unwissenheit« erzählt, den Aufenthalt in Venedig verleidet. Gegen Ende des Jahres 1367 war er wieder in Padua am Hofe des Francesco da Carrara, des Sohnes seines Freundes Giacomo II. In die nächsten Jahre fielen wieder Reisen in Oberitalien. Im Jahr 1370 trug er sich sogar mit dem Gedanken, nach Rom zu ziehen, wohin ihn Urban V. dringend eingeladen hatte. Eine Krankheit zwang ihn, schon in Ferrara Halt zu machen. Er kehrte nach Padua zurück und bezog nun einen Landsitz in dem stillen, kleinen, in der Nähe von Padua gelegenen Arquà. Nach zwei unruhevollen Jahrzehnten hatte er den Weg in die Einsamkeit wiedergefunden und durfte nun noch einige Jahre eines stillen, müden Glückes genießen. In philosophischer Gelassenheit ertrug er die Alterskrankheiten, die ihn immer häufiger befielen, unaufhörlich beschäftigt mit sich selbst und den süßen Erinnerungen an ein ruhmvolles, inhaltsreiches Leben. Damals mochte ihm wohl der Gedanke gekommen sein, den späteren Jahrhunderten von sich und seinem Lebenswerke zu erzählen: Er schrieb den »Brief an die Nachwelt«, den zu vollenden ihm leider nicht vergönnt sein sollte.

Kriegsunruhen nötigten ihn im Herbst 1372 in Padua Sicherheit zu suchen. Doch schon im folgenden Jahre eilte er nach Arquà zurück, wo sein Aufenthalt nur noch unterbrochen wurde durch eine kurze Reise nach Venedig, die er in

Begleitung des Carrara unternahm. Am 18. Juli 1374 ereilte ihn ein rascher Tod an seinem Arbeitstisch. Man fand ihn, so heißt es, leblos über einen Folianten gebeugt; still und friedlich war er hinübergeschlummert.

Petrarcas Charakter

Seit vor mehr als hundert Jahren J.G. Müller glaubte, durch einige Seiten voll uneingeschränkten Lobes im Stile der zeitgenössischen Panegyriken auf Petrarca dem »bescheidenen Manne« ein Denkmal setzen zu müssen, hat Petrarcas Charakter in der Auffassung der Historiker fast ebenso viele Wandlungen als Darstellungen erfahren. Man hat sich, vor allem in Deutschland, lange Zeit darin gefallen, seine dunklen Seiten denkbar schwarz zu malen und ein möglichst umfassendes Sündenregister des großen Dichters aufzustellen, bis allmählich in den letzten Jahrzehnten durch Lob und Tadel hindurch eine ruhige Würdigung und Schätzung der persönlichen Eigenschaften Petrarcas sich durchgesetzt hat. Das Beste, was wir in Deutschland über den Gegenstand besitzen, sind wohl die glänzenden Ausführungen, die G. Voigt und F. X. Kraus darüber gegeben haben.

Die Quellen, aus denen unser Wissen über Petrarcas Charakter fließt, sind von unerschöpflichem Reichtum. Seine lyrischen und epischen Dichtungen in italienischer und lateinischer Sprache, seine moralphilosophischen Traktate und seine Streitschriften, vor allem aber seine Briefe ermöglichen ein Bild von überraschender Vielseitigkeit. Fast in jedem seiner Briefe spricht Petrarca von sich und seinen frohen und trüben Stimmungen, von seinen Anlagen, Eigenschaften und Anschauungen. Aber gerade diese Fülle des Materials macht es eher schwer als leicht, aus der Unsumme von interessanten Einzelzügen seines Wesens dessen Grundlinien, aus dem Gewirr der psychologischen Tatsachen die festen Umrisse seines Charakters herauszufinden. Petrarca selbst hat dies versucht, und der Versuch ist ihm teilweise mit staunenswerter Sicherheit geglückt. An vielen Stellen seiner Briefe, vor allem im

»Brief an die Nachwelt« und in längeren Ausführungen in den »Gesprächen über die Weltverachtung« hebt er hervor, was ihm das Wesentliche an seiner Anlage und seinen Eigenschaften zu sein schien, und gerade in den Gesprächen mit Augustinus gesteht er auch, dass Selbstliebe und Ruhmsucht die stärksten, wenn auch oft versteckten Triebkräfte seines Lebens waren.

Petrarcas Lebensaufgabe war die Pflege seiner selbst; der Hauptzug seines Wesens war die Eigenliebe in allen Varianten und Potenzen. Man würde diese Selbstvergötterung und grenzenlose Eitelkeit bei einem anderen als bei Petrarca krankhaft nennen; hier erscheint sie natürlich und selbstverständlich. Er besaß alle Formen der Eitelkeit von der unbewusst kindlichen des Genies bis zur raffiniert bewussten des Weibes. Noch in späten Jahren fesselt ihn die Frage der eigenen Körperschönheit; und wenn er sie auch, für sein Alter wenigstens, verneint, so ist sie ihm doch wichtig genug, darüber zu schreiben. Der Ruhm bei Mitwelt und Nachwelt war der erste und letzte Inhalt seines Denkens und Trachtens. Die äußeren Erfolge waren ihm eine geistige Nahrung, ohne die er nicht leben konnte. Mit innigstem Behagen registriert er darum jede Anerkennung, die er findet. Er wusste, dass man seine Gesellschaft liebte, seine Rede herrlich fand, seinen Stil bewunderte, dass man Briefe von ihm unterwegs auffing, um Abschriften davon zu nehmen, und von seinen Werken sprach, noch ehe sie geschrieben waren. All dies stärkte sein Selbstvertrauen und seine Selbstzufriedenheit, die in einem unverwüstlichen, ihm wesenseigenen Optimismus wurzelten. Er glaubte an sich und an seinen Wert und trotz aller trüben Stimmungen ging ihm daher die Lust am Leben nie verloren.

Petrarca war ein Egoist. Alle Dinge erhielten für ihn ihren Wert nur dadurch, dass sie zu ihm in Beziehung traten. Der Mittelpunkt und das Endziel dessen, dem seine Liebe und sein Interesse galt, war immer er selbst. Man hat nicht mit Unrecht darauf hingewiesen, dass seine Briefe meist nur Selbstgespräche seien, mit deren Adresse er irgend einen Freund beehrte. Um die persönlichen Interessen seiner Freunde kümmerte er sich wenig. Dass sie seine Freunde waren, dass sie ihn verehrten und anbeteten, ein verständnisvolles Echo seiner Seele bildeten, war ihm das Wesentliche an Liebe und Freundschaft. Er besaß alle Vorzüge und Mängel des vollendeten Egoisten. Er war edel, groß und liebenswürdig in den kleinen Dingen des Alltags, wo er Liebe und Wärme und Glück spenden konnte, ohne zu verlieren; er war klein, lieblos und unerbittlich, wo es sich um wirkliche Opfer seiner Selbstsucht handelte. Er selbst erzählt uns, dass er manche Freundschaft aufgegeben habe, weil sie seiner persönlichen Freiheit gefährlich zu werden drohte. Er wurde warm und weich, wo er von seinen Freuden und Leiden anderen mitteilen durfte; sollte er mit anderen leiden und sich freuen, dann wurden seine Gefühle matt, unehrlich und phrasenhaft. Er ertrug keinen Widerspruch und keine Kritik, ohne im tiefsten Innern verletzt und empört zu sein. Man lese sein Büchlein »Von seiner und vieler Leute Unwissenheit«, um zu sehen, wie wenig er einen Angriff auf seine geheiligte Persönlichkeit zu ertragen wusste. Er wurde klein, rachsüchtig und boshaft, und seine Bosheit war mitunter so niedrig wie geistreich.

Und doch war es vielleicht gerade diese Selbstsucht, die Petrarca vor der seelischen Verkümmerung und Verflachung rettete. Er war sich selbst das Wichtigste, beobachtete und studierte sich und lernte sich kennen; er wusste seine Vorzüge und Schäden, seine Werte und Mängel mit einer Sicherheit abzuschätzen, die manchmal überrascht. Schon der Dichter der Sonette und Kanzonen war gewohnt, an der eigenen Seele zu lauschen und auf die leisesten Regungen ihrer Stimmung zu achten. Die Szene auf dem Mont Ventoux war nicht der Anfang einer Art von seelischer Tätigkeit, die in seinem Wesen lag, aber sie bedeutete deren endgültigen Sieg innerhalb seiner vielgestaltigen geistigen Interessen. Das reifende Alter hat dann dieser Selbstbetrachtung die Richtung auf das Sittliche hin gegeben. In Petrarcas Seele begann das Ringen um höhere sittliche Werte, die ehrliche Auseinandersetzung mit sich selbst, deren literarischer Niederschlag die »Gespräche über die Weltverachtung« sind. Petrarca wurde freilich nie ein Heiliger. Seine Moralbegründung, die entsprechend dem Charakter ihrer seelischen Entstehung im einzelnen vielfach nur eine hedonistische war, war nicht stark genug, sein Wesen umzugestalten. Er war sich dessen stets bewusst und hat hierin weder sich noch andere angelogen. Aber das, was er seine Philosophie nannte, diese merkwürdige Mischung christlich-dogmatischer Grundsätze und stoischer Motive, hat ihn jedenfalls auf eine höhere, reinere Stufe intensiven Genießens gehoben.

Man hat Petrarca vorgeworfen, sein Gefühlsleben sei so unecht und unehrlich gewesen wie das Pathos seiner philosophischen Denkweise. Man tut ihm hierin Unrecht. Sein Gefühlsleben mag uns trotz seines Reichtums schematisch und verblasst erscheinen, unehrlich im eigentlichen Sinne war es im allgemeinen nie. Der Dichter und Briefschreiber beobachtete mit künstlerischem und stilistischem Interesse seine Gefühle schon während ihres Entstehens; dadurch verloren sie viel von ihrem impulsiven Charakter. Die unaufhörliche Selbstbespiegelung hat überhaupt sein Leben und sein ganzes literarisches Schaffen in einer Weise abgetönt und abgeklärt, die es uns manchmal mehr monoton als harmonisch erscheinen lässt. Über dem Ganzen liegt die Müdigkeit seiner ewig unveränderlichen, eitlen Seele.

In Petrarcas egozentrischer, reflexiver Denkweise wurzelte auch die sonderbare Seelenkrankheit, von der er in den Gesprächen mit Augustinus erzählt: die acedia, die man treffend mit dem modernen »Weltschmerz« wiedergegeben hat, das süße, träge Sichhingeben an alle die bittern Empfindungen, die das Leben mit sich zu bringen pflegt, das bewusste Wühlen in den kleinen Schmerzen des Alltags, gepaart mit einer weichen Melancholie der Erinnerung. Das merkwürdige Nervenleiden spielt in Petrarcas Leben eine große Rolle; der ruhelose Wandertrieb, der in ihm steckte, findet dadurch seine Erklärung. An vielen Stellen seiner Schriften, vor allem in seinen lyrischen Gedichten hat dieses durchaus echte und lebenswahre Gefühl Ausdruck gefunden. Aber der Weltschmerz ist bei Petrarca nur Krankheit, nicht Natur. Trotz aller Melancholie war er im tiefsten Grunde seines Wesens ein heiterer Sanguiniker: heißblütig, sinnlich, lebenslustig, beweglich, voll Humor und natürlicher Liebenswürdigkeit, in geschäftlichen Dingen seiner materiellen Existenz durchaus nüchtern und berechnend. Noch in den Jahren des Alters, da im trüben Nebel seiner philosophischen Lebensdoktrin so manche Blüte seiner reichen Seele gewelkt war, brach die alte Natur wieder durch in der raffinierten, gewandten Bosheit, womit der leicht reizbare Dichter es verstand, seinen Gegner abzufertigen.

Der Verkehr mit der eigenen Seele hat Petrarca auch das Seelenleben anderer Menschen ahnen und erkennen lassen. Sein Denken war eine Beschäftigung nicht mit dem toten, abstrakten Material des logischen Gedankens, sondern mit dem konkreten der lebendigen Menschenseele. Darum haßte er auch die Scholastik, deren seelenlose, sachliche Dialektik keinen Widerhall in seinem Denken und Empfinden finden konnte. Was der »Vater des Humanismus« in der Philosophie wie in der Geschichte suchte, war der einzelne Mensch und sein persönliches seelisches Leben. Seine Philosophie war Ethik und die Geschichte fiel für ihn zusammen mit der Biographie berühmter Männer. Wenn der mittelalterliche Mensch zu einem Großen der Vergangenheit in innere Beziehung trat, so war es nur der helfende Heilige der Legende und des Altares. Für Petrarca sind auch die alten Heiden wieder zu vollem Leben erwacht. Keinem vor ihm wäre es eingefallen, an die großen Männer des alten Rom Briefe zu richten, wie an lebende Freunde, mit ihnen zu reden über ihre und seine geistige Eigenart.

Gegenstand und Art seines Schaffens entsprachen den Eigentümlichkeiten seines Charakters. Im Augenblick der Inspiration faßte er große, weitausschauende Pläne, an deren Ausführung er dann ermüdete. Die Beweglichkeit des egoistischen Geistes ließ sich auf die Dauer durch einen objektiven Gegenstand nicht fesseln. Sein Arbeiten war so wenig diszipliniert wie sein Denken. Darum bewältigte er auch seine Stoffe nicht auf den ersten Schlag. Nach langen Jahren erst mochte er wieder zu ihnen zurückkehren und daran weiterarbeiten, solange es ihm Befriedigung verschaffte. Er war auch in seinen Prosawerken der Künstler der Sonette, der kleinen, geschlossenen Form. Er neigte zur Epistolographie, weil er im

Brief eine momentane Stimmung formvollendet wiedergeben konnte; er neigte in seinen moralphilosophischen Werken zur Form des Dialogs, weil diese imstande ist, den Stoff beseelt zu gestalten und zugleich ihn zu gliedern und in geschlossenen Einzelheiten von Rede und Gegenrede aufzulösen. In seinen Werken stoßen wir auf zahllose Perlen von Kleinkunst in gedanklicher wie stilistischer Hinsicht, als Ganzes genommen sind sie unproportioniert und ermangeln der Einheitlichkeit, der geschlossenen Form und einer klaren, folgerechten Disposition. Seine größeren Werke, wie z. B. die Dialoge »Über die Heilmittel gegen Glück und Unglück«, die Bücher »Von den berühmten Männern« und »Von den denkwürdigen Dingen«, sind Sammelwerke, in denen Einzelheit an Einzelheit gereiht ist. Wollte er zusammenhängend schreiben, so wurde er weitschweifig und verlor im Durcheinander seines beweglichen Gedankenmaterials den Faden der logischen Fortentwicklung. Ein Beispiel hierfür bietet der vierte Teil seines Büchleins »Von seiner und vieler Leute Unwissenheit«. Es war das eine Schwäche, deren er sich wohl bewusst war.

Begriffe wie Individualität, Subjektivismus und Egoismus geben nur Richtlinien für die Betrachtung von Petrarcas Charakter; den Charakter selber erschöpfen sie nicht. Sein Wesen war so vielgestaltig wie sein Lebenslauf. Äußerungen derselben Wesensrichtung mussten an den geräuschvollen Fürstenhöfen andere Nuancen annehmen als in der stillen Einsamkeit seiner Villeggiaturen. Eine Fülle von charakteristischen Einzelzügen seines Wesens ließe sich aufzählen. Gerade dem sybaritischen Leben in seinen Einsiedeleien hatte er es zu verdanken, dass so viel in ihm geweckt und ausgeprägt wurde, was in den Seelen seiner Zeitgenossen noch unbewusst und unausgebildet schlummerte. In dieser Art von Einsamkeit, wie er sie pflegte, gewannen die kleinen und kleinsten Dinge des Alltags gesteigertes, persönliches Interesse. Petrarca hatte eine Reihe von Liebhabereien: seine geliebten Bücher, seine Münzensammlung, sein selbstbebautes Gärtchen, Dinge, die ihm ans Herz gewachsen waren und für die er sich selbst in trüben und trockenen Stunden erwärmen und begeistern konnte. Er war ein verständiger Freund der Malerei, zeichnete auch selbst mitunter, liebte die Musik und pflegte Gesang, Flöten- und Lautenspiel. In der Einsamkeit verfeinerten sich seine Ansprüche an das Leben; er lernte erkennen, dass der Luxus mitunter lästig sein könne und dass eine gewisse anspruchslose Bequemlichkeit ihm bei weitem vorzuziehen sei. Er lernte auch die Genüsse schätzen, die ein freies, zwangloses Studium barg, das fern von jeder Art von Schule und ohne den Zweck des Broterwerbs betrieben wurde. In der ländlichen Einsamkeit seiner Vaucluse wurde Petrarca auch ein Freund der Natur. Trotz einer gewissen Manieriertheit, die in seinen Sonetten zutage treten mag, war sein Naturgefühl ein echtes und warmes. Seine Stimmungen und seelischen Erlebnisse zerschmolzen mit den Eindrücken der ihn umgebenden Natur. Aber er hing an gewissen Gegenden, wie an der Vaucluse, nicht bloß deshalb, weil sie Zeugen seiner Freuden und Leiden waren. Es waren auch nicht nur die großen, unbestimmten Eindrücke, denen er sich hingab. Petrarca hatte ein scharfes, liebevolles Auge auch für die kleinen Einzelheiten der Natur. Die keck hingeworfene Federzeichnung von seiner »lieblichen Einsamkeit hinter den Alpen« zeigt uns ebenso wie die vielen Schilderungen, die er in Liedern und Briefen von ihr gibt, dass er Sinn für die wirklichen Schönheiten der Natur und deren individuellen Formen besaß. Wenn er das naturfrohe Leben in der Vaucluse beschreibt, so ist es ein Bild voll plastischer, lebendiger Anschaulichkeit: der Bauer, der seine Feldarbeit mit Gesang begleitet, der treue Diener und die herzensgute, aber hässliche Schaffnerin, Menschen und Tiere, Bäume und Berge, alles stimmt zusammen zu einem wundersamen Lied, das ein treues Echo in seiner glücklichen Seele findet. Denken wir dann noch daran, mit welch merkwürdigem Eifer Petrarca in der Vaucluse, in Selvapiana und in Arquà sich der Pflege seines Gärtchens hingab – er fand es wichtig genug, über einzelne Anpflanzungen genaue Aufzeichnungen zu machen – so vervollständigt sich für uns das Bild des lebensfrohen, stillzufriedenen Einsiedlers.

Petrarca kostete die Genüsse der Einsamkeit oft und viel, aber er hütete sich, darin zu verkümmern. Er selbst erzählt uns, dass es ihm das Liebste sei, mit lieben Freunden zusammen zu speisen. Er war ein Meister der geistreichen Konversation. Aus seinen Briefen und Schriften lernen wir das Bild des Dichters kennen, wie er Besuche empfängt, plaudert, deklamiert und belehrt, wie er zuhört, lächelnd beobachtet und nur von Zeit zu Zeit ein geistreiches Wort in die Unterhaltung wirft. Es war wohl diese Freude am Austausch der Gedanken mit lieben Gleichgesinnten, die ihn verehrten und anbeteten, was Petrarca auf den Gedanken der Gründung einer klösterlichen Gemeinschaft mit seinen humanistischen Freunden brachte.

Man darf an Petrarcas Charakter nicht vorübergehen, ohne seiner Liebe und seiner Freundschaften zu gedenken. Beide nahmen in seinem Leben, seinem Denken und Empfinden einen breiten Raum ein und die charakteristischen Formen, worin sie bei ihm auftraten, wurden für spätere Generationen vorbildlich. Seine Liebe zu Laura hat ihn bekannt gemacht und wohl auch am meisten dazu beigetragen, seinen Namen in spätere Jahrhunderte herüberzuretten. Seine Biografen haben sich viel mit ihr beschäftigt und versucht, ein klares Urteil darüber zu gewinnen. An Lauras Existenz wird nicht gezweifelt werden dürfen, wenn auch seit Giacomo Colonna die Stimmen nie verschwunden sind, die die Frau und seine Liebe zu ihr als dichterische Fiktionen erklärten. Petrarca hat mit Wissen und Willen über die Liebe zu Laura, der sein ganzer »Canzoniere« gewidmet ist, ein geheimnisvolles Dunkel gelassen und der allegorisierende Charakter seiner Poesie hat dazu beigetragen, dasselbe zu verstärken. Auch die größeren Ausführungen, die er im dritten Gespräche von der Weltverachtung darüber gibt, verhüllen das Wesen seiner Liebe mehr als dass sie es erklären. Petrarca hat Laura einmal aufrichtig geliebt, aber die Liebe war hoffnungslos und wurde bald mehr der Gegenstand seiner Verse als Sache seines Herzens. Man muss beachten, dass Petrarca seine Liebe von sinnlicher Liebe zu unterscheiden pflegte. Seine Liebe zu Laura war ihm etwas ganz Besonderes, eine vergeistigte, keusche, heilige Liebe, etwas das dem Himmel näher stand als der Erde. Und je mehr er darüber dachte und sang, je mehr er genötigt war, die Motive seiner reinen Leidenschaft in den seelischen Eigenschaften der Geliebten zu suchen, desto schemenhafter wurde Lauras Gestalt; sie wurde ein Ideal, ein Götzenbild, vor dem alles das anbetend niedersank, was er in seiner Seele an höheren Interessen trug. Man versteht dann auch, wie eng in seinem Denken die Liebe mit dem verschmelzen musste, was er unter Ruhm verstand. Es ist nicht nötig, anzunehmen, dass Petrarca in seiner Liebe nur dem Beispiel Dantes in dessen Verhältnis zu Beatrice gefolgt sei, wenn sich auch in seinen »Trionfi« der Einfluss Dantes, beziehungsweise das Bestreben, mit ihm zu rivalisieren, deutlich bemerbkar macht. Auf die äußeren Allüren des bleichen, schmachtenden, unglücklich liebenden Jünglings mögen eher Vorbilder aus dem klassischen Altertum von Einfluss gewesen sein. Aber Petrarca füllte das fremde Bild mit eigenstem Seelenleben. Der »Canzoniere« beweist, dass der Dichter ein Virtuose im Gefühlsleben war. So eintönig in seinen zahlreichen Sonetten die süße Melancholie seines Liebesgefühls erscheinen mag, so unendlich reich sind doch seine Nuancen und die Formen seiner Darstellung. Die vielen Dichter, die seinen Spuren folgten, bis herauf zu Pietro Bembo und Vittoria Colonna, haben hierin nichts geschaffen, was nicht der Reichtum ihres Meisters schon besessen hätte.

Die Freundschaft gehörte zu den Lebensgütern, die Petrarca nicht entbehren zu können glaubte. Er spricht überaus häufig von ihr und hält sich selbst, was die Pflege der Freundschaft anlangt, jeden Lobes für würdig. Auch hierin mochten Vorbilder aus dem klassischen Altertum von Einfluss gewesen sein; er wusste deren eine ganze Reihe aufzuzählen. Bezeichnend ist auch, dass er vielen Freunden römische Namen beizulegen pflegte. Vielleicht glaubte er, dass zur wahren Philosophie die Pflege der Freundschaft gehöre. Man hat ihm darum schon vorgeworfen, die Freundschaft sei ihm nur »ein Apparat, dessen er zum Aufbau seines philosophischen Thrones bedürfe«. Diese Anklage ist sicher übertrieben. Seinen Egoismus konnte er freilich auch hier nicht verleugnen. Verdächtig ist schon die sehr große Zahl seiner Freunde; verdächtig ist auch, dass alle seine Freunde in Verehrung und Verherrlichung des Dichters sich zu überbieten schienen. Das

Wertvolle an der Freundschaft bestand für Petrarca wohl darin, dass er in seinen Freunden ein treues, dankbares Echo seiner Seele und eifrige Träger seines Ruhmes fand. Das schließt nicht aus, dass er zu vielen von ihnen in ein gewisses persönliches, inneres Verhältnis trat, wobei ihn sein feiner Instinkt für das Individuelle glücklich geleitet haben mag. Er selbst erzählt uns, dass er gewohnt sei, seine Freunde einzuteilen in solche, die er verehren, die er lieben und die er gönnerhaft behandeln dürfe, ein Beweis, wie verfeinert die psychologischen Organe waren, mit denen Petrarca die Außenwelt zu verstehen und zu beurteilen befähigt war.

So misstrauisch wir aber in vielen Punkten seinem Freundschaftskultus gegenüberstehen, eines lehrt uns die Zahl und die Art seiner Freunde: Petrarca muss eine Persönlichkeit von unendlicher Liebenswürdigkeit gewesen sein, eine sonnige Natur, die Wärme und Glück spenden konnte, die anziehend war selbst in ihren zahllosen Fehlern und Schwächen. Petrarca hat in Wirklichkeit »gelebt von allen geliebt«.

Petrarca und das Altertum

Petrarcas Name ist unzertrennlich verknüpft mit dem des Humanismus, dessen Schöpfer er war. Hierin liegt seine weltgeschichtliche Bedeutung. Man hat mit Recht bemerkt, Petrarcas Größe »würde nicht geringer erscheinen, wenn er auch nie einen Vers in der Sprache Tusciens gedichtet«. Fast in jeder Zeile seiner Prosa, in jedem Vers seiner lateinischen Dichtungen tritt uns etwas von den Formen und von dem Geist des klassischen Altertums entgegen. Sein politisches und philosophisches Denken, sein künstlerisches Empfinden, sein »Stil« im Leben und literarischen Schaffen waren orientiert an großen Vorbildern aus dem alten Rom. So innig war er mit der längst entschwundenen heidnischen Kultur verwachsen, dass er oft nicht mehr zu scheiden wusste zwischen Eigenem und Gelerntem. Man hat die Frage aufgestellt, woher Petrarca wohl die erste Anregung zum Studium des Altertums erhalten habe, und hat dabei an den alten Convenevole gedacht. Wir wissen nicht, ob sein Lehrer solchen wertvollen Einfluss auf ihn ausgeübt. Äußere Zufälligkeiten mochten geweckt und gefördert haben, was im Grunde nur ein Ausfluss seines eigensten Wesens war. Petrarca selbst deutet an, dass er auf dem Umwege über Roms Sprache den Weg zum Geiste Roms gefunden hat: Schon in früher Jugend habe ihn der süße Wohllaut und der volle Klang lateinischer Worte entzückt. Es war der Dichter und Künstler, der Humanist wurde.

Die Kenntnis der alten römischen Literatur war im Mittelalter nie ausgestorben. Die heidnischen Schriftsteller wurden abgeschrieben, gelesen und zitiert und man entnahm ihnen eine Fülle von Fabeln und stilistischen Wendungen. Während des ganzen christlichen Mittelalters, nicht bloß am Hofe Karls des Großen, wurden sie beachtet und in Ehren gehalten. Wir wissen, dass Männer wie Roger Bacon und Raimundus Lullus das Studium der Alten empfohlen haben. Wir wissen auch, dass ein Dante oder Mussato zu den Alten in einem Verhältnis stand, das über die bloße Tätigkeit des Ausschreibens und Kompilierens weit hinausging. Und doch dürfen sie den Ruhm Petrarcas nicht teilen, Begründer der humanistischen Kultur zu sein. Petrarcas Kenntnis der alten Literatur ging in ihrem Umfang nicht viel über das hinaus, was die Gesamtheit des Mittelalters davon kannte. Was ihn zum Vater des Humanismus machte, war das innere Verhältnis, in dem er zu seinem Stoffe stand.

Der Geist des Mittelalters verstand den Geist des Altertums nicht, weil er ihn nicht liebte und nicht lieben konnte. Der befangene Blick des Mönches, der die Klassiker abschrieb, drang nicht in das Unterhalb der Worte. Sein geistiges Interesse daran war ein enges und beschränktes. Der Wert des nichtchristlichen Altertums erschöpfte sich für ihn in einigen wenigen missverstandenen Zitaten, die seinen apologetischen Wortschatz bereicherten. Niemand fiel es ein, etwas Wertvolles zu suchen in einer Welt, die beherrscht war von den Mächten der Finsternis und die zum Heile der Menschheit durch das Licht des christlichen Glaubens überwunden war. Die Intelligenz des Mittelalters ging auf im systematischen Denken und das System verkündete den absoluten Wert der christlichen Lehre und ihrer Formeln und den absoluten Unwert des Heidentums. Der mittelalterliche Denker, auch Dante, war Theologe, Scholastiker. Für den Scholastiker und seine Bedürfnisse aber ist die Ausbeute aus der Welt der Cicero und Horaz verschwindend gering.

Petrarca las die Klassiker zum ersten Male mit anderen Augen und mit anderem Interesse. Er besaß ein feines Ohr für das Musikalische an der Sprache und das fragte nicht nach dem Wert oder Unwert eines Systems. Er genoss den Rhythmus der Sprachlinie, ihr melodisches Auf und Ab, das Gleichgewicht und das schön gegliederte Für und Wider der Sätze. Und ehe er sich dessen recht bewusst wurde, fand er hinter den Kunstwerken von Worten die schöpferischen Künstler, wie sie lebten, dachten, sangen und schrieben. Und er fand zu seinem Entzücken, dass es Menschen waren wie er selbst. Mit Petrarca erwachte in der mittelalterlichen Welt das Interesse am rein Menschlichen zu vollem Bewusstsein. Er trat in ein Verhältnis der Freundschaft zu den Philosophen, Dichtern und Staatsmännern der Vergangenheit; er schrieb ihnen Briefe und sprach mit ihnen; er teilte ihre Freude und ihre Trauer und eiferte sich über die Fragen, die einst ihre Köpfe heiß gemacht hatten. Er beklagte es tief, in einer Zeit leben zu müssen, die der Herrlichkeit des alten Rom so fern und fremd war. Als er zum ersten Male Rom betrat, war es ihm, als kehre ein Verbannter in seine Heimatstadt zurück, von der ihm liebe Freunde so viel Schönes geschildert, und aus dem Trümmerhaufen der verwahrlosten Ruinenstadt stieg überwältigend groß vor seinem Auge der Geist einer großen, herrlichen Vergangenheit empor.

Petrarca hat die Anfänge dessen geübt, was wir unter wissenschaftlicher Kritik verstehen: Er selbst las und ließ niemanden für sich lesen. Seine eigenen Eindrücke von einem Schriftsteller waren ihm wesentlich und maßgebend, nicht die eines Kommentators. Überall ging er, soweit er konnte, zu den Quellen vor – darum bedauerte er so sehr, des Griechischen nicht mächtig zu sein – und suchte selbst zu sehen, zu lesen und zu verstehen.

Petrarca hat sein ganzes Leben dem Studium des Altertums gewidmet. Die Frucht dieser Arbeit war ein ungemein reiches Wissen, das vielleicht chaotisch und ungeordnet, dafür aber lebendig und von überraschender Plastik war. Dies beweist die erdrückende Fülle von Zitaten in seinen Werken. Fast jeder Gedanke und jedes Bild löste in ihm eine antike Reminiszenz aus. Man fühlt, wie es ihm dabei eine Lust war, aus dem Vollen zu schöpfen. Seine Kenntnisse waren nicht »wissenschaftlich« in dem engen Sinne, wie wir es heute von einem gewissen isolierten, ich möchte sagen scholastischen Gesichtspunkt aus verstehen. Wirkende Ursachen und Zusammenhänge pflegten ihm verborgen zu bleiben. Das Wissen war für ihn nur von Wert als ethische Kraft, als Weg zur Tugend. Was sollte ihm eine Wissenschaft, eine geistige Tätigkeit, die ihn nicht lehrte, besser und vollkommener zu werden? Darum spöttelte er über die naturwissenschaftlichen Kenntnisse der »modernen Philosophen« ebenso wie über die blutleere Dialektik der Scholastiker. Was er suchte, war das menschliche Leben in seiner reichen, vielgestaltigen Fülle. Der Scholastiker pflegt allem üppig und kräftig sich regenden Leben instinktiv mit Angst und Misstrauen entgegenzutreten, weil er für die Alleingültigkeit seines Systems bangt und fürchtet, den beruhigenden geordneten Überblick über das Ganze seiner Lebenserfahrungen zu verlieren. Petrarca dagegen suchte das Leben dort, wo seine Formen am reichsten waren, er freute sich ihrer Vielheit und die Vielheit machte ihn misstrauisch gegen jede Art von System. Ihn reizte gerade das Individuelle und Originale und es fiel ihm nie ein, dessen Rückwirkung auf seine eigene geistige Art zu vereiteln. Sein Wissen wurde zu einer Einheit erst in seinem Charakter. Die Folge dieser unbefangenen Art, das Altertum zu betrachten, war eine große Weite seines Blickes und seiner Anschauungen. Sein geistiger Horizont war bereichert um eine neue Welt, die dem christlichen Gedankenleben wenn nicht fremd und feind, so doch gleichgültig gegenüberstand. Es würde zu weit führen, im einzelnen die Anregungen aufzuzählen, die Petrarca vom klassischen Altertum empfangen hat. Sie haben seinem ganzen Leben ihren Stempel aufgedrückt.

In ihrer Summe bedeuten sie das, was wir heute unter dem Worte Humanismus verstehen. Aber trotz seiner glühenden Begeisterung für das Altertum ist Petrarca nie ein »Heide« geworden, wie so mancher spätere Humanist. Er hat sich dem Altertum verwandt gefühlt und hat sehnlichst gewünscht, als Zeitgenosse eines Cicero leben zu dürfen, aber es fiel ihm nie ein, sich mit den Alten irgendwie zu identifizieren. Er hat sich auch hierin seine geistige Selbständigkeit gewahrt; mit Nachdruck pflegte er zu betonen, dass er nicht eines einzigen Mannes Anhänger und Schüler sein könne, und hat sich auch nicht gescheut, selbst an seinem Abgott Cicero Kritik zu üben, wo er es für nötig hielt. Was ihn im tiefsten Grunde vom alten Heidentum schied, war sein Christentum, dem er mit Überzeugung anhing. Petrarca fühlte sich als Katholik und trotz der vom Altertum inspirierten freien Lebendigkeit seines Denkens und Empfindens, trotz seiner leidenschaftlichen Abneigung gegen die scholastische Theologie ist er nie und nirgends aus dem Kreise katholischer Weltanschauung herausgetreten. Sein gesunder Instinkt für die Wirklichkeit hat ihn davor bewahrt, die 13 Jahrhunderte Menschheitsgeschichte zu verleugnen, die ihn vom augusteischen Zeitalter trennten.

Charakteristisch für Petrarcas Verhältnis zum Altertum ist sein Stil. Er hat ihn zweifellos seinen klassischen Studien zu verdanken: ciceronianische Eleganz und das Pathos Senecas beherrschen seine Prosa und seine lateinischen Verse zeigen den unverkennbaren Einfluss Vergils. In den Geist der lateinischen Sprache ist Petrarca eingedrungen wie keiner vor ihm; er hat ihre Stärke, ihre Feinheiten, ihre verborgensten Ausdrucksmöglichkeiten entdeckt und handhabte sie wie sein eigenstes geistiges Eigentum. Darum wurde sein Stil auch nie die sklavische Kopie irgend eines anderen. In einem Brief an Boccaccio vertritt er die Ansicht, jeder müsse sich einen eigenen Stil bilden, und wie Gesicht, Benehmen und Sprechweise, so müsse auch der Stil die individuellen Eigentümlichkeiten der Persönlichkeit wiedergeben; er wolle einen eigenen Stil schreiben, selbst auf die Gefahr hin, dass derselbe roh und ungelenk erscheinen möchte. Petrarcas Latinität ist auch tatsächlich voll von grammatikalischen Verstößen und enthält stilistische Wendungen, die dem mittelalterlichen Klosterlatein oder dem zeitgenössischen italienischen Sprachleben näher stehen als dem Stil klassischer Autoren. Aber gerade dies verleiht seinem Latein etwas Lebensvolles und Wahres und macht seine Lektüre zu einem Genuss, der dem nicht nachsteht, den die Lektüre seiner süßen italienischen Lyrik bietet.

Viele der späteren Humanisten haben Petrarca an Umfang des Wissens, an Gelehrsamkeit und an Schärfe und Reichtum des wissenschaftlichen Denkens übertroffen, kein einziger aber hat die Intensität seiner humanistischen Denkweise erreicht und alle zehren von seiner großen Schöpfertat. Es bleibt ihm der Ruhm, der erste gewesen zu sein, der den Bann des mittelalterlichen Denkens gebrochen hat. Mit der intuitiven Art des Genies hat er die ewigen Werte des Altertums erkannt und verstanden und hat dadurch das geistige Leben Europas um eine neue große Erfahrung bereichert. Die wenigen Fäden, die das Mittelalter mit dem Altertum verbanden, liefen zusammen in den religiösen Formen des universellen Katholizismus. Petrarca hat neue Fäden geknüpft und hat das von theologischen Ambitionen freie Denken auf ein Gebiet des geistigen Lebens gewiesen, das ebenso frei wie unerschöpflich in neuen Möglichkeiten war. Er hat das reiche Erbe der heidnischen Vergangenheit für die werdende Kultur der Renaissance nutzbar gemacht.

Petrarca und die Renaissance

Die Kulturepoche, die man mit dem Namen Renaissance zu bezeichnen pflegt, ist in ihren Ausgangspunkten und in vielen ihrer charakteristischen Erscheinungsformen älter als Petrarca und seine Zeit. Sie hat ihren Ursprung im nationalen Volksleben des mittelalterlichen Italiens und in dessen wirtschaftlichen, sozialen und politischen Eigentümlichkeiten. Der Humanismus trat nur als ein neues konstitutives Element in den Entwicklungsprozess der italienischen Kultur ein; er hat dieselbe aber um eine Fülle neuer Werte bereichert und ihr in vielem sein charakteristisches Gepräge aufgedrückt.

Das Jahrhundert vor Petrarcas Geburt war eines der inhaltsreichsten in der Geschichte Italiens. Eine Reihe folgenschwerer Entscheidungen waren gefallen. Unterstützt von der selbstsüchtigen Politik der italienischen Städte war es dem Papsttum gelungen, das staufische Kaisertum niederzuringen. Der alte Reichsgedanke, die höchste Blüte mittelalterlicher Weltanschauung, wurde zu Grabe getragen. Für Ober- und Mittelitalien bedeutete das eine völlige Anarchie; denn weder das Haus Anjou, das die staufische Erbschaft in Süditalien angetreten hatte, noch das Papsttum, das damals anfing, den engen Fesseln nationaler Interessenpolitik zu verfallen, vermochten Ordnung zu schaffen. In endlosen, wilden Kriegen, in gegenseitigen Überfällen und Plünderungen, in Brandschatzen und Blutvergießen feierten die italienischen Städterepubliken die erworbene Selbständigkeit. Und auch im Inneren der Städte tobte blutiger Bürgerzwist; von der wirtschaftlichen Entwicklung getragen drängten Mittelstand und Proletariat nach kommunalem Einfluss und in unentwirrbarem Durcheinander befehdeten sich Adelsfaktionen und bürgerliche Parteien. Mit den Waffen in der Hand und unter Beihilfe der jeweiligen vertriebenen Minderheit der Nachbarstadt entschied man über die strittigen wirtschaftlichen, sozialen und politischen Fragen. Um die Mitte des 13. Jahrhunderts hatte das demokratische Element in den meisten italienischen Republiken das aristokratische zurückgedrängt. Der höhere Klerus war längst in den Städten fast zu politischer Bedeutungslosigkeit herabgesunken und der Adel musste zufrieden sein, wenn die Bundesgenossenschaft der höheren Zünfte ihm noch einigen Einfluss auf das politische Leben der Gemeinde sicherte. Gegen Ende des Jahrhunderts ist die Entwicklung um einen Schritt weiter gegangen: Die Tyrannis eines klugen, tatkräftigen und gewissenlosen Emporkömmlings hatte in manchen Städten die republikanische Regierungsform abgelöst. Es begann die Blütezeit der italienischen Signorien, die ihre Vorläufer schon in der ersten Hälfte des 13. Jahrhunderts hatten, da Ezzelino und Alberich da Romano, Azzo von Este, Salinguerra und der Dominikaner Johann von Vicenza sich um die Herrschaft im östlichen Oberitalien stritten. Es entstanden die kleinen aber stolzen Fürstenhöfe, die Pflegestätten des Humanismus und der bildenden Künste, aus denen die für die Renaissancezeit typische Aristokratie der Macht, des Geistes und des Charakters hervorwuchs.

Die politische Anarchie war für Italien segensreich geworden; in ihr erstarkte die Eigenart des Volkes und des Einzelnen. Es war ein kräftiges Geschlecht voll Selbständigkeit und Selbstsucht, das unter den Wirrsalen der blutigen Städtekriege geboren wurde, ein Geschlecht, das auf jedem Gebiete starke Akzente ertrug und das die breite gesellschaftliche Grundlage bilden konnte für die zahllosen titanenhaften Größen der Renaissancekultur. Die italienische Polis war ein Boden, auf dem Individualitäten gedeihen konnten. Die soziale Revolution des 13. Jahrhunderts, für die man den Namen Popularbewegung geprägt hat, ist ein Beweis dafür, wie stark damals in allen Schichten der italienischen Bevölkerung der Kampf um den Platz an der Sonne, wie lebendig und energisch der Wettbewerb der Kräfte auf allen Gebieten des Lebens war. Die korporative Gliederung des sozialen und politischen Lebens förderte das Bewusstwerden des Individuums. Große Interessengemeinschaften und große Gesichtspunkte pflegen eine Gesellschaft zu nivellieren; je kleiner innerhalb der komplizierten Vielheit von Interessen der Kreis ist, in dem er sich zu betätigen hat, und je näher er die Grenzen fühlt, hinter denen andere Gesetze und andere Wünsche gelten, desto bewusster wird sich der Einzelne der eigenen, abgegrenzten Aufgabe werden. Der Italiener des Dugento lebte nicht nur für seine enge Stadtgemeinde, er lebte für die Partei, die Zunft, die Waffengenossenschaft, die Sozietät, die Bruderschaft; und in den kleinen Vereinen, deren politische Bedeutsamkeit mitunter sehr groß sein konnte, kamen Kopf und Stimme, Schwert und Geldbeutel des Einzelnen zu voller Geltung. Was uns aus den Städtechroniken und Ordensannalen des ausgehenden 13. Jahrhunderts als charakteristisches Merkmal der Zeit entgegentritt, das ist neben der großen Beweglichkeit der

Massen gerade die Fülle von markanten Persönlichkeiten aus allen Klassen und Ständen.

Mitten in den politischen Wirren des Jahrhunderts hatte Italien eine religiöse Wiedergeburt erlebt. Sie knüpft sich an die Person des hl. Franz von Assisi. Eine Zeitlang mochte die merkwürdige religiöse Bewegung ganz Italien in Atem gehalten haben; zweimal, in den Jahren 1233 und 1260, gestaltete sie sich, mit aller Leidenschaft aus den Tiefen der Volksseele ausbrechend und getragen und gefördert von den Bettelorden, zu gewaltigen religiösen Epidemien, die für einige Wochen oder Monate das ganze öffentliche Leben beherrschten. Und doch wird man sich hüten müssen, die Bewegung und ihre Folgen nach irgendwelcher Seite hin zu überschätzen. Ihre Geschichte zeigt uns, welcher Art von religiöser Wiedergeburt Italien damals fähig war. Selbstsucht und Sinnlichkeit verschwanden so wenig wie der blutige Parteihader und die grausamen Städtekriege. Was Franz von Assisi und sein engerer und weiterer Jüngerkreis im Volke zu wecken vermochten, war eine rasch aufflammende lärmende religiöse Begeisterung; alle Formen katholischer Frömmigkeit wurden lebendig, man lief zur Predigt, freute sich, die Fahnen und Abzeichen der Genossenschaft oder Zunft in der feierlichen Prozession tragen zu dürfen und schlug Schlachten um die wundertätigen Leichen von Heiligen. Die neugegründeten Orden und Bruderschaften hatten das bewegte, farbenprächtige Leben der Städte um einige neue bunte Bilder bereichert. Das kulturfreudige Volk hatte nichts zu lernen von seinen tumultuarisch verehrten, weltflüchtigen Heiligen. Wie viel Leben und Lebensfreude, welch reicher Wechsel von Schicksalen, welche Fülle von Charakteren und Persönlichkeiten, wieviel Energie und Leidenschaft die italienische Kultur des ausgehenden 13. Jahrhunderts barg, das zeigen uns die beiden bedeutendsten literarischen Denkmäler jener Zeit, Dantes »Göttliche Komödie« und die köstliche Chronik des Minoritenbruders Salimbene von Parma.

Während Dante mit allen seinen Interessen mitten im kulturellen Leben Italiens stand, will es scheinen, als seien die Bande, die Petrarca an das Leben, Denken und Fühlen seiner

Heimat fesselten, nur wenige und lose gewesen. Er war fern von Florenz und Italien aufgewachsen und kannte und verstand die kommunale Parteileidenschaft nicht, der sein Vater zum Opfer gefallen war; er blieb darum auch verschont von der hemmenden Schwere lokaler bürgerlicher Traditionen, die das Denken seiner italienischen Zeitgenossen absorbierten, und konnte wie in seinem äußeren Leben, so auch in seinem Denken und in seinen Interessen neue freiere Wege einschlagen. Und doch war Petrarca ein Kind seiner Zeit und seiner Heimat; er kam mit dem geistigen Erbe seiner Väter zur Welt und die reichen Erfahrungen seiner Zeit waren in ihm lebendig geworden und zur vollen Reife gelangt. Auch äußerlich stand er der italienischen Kultur nicht allzufern; er hatte als Student in Bologna Gelegenheit gehabt, italienisches Städteleben kennen zu lernen, und das päpstliche Avignon selbst war ja ein Stück freies, von der Scholle losgelöstes Italien unter fremdem Himmel. Petrarca hat sich immer als Italiener gefühlt und hat seine Nationalität mit Stolz betont. Er trug in seinem egoistischen Herzen die große Klage des ungeeinten Italien und hat ihr Töne geliehen, die durch Jahrhunderte lebendig waren. Macchiavelli schloss sein Buch »Der Fürst« mit einem Zitat aus Petrarcas herrlicher Kanzone »Italia mia«. Er war sich bewusst, mit seinem großen Landsmann aus dem 14. Jahrhundert hierin in einer Linie zu stehen.

In Petrarcas lebensfreudigem und selbstsüchtigem Charakter lag namentlich in seinen jüngeren Jahren viel von der heiteren Frivolität seiner Zeit. Es ließe sich zum Beleg eine Reihe von Einzelzügen seines Wesens anführen. Die Lebhaftigkeit und Vielseitigkeit seiner Empfindungen, die Art und Weise, wie er sein ganzes Gefühlsleben in den Mittelpunkt seines Denkens rückte, seine Freude am Künstlerischen und sein Interesse für die kleinen Dinge des Alltags, dies alles zeigt sehr wenig von den herkömmlichen Formen mittelalterlicher Denkweise. Seine Moral war trotz des großen asketischen Apparates, mit dem er sie gelegentlich aufzuputzen pflegte, eine durchaus hedonistische; seine unstillbare Ruhmessehnsucht – wie er selbst gesteht, die wirksamste Triebfeder aller seiner Handlungen – war das deutlichste Merkmal seiner Diesseitsstimmung. Seine christliche Überzeugung zeigte ihm deren Nichtigkeit, aber er vermochte sich nie über sie zu erheben; er lebte und handelte, als wäre nicht die Ewigkeit, sondern die Nachwelt auf Erden Richter seines Lebens. Darum hatte er auch Sinn und Verständnis für das Menschlich-Große an Taten, die er als sündhaft verdammen musste: Wie er gegen Ende seines Lebens in der Invektive gegen einen anonymen Franzosen betont, schien ihm selbst ein Catilina gerade wegen der Größe und Genialität seines Verbrechertums einer gewissen Bewunderung würdig. Und es waren gewiss nicht nur kleinliche Rücksichten auf äußere Vorteile, die ihn zum Höfling und bewundernden Verehrer skrupelloser Tyrannen, wie der Correggi, Visconti oder Carrara machte. Der starre Sinn Dantes verurteilte nach den Gesetzen seiner Überzeugung auch die gewaltigste irdische Größe; der zarte Charakter Petrarcas beugte sich in seiner Schwäche hier wie in anderem dem übermächtigen Geist seines Zeitalters. Es war sein aristokratischer Instinkt, der ihn zum Verehrer gewissenloser Fürsten machte und das Opfer seiner humanistischen Überzeugungen, seiner theoretischen Sympathie mit dem Reichsgedanken und den demokratischen Idealen eines Cola di Rienzo forderte.

Es ist eine Übertreibung, Petrarca in der Geschichte eine Rolle zuzuschreiben, die der eines Begründers der Renaissancekultur nahekommt. Der Schöpfer der Renaissance war das italienische Volk in seiner wirtschaftlichen, sozialen und politischen Gesamtheit. Das große, unsterbliche Werk Petrarcas besteht darin, dass er innerhalb dieser Kultur den Geist des klassischen Altertums wiedererweckt hat zu einem Leben, das mehr war als eine bloße Kopie. Alles was der Humanismus für das Italien der Renaissance und für ganz Europa an Bedeutung gewann, darf im Grunde auf Petrarca zurückgeführt werden. Das Wesen und die Formen der humanistischen Bewegung hatten in ihm eine Verkörperung gefunden, die den Stempel der Vollendung und Vollkommenheit an sich trug.

Petrarcas Lebenswerk war eine Tat geistiger Freiheit und Mündigkeit, ein Bruch mit aller Tradition, der darum nicht weniger vollständig war, weil er sich ohne Lärmen und blinde

Zerstörungswut vollzog. Auch dort, wo er noch in den Bahnen überkommener Denkweise wandelte, war sein Verhältnis zu dem Gegenstand ein freies, selbstgewähltes, seinem eigenen Charakter entsprechendes. Er kämpfte nicht nur gegen den Aberglauben der Astrologie und der zeitgenössischen Medizin, er kämpfte auch gegen den intellektualistischen Aberglauben des Scholastizismus, dessen rationalistische Prätensionen gemeinsam verfochten von der orthodoxen Theologie der Kirche und der atheistischen Philosophie der Averroisten das geistige Leben der Zeit beherrschten; und er bekämpfte ihn mit der wirksamsten Waffe, indem er die Möglichkeit und üppige Lebenskraft der neuen Denkweise bewies. Sein scharfer Kampf gegen Aristoteles und seine Anbeter war eine große Tat im Geistesleben seiner Zeit; er untergrub damit eine übergewaltige, alles erdrückende Autorität. Petrarca darf keinen Platz beanspruchen in der Geschichte der Philosophie der Renaissance, aber er hat dieser Philosophie den Boden vorbereitet und ihr Raum und Luft geschaffen.

Petrarca hat auch einen gewichtigen Einfluss ausgeübt auf das religiöse Leben der Folgezeit, nicht auf die breiten Massen des Volkes, aber auf eine lange Reihe vornehmer, ihm verwandter Naturen. Er war ein überzeugter Katholik und wir sind nicht berechtigt, in seine Versicherungen irgend welchen Zweifel zu setzen. Sein Katholizismus war der aristokratische Katholizismus des Feingebildeten, ein »religiöser Katholizismus« nicht bloß im Gegensatz zu dem politischen – diese Unterscheidung, die Dante vorgeschwebt haben mochte, kannte Petrarca nicht – sondern in erster Linie im Gegensatz zu dem theologischen Katholizismus der zünftigen Kirchenmänner. Sein Christentum war gewiss kein undogmatisches, aber es war ein unscholastisches, wenn es auch die überlieferte Terminologie nicht in allen Punkten aufgeben konnte. Der Sprachgebrauch der heutigen Theologie würde Petrarca einen Voluntaristen nennen. Seine Religiosität war eine durchaus innerliche, lebendige, nicht frei von leisen mystischen Regungen. Er bedurfte der äußeren Formen vulgärer katholischer Frömmigkeit nicht, aber er sah keinen Grund ein, sie zu missachten oder zu bekämpfen. Die Humanisten folgten auch hierin im Großen und Ganzen seinen Spuren. Petrarcas Stellung zum Religiösen bedeutete die einzige Möglichkeit, der humanistischen Bewegung Lebensfreiheit zu schaffen zu einer Zeit, da jede Bildung in die Theologie einmündete und die kirchliche Inquisition mit starker Hand über die Orthodoxie der Lehre wachte. Das Büchlein »Von seiner und vieler Leute Unwissenheit« ist ein typisches Dokument der Art und Weise, wie Christentum und Katholizismus mit der neugewonnenen Kultur der Antike sich zu vereinigen verstanden.

Petrarcas Werke

Der große Dichter und Humanist kannte kein berufliches Arbeiten im engeren Sinne des Wortes. Sein Schaffen war diktiert von Neigung und Laune. Darum geben uns seine Werke ein klares Bild seiner Fähigkeiten und seiner Interessen und lassen uns die natürlichen Proportionen seines reich gestalteten geistigen Lebens erkennen.

An der Spitze seiner dichterischen Arbeiten steht der »Canzoniere« oder, wie Petrarca selbst das Buch nannte, die »fragmenta rerum vulgarium«, eine Sammlung von 317 Sonetten, 29 Kanzonen, 9 Sextinen, 7 Ballaten und 4 Madrigalen, die mit geringen Ausnahmen alle seiner Liebe zur lebenden und zur verklärten Laura gewidmet sind. Mit dem »Canzoniere« in innerem Zusammenhang stehen die »Trionfi«, an denen er noch im letzten Jahr seines Lebens arbeitete, eine Terzinendichtung in zehn Gesängen, die gleichfalls seine Liebe zu Laura und den Sieg ihrer Reinheit über alle irdischen Begierden besingt. Damit ist die Reihe der italienischen Werke Petrarcas geschlossen; von italienischer Prosa besitzen wir aus seiner Feder nichts.

Wichtiger und wertvoller als die in der Vulgärsprache abgefassten schienen Petrarca seine lateinischen Dichtungen zu sein. Den breitesten Raum unter ihnen nimmt sein Lieblingswerk, die »Africa« ein, ein großzügig angelegtes Epos, das die Taten des Scipio Africanus verherrlicht. Petrarca glaubte, mit ihm einem Vergil an die Seite treten zu können und erwartete von ihm allein den höchsten Ruhm. Die Nachwelt urteilte anders: Keines seiner Werke ist so sehr in Vergessenheit und in Missachtung geraten wie die »Africa«. Die große, nicht ganz vollendete Dichtung ist trotz schöner, kraftvoller Einzelheiten ein verfehltes Werk; Petrarca war kein Epiker und in der Kopie Vergils vergrößerte er nur die vielen Mängel seines römischen Vorbildes. Mehr seinem Wesen entsprechend sind die 12 bukolischen Eklogen, in denen er mitunter die lateinische Sprache zu musikalischen Klangwirkungen steigert, die lebhaft an die Töne seiner italienischen Verse erinnern, und die 3 Bücher poetischer Episteln, die mit sehr verschiedenwertigem Inhalt eine virtuosenhafte stilistische Gewandtheit verbinden.

Weit umfangreicher sind Petrarcas lateinische Prosawerke, in denen er die ganze Fülle seines Wissens niedergelegt hat. Was uns aus ihnen entgegentritt, ist die reiche humanistische Gedankenwelt, deren Inhalt sich in den Begriff des Menschlich-Bedeutsamen zusammenfassen lässt. Es sind dabei in erster Linie zu nennen die beiden umfangreichen historischen Sammelwerke »Vier Bücher über denkwürdige Dinge« und die unvollendet gebliebenen »Lebensbeschreibungen berühmter Männer«, dann seine 5 großen, meist in Dialogform abgefassten moralphilosophischen und religiösen Traktate »Über die Heilmittel gegen Glück und Unglück«, »Die Gespräche über die Weltverachtung«, »Die Bücher vom einsamen Leben«, »Über die Muße der Mönche« und »Von der wahren Weisheit«, in denen das alte Thema von Glück und Tugend, Leidenschaft und Seelenruhe in weitschweifiger Ausführlichkeit abgehandelt wird, und endlich seine polemischen Schriften, worin er seine leichte Reizbarkeit und seine boshafte Schlagfertigkeit offenbart, nämlich die »Verteidigung gegen die Schmähungen eines anonymen Franzosen«, das Büchlein »Von seiner und vieler Leute Unwissenheit« und die »4 Streitschriften gegen einen Arzt«. Als Werke, die durch Form oder Inhalt aus dem Rahmen seiner übrigen Schriften herausfallen, lassen sich endlich noch anführen der ebenfalls unvollendete »Brief an die Nachwelt«, eine Reihe von Reden, die er als diplomatischer Gesandter gehalten, das

»Syrische Reisehandbuch«, die »7 Bußpsalmen« und eine Anzahl Gebete.

Für den Biographen Petrarcas liegt das wertvollste Material in dessen Briefen, die ein treues und lebendiges Bild seines Lebens und Charakters geben. Sie erreichen zusammen nahezu die stattliche Zahl von 600. Petrarca war ein Meister des Briefstils und neben vielem Abgeschmackten enthalten seine Briefe wahre Perlen der Epistolographie. Er selbst hat seine Briefe – ein Beweis, wie hoch er sie einschätzte – mit peinlicher Sorgfalt gesammelt, zu einzelnen Gruppen geordnet und diese mit Widmungsbriefen an Freunde versehen herausgegeben. Wir besitzen von ihm 24 Bücher »Freundesbriefe«, 17 Bücher »Altersbriefe«, ein Buch »Vermischter Briefe«, die schon erwähnten 3 Bücher »Poetischer Episteln« und dazu noch das Buch der kirchenpolitisch und religionsgeschichtlich hochbedeutsamen, gegen das avignonesische Papsttum gerichteten »Anonymen Briefe«.

Das 19. Jahrhundert hat uns eine Reihe guter Neuausgaben von einzelnen Schriften Petrarcas gebracht. Eine des großen Humanisten würdige textkritische Gesamtausgabe seiner Werke fehlt uns noch; man ist bezüglich einer großen Anzahl seiner Schriften noch immer auf die alten, recht mangelhaften Drucke angewiesen. Eine der besten, jedenfalls der meistbenutzten ist die große Baseler Gesamtausgabe seiner Werke vom Jahre 1581. Diese liegt auch in der Hauptsache der Übersetzung der folgenden drei Schriften zugrunde. Doch konnte für den »Brief an die Nachwelt« auch der Neudruck desselben im I. Bande der »Epistolae familiares« ed. Fracasseti, Firenze 1859, für das Büchlein »Von seiner und vieler Leute Unwissenheit« die treffliche Ausgabe von Capelli in der Bibliothäque literaire de la Renaissance, Band VI, 1906 benutzt werden. Für die »Gespräche über die Weltverachtung« wurden zur Sicherstellung des Textes eine Reihe anderer älterer Drucke, so der des Franciscus Mazalis Regiensis, Regii Lepidi 1501 und die Berner Ausgabe von Le Preux vom Jahre 1604 u. a. m. beigezogen.

Man hat Petrarca in weiteren Kreisen bisher meist nur als den schmachtenden Sänger der Laura gekannt. Die drei

Schriften, die im folgenden aus der Fülle seiner Werke herausgegriffen sind – eine charakteristische Selbstbiographie, eine ernste Seelenbeichte und eine Darlegung seiner Weltanschauung – zeigen ihn von einer anderen Seite. Es sind Dokumente eines persönlichen, reich entwickelten geistigen Lebens und zugleich Dokumente einer werdenden grandiosen Geisteskultur, die aus dem zarten, weichen Kolorit, dem vornehm gedämpften Rhythmus und der ebenmäßigen Diktion der in den folgenden Seiten wiedergegebenen Prosa Petrarcas zu uns reden.

Hermannn Hefele, München 1910

Die Quelle von Vaucluse

Federzeichnung und Autograph Petrarcas aus seiner Plinius-Handschrift

Des Francesco Petrarca Brief an die Nachwelt

Vielleicht hörst du einmal etwas über mich – obwohl ein so kleiner und dunkler Name durch die vielen Jahre und Länder kaum zu dir gelangen mag – und dann wünschest du vielleicht zu wissen, was für ein Mensch ich war und wie es meinen Werken ergangen, besonders jenen, von denen ein Gerücht zu dir drang oder deren armen Namen du gehört hast. Die Menschen werden über mich verschieden urteilen; denn jeder spricht ja in der Regel so, wie es ihm die Lust, nicht die Wahrheit eingibt und man hält weder im Lob noch im Tadel Maß.

Von eurer Herde war ich einer, ein sterbliches Menschenkind; weder von allzuhoher noch von niederer Herkunft. Meine Familie, wie das Kaiser Augustus von der seinigen zu sagen pflegte, war alt. Ich war nicht ungünstig begabt, noch sittlich schlecht veranlagt, doch haben mich üble Gewohnheiten geschädigt. Die Kindheit betrog mich, die Jugend verdarb mich, das Alter hat mich gebessert und mich am eigenen Leibe erfahren lassen, dass es wahr ist, was ich so oft gelesen, dass Jugend und Lust eitle Dinge sind – das Alter, oder besser Er, der Herr alles Lebens und aller Zeiten, der die armen Sterblichen in ihrer leeren Aufgeblasenheit bisweilen in die Irre gehen läßt, damit sie so, freilich oft erst spät, ihre Schwächen fühlen und sich selbst kennen lernen.

Mein Körper war in der Jugend nicht allzukräftig, aber von großer Gewandtheit, mein Aussehen nicht hervorragend schön, aber so, dass ich in jungen Jahren gefallen konnte. Meine Hautfarbe war frisch, vom Weißen ins Bräunliche spielend; meine Augen lebhaft und lange Zeit von größter Sehkraft, die mich aber gegen alle Hoffnung nach meinem sechzigsten Jahre verließ, so dass ich leider zur Brille greifen musste. Auch hat das Alter meinen sonst immer gesunden Körper angegriffen und durch die üblichen Alterskrankheiten geschwächt.

Ich bin geboren von achtbaren Eltern, Florentinern, die in mittelmäßigen, offen gestanden fast ärmlichen Vermögensverhältnissen lebten und aus der Heimat verbannt waren, zu Arezzo im Jahre 1304 dieser letzten mit Christi Geburt anhebenden Zeitperiode, an einem Montag früh am 20. Juli.

Ich war ein vollendeter Verächter des Reichtums, nicht als ob ich nicht gerne reich gewesen wäre, aber ich hasste Arbeit und Mühe, die mit dem Reichtum unzertrennlich verbunden sind. Auch an üppigen Mahlzeiten lag mir nichts; bei meiner einfachen Lebensweise und den bürgerlichen Speisen lebte ich fröhlicher als alle Jünger des Apicius bei den ausgesuchtesten Mahlzeiten. Diese Gelage, die doch Schlemmereien sind und dem Anstand und den guten Sitten Hohn sprechen, missfielen mir immer, und ich hielt es für eine unnütze Mühe, andere zu solchen einzuladen oder gar mich selbst einladen zu lassen. Gemeinsam dagegen mit Freunden zu speisen, war mir so angenehm, dass ich nichts Lieberes kannte, als wenn sie ungeladen zu mir kamen; und ich wollte nie ohne Tischgenossen speisen. Nichts missfiel mir mehr als Prunk, nicht nur weil er vom Übel und das Gegenteil von Bescheidenheit, sondern weil er etwas Lästiges und ein Feind der Ruhe ist.

An glühender Liebe, aber nur einer einzigen und ehrbaren, litt ich in meiner Jugend und ich hätte noch länger daran gelitten, wenn nicht ein bitterer, aber nützlicher Tod das schon erkaltende Feuer ausgelöscht hätte. Ich wünschte sagen zu können, dass ich mich von Ausschweifungen rein gehalten habe; ich kann es nicht, ohne zu lügen. Aber das darf ich offen sagen, dass ich jenes niedrige Laster, wenn mich auch Jugendglut und Fleischesschwäche dazu verführten, tief im Innern stets verabscheut habe. Und bald darauf, seit meinem 40. Lebensjahre, da ich noch genug Leidenschaft und Kraft besaß, habe ich nicht nur jede unzüchtige Tat, sondern auch jeden Gedanken daran so fern von mir gehalten, als hätte ich nie ein Weib angeschaut. Und ich halte dies für mein höchstes Glück, Gott dankend, dass er mich noch immer, trotz Gesundheit und Kraft, vor einer so niedrigen und mir immer verhassten Sklaverei bewahrt hat.

Doch ich gehe zu anderem über. Ich lernte den Hochmut kennen bei anderen, nicht bei mir: war ich unbedeutend, so war ich das noch mehr in meinen eigenen Augen. Mein Zorn hat mir selbst sehr oft geschadet, anderen nie. Nach edler Freundschaft war mein Sinn stets glühend gerichtet, und ich hielt sie in treuer Pflege. Ich lobe mich furchtlos, weil ich weiß, dass ich die Wahrheit spreche. Leicht reizbar, vergaß ich ebenso leicht Beleidigungen und dachte an Wohltaten stets dankbar nur zurück. Man beneidete mich, weil Fürsten und Könige mit Vertraulichkeit und edle Männer mit Freundschaft mich beglückten. Aber das ist ja das traurige Schicksal alternder Leute, dass sie so oft den Tod treuer Freunde zu beweinen haben. Die besten Könige meiner Zeit liebten und verehrten mich. Warum, weiß ich nicht; sie selbst mochten es wissen. Mit einigen verkehrte ich wie mit Meinesgleichen und erfuhr so nur das Angenehme, nicht das Lästige, das ihre hohe Stellung mit sich brachte. Trotzdem zog ich mich von vielen, die ich innig liebte, zurück; so groß war in mir die Liebe zur Freiheit, dass ich einen, wenn schon allein sein Name meine Freiheit zu gefährden schien, mit aller Kraft mied.

Meine geistigen Fähigkeiten führten mich eher zu ruhiger Betrachtung als zu scharfer Polemik. Zu jedem guten und wertvollen Studium geeignet, neigte ich besonders zur Moralphilosophie und Poesie. Die letztere vernachlässigte ich im Laufe der Zeit und erfreute mich an heiliger Wissenschaft, in der ich eine verborgene Süßigkeit verspürte, die ich früher verachtet hatte. Die schöne Literatur dient mir nur noch zum schönen Zeitvertreib. In ganz einziger Weise trieb ich das Studium des Altertums, weil mir meine eigene Zeit immer so sehr missfiel, dass – wäre nicht die Liebe zu den mir Teuren gewesen – ich wünschte, in jedem anderen Zeitalter geboren zu sein; und um die Gegenwart zu vergessen, suchte ich, im Geiste mich in andere Zeiten zu versetzen. Deshalb liebte ich die Lektüre von Geschichtsschreibern, wenngleich mich bei ihnen der Mangel an Übereinstimmung störte. In zweifelhaften Fällen folgte ich dem, auf dessen Seite mich die größere Wahrscheinlichkeit der Darstellung oder die größere persönliche Autorität zog.

Meine Redeweise war, wie Einige sagen, klar und wuchtig, wie es mir selbst den Eindruck machte, kraftlos und verschwommen. Ich strebte auch in der Unterhaltung mit Freunden und Bekannten nie nach Beredsamkeit und wundere mich, dass Kaiser Augustus solche Sorgen kannte. Wenn es aber das Thema, der Ort oder das Publikum zu verlangen schien, strengte ich mich etwas an; mit welchem Erfolg, weiß ich nicht; das mögen die beurteilen, vor denen ich gesprochen habe. Es liegt mir nichts daran, gut gesprochen zu haben – hätte ich nur gut gelebt! Es ist ein windiges Streben, allein durch den Glanz der Rede sich einen Namen verschaffen zu wollen.

Meinen Lebensgang hat teils Zufall, teils eigener Wille folgendermaßen gestaltet: Mein erstes Lebensjahr, wenn auch nicht ganz, verbrachte ich zu Arezzo, wo mich die Natur das Licht der Welt erblicken ließ; die sechs folgenden Jahre dann, als meine Mutter vom Exil zurückgerufen wurde, zu Ancisa, dem väterlichen Landgut, 14.000 Schritte oberhalb von Florenz. In meinem achten Lebensjahre lebten wir zu Pisa, im neunten und den folgenden in Südfrankreich, am linken Rhoneufer, in der Stadt Avignon, wo der römische Papst die Kirche Christi in schmählicher Gefangenschaft hält und lange gehalten hat, wenn auch der fünfte Urban sie vor wenigen Jahren an ihren alten Sitz zurückgeführt zu haben schien. Aber die Sache zerschlug sich ja wieder, während Urban selbst, was mich noch mehr erbitterte, noch lebte und seine gute Tat gleichsam bereute. Er hätte, wenn er noch länger gelebt hätte, zweifellos erfahren, wie ich über seine Haltung dachte. Schon hielt ich die Feder in der Hand. Aber der Tod ereilte ihn, als er eben seinen herrlichen Plan aufgegeben hatte – der Unselige! Hätte er doch vor dem Altäre Petri und in seinem eigenen Hause glücklich sterben können! Denn wären dann seine Nachfolger wieder in Rom geblieben, so konnte er selbst als des guten Werkes Urheber gelten, und hätten sie es wieder verlassen, so würde sein Verdienst gegenüber der anderen großen Schuld nur um so heller erstrahlt haben. Doch allzulange hält uns diese Klage auf.

Dort also am Ufer des wilden Flusses verbrachte ich meine Kindheit unter dem Schutze meiner Eltern, und meine Jünglingszeit unter eitlen Jugendträumen. Doch verlief mein dortiger Aufenthalt nicht ohne große Unterbrechungen. Denn volle 4 Jahre lebte ich damals in dem kleinen Carpentras, Avignon östlich am nächsten gelegen, und in diesen beiden Städten lernte ich von Grammatik, Dialektik und Rhetorik so viel, als man eben in diesem Alter vermag, oder vielmehr so viel, als in den Schulen gelernt zu werden pflegt, und wie wenig das ist, mein lieber Leser, weißt du. Dann reiste ich zum Studium der Rechte nach Montpellier und blieb dort weitere 4 Jahre; von dort ging ich nach Bologna, wo ich mich 3 Jahre aufhielt und das ganze corpus juris civilis hörte. Vielleicht hätte ich es, wie viele Leute glaubten, schon in der Jugend zu etwas Großem gebracht, wenn ich bei dem einmal angefangenen geblieben wäre. Aber ich gab, sobald ich der Rücksichtnahme auf meine Eltern ledig war, dieses Studium ganz auf, nicht als ob ich vor dem Recht an sich keine Achtung gehabt hätte – es ist ja zweifellos von großer Bedeutung und zudem voll von Anklängen an das römische Altertum, das mich so sehr fesselt – sondern deshalb, weil seine Anwendung unter der Schlechtigkeit der Menschen notleidet. Ich wollte nicht etwas erlernen, das ich nicht unehrlich gebrauchen wollte und ehrlich nicht gebrauchen konnte und bei.dessen Gebrauch die Gewissensreinheit nur auf Kosten der Unwissenheit zu retten war.

So kehrte ich im Alter von 27 Jahren nach Hause zurück, das heißt nach Avignon ins Exil, wo ich seit dem Ende meiner Kindheit weilte. Denn nächst der Natur hat ja die Gewohnheit die stärkste Macht über uns. Dort wurde ich allmählich bekannt und meine Bekanntschaft fing an von großen Leuten gesucht zu werden. Aus welchem Grunde, kann ich offen gestanden nicht sagen und wundere mich darüber. Damals freilich wunderte ich mich nicht darüber; nach Jugendbrauch schien ich mir jeder Ehre äußerst würdig. Insbesondere wurde ich aufgesucht von der berühmten und erlauchten Familie der Colonna, die damals an der römischen Kurie weilten und ihr zur Zierde gereichten. Ich wurde von ihnen liebevoll aufgenommen und, ich weiß nicht, ob auch jetzt, damals aber gewiss unverdienterweise in Ehren gehalten. Und der bekannte, unvergleichliche Herr Giacomo Colonna, damals Bischof von Lombez, der seinesgleichen nie hatte und nie haben wird, führte mich nach der Gascogne, wo ich im Hügelland der Pyrenäen einen fast himmlischen Sommer im angenehmsten Verkehr mit dem Hausherrn und seinen Begleitern verbrachte. Mit tiefer Sehnsucht gedenke ich noch heute jener Zeit. Von dort zurückgekehrt lebte ich bei seinem Bruder dem Kardinal Giovanni Colonna viele Jahre, nicht wie unter einem Herrn, sondern wie bei einem Vater, ja noch mehr, wie mit einem innigst geliebten Bruder, wie bei mir selbst und in meinem eigenen Hause.

In dieser Zeit erfasste mich die jugendliche Sehnsucht, nach Frankreich und Deutschland zu reisen, und wenn ich auch andere Gründe vorgab, um die Reise meinen Gönnern einleuchten zu machen, so war doch der wahre Grund der Wunsch und Eifer vieles zu sehen. Auf dieser Reise sah ich zum ersten Male Paris und es machte mir Freude, nachzuforschen, wie viel wahr und wieviel legendenhaft an dem sei, was man sich über diese Stadt erzählte. Von hier aus reiste ich nach Rom, das zu sehen ich seit meiner Kindheit glühend wünschte, und dort verkehrte ich bei Stefano, dem großen Vater der Familie Colonna, einem Manne vom Schlage der Alten, und ich wurde von ihm so aufgenommen, dass zwischen mir und einem seiner Söhne kein Unterschied zu sein schien. Diese Liebe und Zuneigung des hervorragenden Mannes zu mir blieb bis zu dessen letzten Lebenstagen immer gleich stark und lebt in mir noch jetzt und wird nie aufhören, ehe denn ich selbst aufhöre zu sein.

Von hier wieder nach Avignon zurückgekehrt, konnte ich den Überdruss und Hass, der sich gegen alles, besonders aber gegen diese mir so widerwärtige Stadt in meiner Seele erhob, nicht länger ertragen und suchte mir deshalb einen Zufluchtsort, eine Art von Hafen, und fand ihn in dem sehr kleinen, einsamen und lieblichen Tale, Vaucluse genannt, 15.000 Schritt von Avignon entfernt, wo die Königin aller Bäche, die Sorgue, entspringt. Von der Schönheit des Ortes eingenommen, zog ich mich mit meinen Büchern dorthin zurück. Meine Geschichte würde lange werden, wollte ich fortfahren zu erzählen, was ich dort so viele, viele Jahre hindurch getrieben. Die Summe davon ist, dass alle Werke, die ich verfasst habe, hier entweder entworfen oder angefangen oder vollendet wurden, alle die vielen Werke, die mich noch jetzt in diesem meinem Alter beschäfigen und ermüden. Denn auch mein Geist war wie mein Körper mehr mit Gewandtheit als mit Kraft begabt. Deshalb gelangen mir so leicht die Entwürfe zu Arbeiten, die ich später bei der Ausführung als zu schwer wieder aufgeben musste.

Hier in Vaucluse gab mir der Charakter der Landschaft ein, ein bukolisches Gedicht, ein Lied des Waldes, zu verfassen, sowie auch die 2 Bücher vom einsamen Leben, die ich Philipp widmete, dem hochbedeutenden Manne, der damals ein kleiner Bischof von Cavaillon war, jetzt aber der große Kardinalbischof von Sabina ist, der mir allmählich allein von allen alten Freunden übrig geblieben und der mich, nicht bischöflich wie Ambrosius den Augustinus, sondern brüderlich liebte und noch liebt. Und als ich einst an einem Karfreitag durch die Berge schweifte, da kam mir der Gedanke, lebhaft und nachhaltig, über jenen ersten Scipio Africanus, dessen Name mir wunderbarerweise von meiner frühesten Jugend an teuer war, eine Dichtung, und zwar in epischer Form zu schreiben. Was damals mit starkem Anlauf begonnen wurde, ließ ich aber durch verschiedene andere Arbeiten abgehalten unvollendet liegen. Das Werk aber, dem ich nach dem darin behandelten Gegenstand den Titel »Africa« gab, wurde gleichwohl – ich weiß nicht, war es sein oder mein Glück – von vielen geliebt, noch ehe es bekannt war.

Während ich in Vaucluse weilte, erhielt ich merkwürdigerweise an einem und demselben Tage zwei Briefe, vom Senat der Stadt Rom und vom Kanzler der Universität zu Paris, die mich beide nach Rom beziehungsweise nach Paris zum Empfang des Dichterlorbeers einluden. Darüber freute ich mich in jugendlicher Ruhmsucht und hielt mich selbst für würdig, wessen mich solche Leute für würdig erachteten, indem ich nicht mein Verdienst, sondern das Zeugnis anderer erwog: Doch schwankte ich, welcher Einladung ich folgen sollte und erbat mir darüber brieflich den Rat des oben genannten

Kardinals Giovanni Colonna. Dieser wohnte so nahe, dass ich, als ich ihm spät abends schrieb, schon am anderen Tage noch vor 9 Uhr morgens seine Antwort erhielt. Seinem Rate folgend beschloss ich Rom seines alten Ansehens wegen den Vorzug zu geben, und in zwei Briefen, die ich noch aufbewahre, teilte ich ihm meine Zustimmung zu seinem Rate mit.

So ging ich also; obwohl ich aber nach Art junger Leute der allermildeste Richter über meine eigenen Werke war, wagte ich es doch nicht meinem Urteil und dem Urteil derer, die mich gerufen hatten und die dies nicht getan hätten, wenn sie mich nicht dieser Ehre für würdig erachteten, zu folgen. Darum beschloss ich, zuerst nach Neapel zu gehen zu jenem großen Könige und Philosophen Robert, der als Gelehrter so berühmt ist wie als Regent und der als einziger Fürst unserer Zeit zugleich auch Freund der Wissenschaft und Tugend ist, damit dieser über mich seine Ansicht äußere. Wie ich von diesem beurteilt und wie ich von ihm aufgenommen wurde, darüber wundere ich mich noch jetzt und auch du, mein Leser, wenn du es hörst, wirst dich, glaube ich, wundern. Denn als er vom Zwecke meines Kommens hörte, wurde er freudigst erregt, vielleicht im Gedanken an mein jugendliches Vertrauen auf sein Urteil, vielleicht auch im Gedanken daran, dass die Ehre, die ich erlangen sollte, auch zu seinem Ruhme beitragen werde, da ich ja ihn allein aus allen Sterblichen als den geeigneten Richter erwählte. Was weiter geschah? Wir wechselten viele Worte über die verschiedensten Dinge und ich zeigte ihm meine Africa, die ihm so sehr gefiel, dass er sich die Widmung des Werkes als ein großes Geschenk erbat, was ich weder abschlagen konnte noch wollte. Dann endlich setzte er betreffs dessen, weswegen ich gekommen war, einen Tag fest, an dem er mich dann vom Mittag bis zum Abend prüfte; und da für die Fülle des Stoffes diese Zeit als zu kurz erschien, setzte er die Prüfung an den beiden nächstfolgenden Tagen fort. Und als er meine Unwissenheit 3 Tage lang genau geprüft hatte, erklärte er mich am dritten Tage des Lorbeers für würdig. Er bot mir denselben in Neapel an und drang mit vielen Bitten in mich, ihm zuzustimmen. Aber es siegte die Liebe zu Rom auch über das verehrungsvolle Drängen eines solchen Königs. Als er daher meinen unbeugsamen Entschluss sah, sandte er Boten und Briefe an den römischen Senat und ließ diesem sein günstiges Urteil über mich mitteilen. Dieses Urteil des Königs stimmte damals mit dem Urteil vieler, besonders mit meinem eigenen überein. Heute billige ich weder mein Urteil noch das seinige, noch das aller derer, die damit einverstanden waren. Denn mehr vermochte bei ihm die Liebe zu mir und das günstige Urteil der Zeitgenossen als die reine Liebe zur Wahrheit. So ging ich also trotz meiner Unwürdigkeit, aber voll Vertrauen auf das Urteil des Königs nach Rom und erhielt dort unter dem großen Jubel der Römer, die dieser Feierlichkeit beiwohnen konnten, den Dichterlorbeer – noch ein unfertiger Schüler! Ich habe darüber in dichterischer Form wie in Prosa mehrere Briefe geschrieben, die ich noch besitze. Dem Lorbeer selbst verdanke ich nichts an Wissen, wohl aber viel an Neid und Anfeindung. Aber auch diese Geschichte würde zu lange, als dass sie hier Platz finden könnte.

Von Rom reiste ich nach Parma und lebte dort eine Zeitlang bei den Herren von Correggio, die gegen mich sehr freigebig und liebevoll waren, sich untereinander aber nicht vertrugen. Diese regierten damals in Parma auf eine Weise, wie es diese Stadt seit Menschengedenken nicht erlebt hat, noch auch in unseren Tagen wie ich glaube, ferner erleben wird. Ich lebte dort stets eingedenk der erhaltenen Auszeichnung und besorgt, es möchte den Anschein erwecken, als sei sie einem Unwürdigen verliehen worden. Da stieg ich eines Tages in die Berge und kam über die Enz in die Gegend von Reggio nach Selvapiana und dort kam mir, ergriffen vom Anblick der Landschaft, plötzlich der Gedanke die unterbrochene »Africa« fortzusetzen. Und als die Glut des Geistes, die schon erloschen schien, wieder aufflammte, schrieb ich an diesem Tage eine Anzahl Verse und ebenso an den folgenden Tagen, bis ich nach Parma zurückkam und dort ein abgelegenes, ruhiges Haus fand, das ich mir später kaufte und das mir noch heute gehört; und dort führte ich mit solchem Eifer und in so kurzer Zeit jenes Werk zu Ende, das ich noch jetzt darüber staune.

Nachdem ich längere Zeit in Parma und Verona geblieben und überall – Gott sei es gedankt –- wohl gelitten war, viel mehr als ich es verdiente, kehrte ich wieder, als ich schon das 40. Lebensjahr vollendet hatte, nach Südfrankreich in meine Einsiedelei an der Sorgue zurück.

Nach einigen Jahren erlangte ich dann durch die Verbreitung meines Ruhmes das Wohlwollen des Herrn Giacomo de Carrara des Jüngeren, eines vorzüglichen Mannes, dem aus der Zahl der Fürsten seiner Zeit vielleicht kaum einer gleichkam, oder vielmehr sicher keiner gleichkam. Dieser verfolgte mich durch Boten und Briefe über die Alpen, als ich mich dort befand, und dann auf meiner nächsten Reise durch ganz Italien, wo ich gerade war, und ermüdete mich durch viele Jahre hindurch mit inständigen Bitten um meine Freundschaft, so dass ich mich, obwohl ich von Glücklichen nichts hoffte, endlich entschloss, ihn zu besuchen und zu sehen, was dieses Drängen eines großen unbekannten Mannes zu bedeuten habe. So kam ich, spät freilich, nach Padua, wo ich von diesem Manne rühmlichsten Andenkens nicht wie ein Mensch, sondern so wie die seligen Geister im Himmel aufgenommen wurde, mit solcher Freude, solch unschätzbarer Liebe und Güte, dass ich sie mit Schweigen übergehen muss, da ich doch nicht hoffen darf, sie mit Worten schildern zu können. Da er wusste, dass ich von früher Jugend an das Leben eines Geistlichen geführt hatte, ließ er mich unter anderem, um mich dadurch nicht bloß ihm, sondern auch seiner Vaterstadt enger zu verbinden, zum Kanonikus in Padua ernennen; und wäre er länger am Leben geblieben, so hätte er vielleicht schließlich allen meinen Irrfahrten und Reisen ein Ende gemacht. Doch ach! Nichts bei den Sterblichen währet lange und wenn etwas Süßes sich ereignet hat, so findet es bald ein bitteres Ende. Als Gott ihm nicht ganz zwei Jahre mir, dem Vaterland und der Welt gelassen hatte, nahm er ihn hinweg, ihn, dessen weder ich, noch das Vaterland, noch die Welt – es täuscht mich nicht die Liebe – würdig waren. Und wenn ihm auch sein Sohn folgte, ein höchst kluger und berühmter Mann, der in des Vaters Fußstapfen tretend mich immer lieb und wert hielt, so kehrte ich doch, als ich jenen verloren, mit dem ich wegen des gleichen Lebensalters besonders harmoniert hatte, wieder nach Frankreich zurück, ohne zu wissen, wo ich bleiben sollte; nicht so sehr aus dem Wunsch, das tausendmal Gesehene wieder zu sehen, als vielmehr um nach Art der Kranken durch Ortsveränderung den Lebensüberdruss zu heilen.

Francesco Petrarca 1304-1374

Des Francesco Petrarca
Gespräche über die Weltverachtung

Als ich neulich lange und in tiefer Ergriffenheit nachdachte über das Woher und Wohin meines Lebens, da trat zu mir, der ich nicht vom Schlafe heimlich überfallen, wie das bei Kranken zu geschehen pflegt, sondern bei vollem Bewusstsein und in unruhiger Stimmung war, ein Weib in unbeschreiblichem Glanze und Lichte. Auf unbekannten Wegen war sie gekommen; eine Gestalt wie sie Menschen noch nicht gesehen, doch ließen Kleid und Antlitz eine Jungfrau erkennen. Und während ich betäubt vom ungewohnten Anblick nicht wagte, die Augen zu erheben gegen das strahlende Licht, das der Sonne ihrer Augen entströmte, redete sie mich also an: »Fürchte dich nicht und lass dich nicht verwirren durch den ungewohnten Anblick. Aus Mitleid mit deinem Irren stieg ich von fernher herab, dir noch zeitige Hilfe zu bringen. Genug und übergenug hast du jetzt die Erde mit getrübten Augen angeblickt. Dies sterbliche Dasein hat sie ergötzt. Was aber glaubst du nun, wird geschehen, wenn du sie zum Anschauen ewiger Dinge erhebst?« Da ich dies hörte, gab ich noch immer in Furcht befangen mit leise bebender Stimme das Wort des Maro zur Antwort:

»Jungfrau, wie nenne ich dich? Kein irdisches Angesicht hast du
Und nicht nach menschlichen Lauten klingt deine Stimme!«

Und sie: »Ich bin jene, die du in unserer Africa mit feinem, gewähltem Geschmack besungen, der du, ein zweiter dircäischer Amphion, im fernsten Westen auf den Höhen des Atlas mit bewundernswerter Meisterschaft und, möchte ich sagen, dichterischen Händen eine wunderherrliche Wohnung erbaut hast. Wohlan, so höre ruhig zu und lass dich nicht erschrecken, wenn du jetzt die von Angesicht siehst, die dein klangvolles Lied als dir längst vertraut bezeugt hat«. Und da sie dies gesprochen, dachte ich über alles nach und da kam mir in den Sinn, dass es die Wahrheit selber sein müsse, die da rede. Denn ihren Palast auf den Bergen des Atlas hatte ich ja besungen. Und nicht wissend, woher sie gekommen sein sollte, wenn sie nicht vom Himmel gekommen war, erhob ich voll Begier zu sehen den Blick. Doch ach! das menschliche Auge konnte das himmlische Licht nicht ertragen und wiederum senkte ich daher den Blick zu Boden. Und da sie dies sah, redete sie nach kurzem Schweigen wieder und wieder auf mich ein und zwang nun auch mich durch ihre Fragen zu längerem Reden. Ich erkannte, dass mir ein doppelter Vorteil daraus entsprang; denn einerseits habe ich aus dieser Unterredung manches gelernt, andererseits machte sie mich zuversichtlich, so dass ich allmählich ihr Antlitz betrachten konnte, dessen übermäßiger Glanz mich anfangs geblendet hatte. Furchtlos ertrug ich nun ihren Anblick. Und da ich von wunderbarer Süßigkeit befangen umherblickte, ob sie Jemanden mit sich gebracht habe oder ob sie allein in meine Einsamkeit herabgestiegen sei, da sah ich bei ihr einen hochbetagten, verehrungswürdigen Mann. Es war nicht nötig, seinen Namen zu erfragen: sein durchgeistigtes Aussehen, seine bescheidene Stirn, sein ernstes Auge, seine gemessenen Bewegungen, sein heiliges Gewand, dies alles verbunden mit der Beredsamkeit des Römers, ließ deutlich den hochberühmten Vater Augustinus erkennen, so wie ich in meinem Geiste sein Bild mir vorgestellt hatte. Dazu lag noch in seinem Aussehen etwas Süßes, Großes, Übermenschliches, das mir jeden anderen Gedanken und jede andere Frage verbot. Und doch hätte ich nicht länger geschwiegen; schon hatte ich mir eine Frage erdacht und schon schwebte sie mir auf den Lippen, da hörte ich plötzlich aus dem Munde der Wahrheit jenen mir so süßklingenden Namen ertönen. Denn zu jenem sich wendend und sein tiefes, betrachtendes Sinnen unterbrechend, sprach sie also: »Du mir aus Tausenden geliebter Augustinus, du weißt, dass dieser dir ergeben ist und es ist dir auch nicht verborgen, welch schwere, langwierige Krankheit ihn befallen hat, eine Krankheit, die umso näher dem Tode ist, je weniger der Kranke selbst sie kennt. Darum müssen wir nun für dieses ersterbende Leben Sorge tragen. Und dieses Liebeswerk vermag keiner besser zu leisten als du, denn du warst immer der Gegenstand seiner glühenden Verehrung, und es findet ja jede Wahrheit viel leichter den Weg zum Herzen des Menschen, wenn sie von einem geliebten Lehrer verkündet wird. Auch hast du ja, sollte nicht deine gegenwärtige Seligkeit dich das frühere Elend haben vergessen lassen, in den Tagen deines irdischen Daseins vieles durchgemacht, was seinen Leiden ähnlich war und bist durch eigene Erfahrung ein kundiger Arzt geworden. Und wenn auch das angenehmste aller Dinge die schweigende Betrachtung ist, so bitte ich dich darum doch dieses Schweigen zu brechen und mit deiner heiligen, von mir so gerne gehörten Stimme zu erörtern, wie solche schwere Krankheit zu heilen ist«. Worauf dieser: »Du selbst bist mir Führerin, Beraterin, Trösterin, Herrin und Lehrerin – warum also soll ich reden, da doch du anwesend bist?« Und jene: »Für das Ohr eines Sterblichen soll eine menschliche Stimme reden; eine solche wird es ruhiger ertragen. Doch werde ich anwesend bleiben, damit er, was er von dir hört, von mir gesagt glaube«. »Zu gehorchen«, antwortete er, »zwingt mich die Liebe zum Leidenden und die Hochachtung vor der Bittenden«. Und dabei sah er mich milde an, schlang in väterlicher Liebe seinen Arm um mich und führte mich, während die Wahrheit voranging, an einen abgelegenen Teil der Wohnung. Als wir drei uns dort niedergesetzt hatten, entspann sich hin und her ein längeres Gespräch, dem die Wahrheit als eine stillschweigende Richterin und einzige Zeugin anwohnte. Und da der Gegenstand sich in die Länge zog, wurde das Gespräch bis in den dritten Tag hinein fortgesetzt und dabei wurde sehr viel gegen die Sitten unseres Jahrhunderts und über die unter der Menschheit allgemein verbreiteten Sünden gesagt, so dass es schien, als werde nicht nur mir, als vielmehr dem ganzen Menschengeschlecht eine Strafpredigt gehalten. Doch habe ich das, was mir selbst gegolten, dem Gedächtnis tiefer eingeprägt. Damit aber dieses so vertrauliche Gespräch nicht verloren gehe, habe ich mich entschlossen, es dem Papier anzuvertrauen und habe dieses Büchlein damit angefüllt. Ich will dasselbe nicht meinen anderen Werken beigezählt wissen und will keinen Ruhm davon ernten. Größeres hatte ich dabei im Sinne. Die Süßigkeit, die ich das erste Mal bei diesem Gespräche genoss, möchte ich so oft es mir beliebt aus der Lektüre desselben wieder schöpfen.

Du also mein Büchlein wirst die Gesellschaft der Menschen fliehen und damit zufrieden sein, bei mir zu bleiben eingedenk deines Namens: denn mein Geheimnis bist du und sollst du genannt sein und du wirst mich, wenn ich in der Einsamkeit mit höheren Gedanken mich beschäftige, erinnern, wie du dich selbst erinnerst, an das, was damals in der Einsamkeit gesprochen wurde.

Damit nicht, wie Tullius sagt, die »sagte ich« und »sagte er« so häufig müssen eingeschoben werden und damit es scheine, als finde das Gespräch in der Gegenwart statt, habe ich meine und meines erlauchten Gegenredners Worte nicht durch lange Umschreibungen, sondern allein durch das Vorsetzen der Eigennamen unterschieden. Diese Art des Schreibens habe ich von meinem Cicero gelernt, der sie hinwiederum Platon nachgeahmt hat. Und um nicht weitere Umschweife zu machen, so hat mich also Jener folgendermaßen angeredet:

Das erste Gespräch

AUGUSTINUS: Was sinnest du, Erdensohn? Was träumst du? Was erhoffst du? Weißt du nicht, dass du sterblich bist?

FRANCISCUS: Wohl weiß ich es und nie ohne innere Angst beschleicht mich dieser Gedanke.

AUGUSTINUS: O dass du es doch wüsstest, wie du sagst, und darüber mit dir zu Rate gegangen wärest! Viel Arbeit hättest du mir dann erspart. Denn ewig wahr bleibt es: keine bessere Schule für die Verachtung der Lockungen dieser Welt und für die Festigung des Geistes in den Stürmen des Lebens gibt es, als das Gedächtnis seines eigenen Elendes und der ständige Gedanke an den Tod. Freilich nicht so leicht oben hinweg darf er kriechen, sondern tief einbohren muss er sich in die innerste Seele. Aber ich fürchte sehr, du mögest dich dabei – wie ich dies auch bei vielen anderen wahrgenommen habe – selbst betrügen.

Franciscus: Wie meinst du das? Ich verstehe nicht recht, was du sagst.

Augustinus: Von allen euren Torheiten, ihr Menschen, befremdet und erschreckt mich keine mehr, als die, dass ihr euer Elend geflissentlich begünstigt, dass ihr die drohende Gefahr zu erkennen heuchelt und doch jenen Gedanken, wenn er sich aufdrängt, unterdrückt.

Franciscus: Auf welche Weise?

Augustinus: Glaubst du, dass jemand so von Sinnen wäre, dass er von plötzlicher Krankheit befallen, nicht durchaus wünschte, gesund zu sein?

Franciscus: Ich halte niemanden für so wahnsinnig.

Augustinus: Nun also. Und glaubst du, dass jemand von so trägem und nachlässigem Geiste ist, dass er nicht, was er aus ganzem Herzen wünscht, mit allem Eifer verfolgte?

Franciscus: Auch das nicht.

Augustinus: Über diese beiden Punkte also sind wir einig; nun müssen wir noch über ein Drittes uns einigen.

Franciscus: Und was ist dieses Dritte?

Augustinus: Dass, wie derjenige, der in ernster und tiefer Betrachtung sein Elend erkannt hat, wünscht, nicht elend zu sein, und wie derjenige, der angefangen hat dies zu wünschen, auch darauf hinarbeitet, so derjenige, der darauf hingearbeitet hat, dasselbe auch zu erreichen vermag. Denn die Erfahrung lehrt, dass dieses Dritte nur bei einem Mangel des Zweiten, das Zweite nur beim Mangel des Ersten fehlen kann. Deshalb muss zuerst jenes Erste, als eine Wurzel des menschlichen Heiles bestehen. Ihr Unvernünftigen aber, und auch du so talentvoller Mensch, seid bestrebt, zum eigenen Verderben aus eurer Brust diese heilbringende Wurzel auszureißen mit allen Schlingen irdischer Listen. Das ist es, was, wie ich sagte, mich befremdet und erschreckt. Denn da ihr das Erste ausschaltet, werdet ihr mit Recht durch den Verlust der beiden anderen Güter geschädigt.

FRANCISCUS: Dies ist eine, wie ich schätze, etwas lange Klage, die vieler Worte bedarf. Wir wollen sie, wenn es beliebt, auf eine andere Stunde verschieben und, bis ich mit größerem Verständnis zum Folgenden fortschreiten kann, bei dem Gesagten etwas verweilen.

AUGUSTINUS: Deiner Langsamkeit soll Rechnung getragen werden. Setze an, wo immer es dir gut dünkt!

FRANCISCUS: Ich sehe den von dir betonten Zusammenhang nicht ein.

AUGUSTINUS: Was erscheint dir dunkel und welcher Art sind deine Zweifel?

FRANCISCUS: Unzähliges gibt es, was wir glühend wünschen und mit Eifer erstreben und keine Mühe und kein Fleiß hat es uns erreichen lassen und wird es uns je erreichen lassen.

AUGUSTINUS: Dass dies in vielen Dingen wahr ist, bestreite ich nicht; aber in dem, wovon wir jetzt handeln, trifft es nicht zu.

FRANCISCUS: Und warum nicht?

AUGUSTINUS: Wer sein Elend zu vertreiben wünscht, der wird, sobald sein Wunsch nur echt und stark ist, in einem solchen Verlangen nicht ohne Erfolge bleiben.

FRANCISCUS: Ei was ich da höre! Sind es doch recht wenige, die nicht einsehen, dass vieles ihnen fehlt, und die nicht bekennen, dass sie darob unglücklich sind. Jeder, der sich selbst erforscht, wird dies einsehen. Da ja die größtmögliche Menge von Gütern glücklich macht, so folgt daraus, dass eben jedes fehlende Gut wenigstens in diesem Punkte notwendig unglücklich machen muss. Und dann ist es ja allbekannt, dass alle die Bürde des Elends von sich abzuschütteln wünschen, dass aber nur die wenigsten dies vermögen. Denn wieviele sind es, die unter der mangelnden Gesundheit des Körpers, unter dem Tod lieber Angehöriger, unter Kerkerhaft, Verbannung oder Armut unaufhörlich bitter leiden? Und wieviele andere Übel dieser Art, die so schwer und jammervoll zu ertragen, als sie endlos aufzuzählen sind, lassen sich trotz allen Ekels und Überdrusses, womit man sie erduldet, nicht beseitigen! Du siehst es ja selbst. Nach meiner Meinung ist es also über jeden Zweifel erhaben, dass viele Menschen ohne und gegen ihren Willen unglücklich sind.

AUGUSTINUS: Du bist sehr der Aufklärung bedürftig und man muss dir, wie dies sonst nur bei leichtsinnigen und trägen Kindern nötig ist, die ganze Sache von vornherein wiederholen. Ich hielt dich für reifer und glaubte nicht, bei dieser Unterredung Ermahnungen aussprechen zu müssen, wie sie Knaben gegenüber angebracht sind. Und fürwahr, wenn du jene wahren und wertvollen Sätze der Philosophen, die du mit mir so oft gelesen hast, im Gedächtnis behalten hättest, wenn du – mit Verlaub gesagt – dich nicht immer mit anderen Dingen beschäftigt und die Lektüre so vieler Bände zu Nutzen deiner eigenen Lebensführung und nicht um des windigen Beifalls des Pöbels willen und eitler Prahlerei wegen vorgenommen hättest, so würdest du nicht so abgeschmackt und ungebildet wie eben reden.

FRANCISCUS: Noch weiß ich nicht, was du sagen wirst und doch steigt mir schon die Schamröte ins Gesicht und es geht mir wie den Schulknaben, wenn die Lehrer schelten. Wie jene, noch bevor sie den Namen des begangenen Vergehens hören, ihrer vielen Sünden plötzlich sich erinnern und schon durch die ersten Worte des Zurechtweisens sich verwirren lassen, so bin auch ich meiner Unwissenheit und meiner vielen Irrtümer bewusst errötet, noch ehe du ausgeredet, und ohne einzusehen, wohin dein Vorwurf zielt; denn ich fühle, dass kein Vorwurf mich ungerecht trifft. Ich bitte dich aber, offen zu sagen, was es ist, das du so strenge an mir getadelt hast.

AUGUSTINUS: Fürs erste bin ich vor allem darüber entrüstet, dass du annimmst, es könne einer wider seinen Willen unglücklich werden oder sein.

FRANCISCUS: Ich höre auf zu erröten. Denn was gibt es wahreres als diese Wahrheit? Oder wer ist so weltfremd, so von allem Verkehr mit Menschen abgeschlossen, dass er nicht wüsste, wie Armut, Schmerzen, Schande, Krankheiten und Tod und andere Dinge dieser Art, die man für ein großes Unglück zu halten pflegt, die Menschen meistens gegen ihren Willen, nie aber mit ihrer Zustimmung treffen? Woraus klar hervorgeht, dass es sehr leicht ist, das eigene Elend zu kennen und zu hassen, nicht aber, es abzuschütteln, weil die beiden ersteren Dinge Sache unseres freien Willens sind, das letztere aber in der Macht des Schicksals liegt.

AUGUSTINUS: Bescheidenheit erwarb deinem Irrtum Verzeihung; über deine Unverschämtheit aber zürne ich noch mehr als über deinen Irrtum. Hast du sie denn alle vergessen, diese Stimmen von Philosophen und Heiligen, die versichern, niemand könne durch das, was du eben aufgezählt hast, unglücklich werden? Denn wenn allein die Tugend den Geist glücklich macht, was sowohl von Marcus Tullius als von vielen anderen mit den kräftigsten Gründen bewiesen ist, so folgt daraus sehr klar, dass nur das, was der Tugend entgegengesetzt ist, das Glück zerstört. Und was dieses ist, brauche ich dir wohl nicht zu sagen, es sei denn, du wärest gänzlich verstockt.

FRANCISCUS: Ich merke, du willst mir die Lehren der Stoiker ins Gedächtnis rufen, die den Ansichten des Volkes widersprechen und der Wahrheit näher stehen als der Wirklichkeit.

AUGUSTINUS: O du Unseligster von allen, wenn du den Weg zur Wahrheit in den wahnwitzigen Anschauungen des Pöbels suchst und glaubst, mit blinden Führern zum Lichte gelangen zu können! Du musst die vom gemeinen Volke breit getretene Straße verlassen und Höheres erstrebend den engen Pfad einschlagen, der nur durch die Spuren der wenigsten gezeichnet ist; dann verdienst du vielleicht einmal des Dichters Wort zu hören:

»Heil dir in frischer Tugendkraft!
So geht's zu den Sternen!«

FRANCISCUS: Möge mir dies erblühen, bevor ich sterbe! Doch fahre fort, ich bitte dich. Ich habe noch nicht alle Scham abgelegt und zweifle ja nicht daran, dass die Grundsätze der Stoiker den Irrtümern des gemeinen Volkes vorzuziehen sind. Aber was willst du daraus beweisen?

AUGUSTINUS: Wenn wir uns darüber geeinigt haben, dass nur das Laster unglücklich machen kann, was braucht es dann noch vieler Worte?

FRANCISCUS: Ich glaube, viele Menschen gesehen zu haben, darunter auch mich selbst, die nichts schwerer ertrugen, als dass sie das Joch des Lasters nicht abschütteln konnten, so sehr sie auch ihr ganzes Leben lang dagegen kämpften. Darum muss, unbeschadet der stoischen Grundsätze, zugegeben werden, dass viele tiefunglücklich sind gegen ihren Willen und wider alle ihre Hoffnungen und Wünsche.

AUGUSTINUS: Wir sind ein wenig abgeschweift; doch schon kehren wir allmählich zum Thema zurück, wenn du nicht zufällig vergessen hast, wovon wir ausgegangen sind.

FRANCISCUS: Schon wollte ich es vergessen; aber ich fange an, mich zu erinnern.

AUGUSTINUS: Ich hatte es unternommen, dir nachzuweisen, dass, um der Enge und Befangenheit dieses sterblichen Lebens sich zu entwinden und zu Höherem sich zu erheben, gleichsam als die erste Stufe notwendig sei die Betrachtung des Todes und des menschlichen Elends, als die zweite das sehnsüchtige Verlangen und der feste Entschluss, sich aufzuraffen; und wenn diese beiden erreicht seien, versprach ich einen leichten Aufstieg zum ersehnten Ziele. Glaubst du noch immer, dass dies unzutreffend sei?

FRANCISCUS: Ich würde es nicht wagen, eine andere Ansicht zu äußern; denn von meiner frühen Jugend an ist mit den Jahren meine Achtung vor dir so sehr gewachsen, dass ich sicher bin zu irren, wenn ich eine andere Ansicht habe als du.

AUGUSTINUS: Lass die Schmeicheleien, ich bitte dich. Da ich aber sehe, dass du nicht aus Überzeugung, sondern nur aus

Verehrung meinen Worten zustimmen willst, so sei dir volle Redefreiheit gegeben. Sprich offen, was deine Überzeugung ist!

FRANCISCUS: Wenn auch mit Zittern, so will ich doch von deiner Erlaubnis Gebrauch machen und reden. Um von allen anderen Menschen zu schweigen, so ist mir diese hier, die bei allem meinem Tun gegenwärtig war, so bist du selbst mir Zeuge, wie oft ich meines Elends und des Todes gedacht habe, mit wieviel Tränen ich versucht habe, den Schmutz meiner Niedrigkeit wegzuwaschen; und diese Versuche, wovon ich nicht ohne Tränen erzählen kann, waren wie du siehst bis heute noch immer erfolglos. Dies eine also ist es, was mich die Wahrheit der These bestreiten heißt, auf die du deine Darlegungen aufzubauen suchst: dass man nur mit freiem Willen unglücklich geworden, dass man nur freiwillig unglücklich sein könne. An mir selbst mache ich die traurige Erfahrung von der Wahrheit des Gegenteils.

AUGUSTINUS: Das ist eine alte Klage, die kein Ende nehmen wird. Und doch werde ich von dem Versuche nicht abstehen und nicht aufhören, zu versichern: Nur wer es selbst so will, kann unglücklich werden und unglücklich sein. Aber es liegt, wie ich schon gesagt habe, in der Seele des Menschen die krankhafte und verderbliche Neigung, sich selbst zu täuschen. Und nichts Verhängnisvolleres gibt es im menschlichen Leben. Mit vollem Rechte fürchtet man die trügerischen Reden von Freunden, weil Liebe und Achtung, die man den Täuschenden entgegenbringt, das einzige Heilmittel, die misstrauische Vorsicht, vereiteln und weil ihre schmeichelnde Stimme beständig die Ohren umtönt. Um wieviel mehr sollte man die Selbsttäuschung fürchten, wo hier Liebe und Achtung und Vertraulichkeit so übergroß sind, weil jeder Mensch sich mehr schätzt, als er verdient, sich mehr liebt, als es nötig ist, und wo der Betrüger und der Betrogene nie aufhören, beieinander zu sein?

FRANCISCUS: Das hast du nun heute schon sehr oft gesagt. Aber ich selbst erinnere mich nicht, mich je einmal betrogen zu haben; ich wollte, andere hätten mich weniger getäuscht.

Augustinus: Jetzt betrügst du dich selbst am meisten, da du dich rühmst, dich selbst noch nie getäuscht zu haben. Doch noch habe ich die Hoffnung auf dein Verständnis nicht aufgegeben; denn wenn du deinen Geist nur etwas anstrengst, wirst du ganz von selbst einsehen, dass niemand ins Unglück gerät, wenn nicht freiwillig. Denn dies ist es ja, worüber wir streiten. So sage mir also – aber ich bitte dich, denke nach, ehe du antwortest und lass dir an der Wahrheit mehr gelegen sein als am Streiten – sage mir also: Glaubst du, dass schon jemand gezwungen gesündigt hat? Ist ja doch die Sünde, wie die Gelehrten sagen, eine freiwillige Handlung, so dass, wo der Wille fehlt, keine Sünde vorliegt. Ohne Sünde aber, das hast du schon vorhin zugegeben, kann kein Mensch unglücklich werden.

Franciscus: Ich sehe, dass mir allmählich der Boden unter den Füßen schwindet. Ich bin gezwungen, zu bekennen, dass der Anfang meines Unglückes im eigenen freien Willen lag. Dies fühle ich bei mir selbst und vermute es bei anderen. Doch musst nun auch du mir ein Zugeständnis machen.

Augustinus: Welches Zugeständnis verlangst du?

Franciscus: Wenn es wahr ist, dass niemand unfreiwillig fällt, so ist es nicht weniger wahr, dass Unzählige, die nicht ohne ihre Schuld ins Unglück gestürzt sind, doch wider ihren Willen darin verharren müssen. Dieses möchte ich von mir selbst versichern und ich halte es für eine Strafe: Da ich stehen konnte, habe ich es nicht gewollt, darum vermag ich jetzt nicht mich zu erheben, da ich es möchte.

Augustinus: Wenn auch diese Ansicht nicht ganz unvernünftig ist, so wirst du doch zugeben müssen, dass du dich wie im ersten, so auch im zweiten Punkte getäuscht hast.

Franciscus: Du erklärst also »fallen« und »liegen bleiben« für ein und dasselbe?

Augustinus: Durchaus nicht; aber zwischen »wollen« und »gewollt haben« besteht nur ein zeitlicher, kein sachlicher und in der inneren Verfassung des Wollenden begründeter Unterschied.

FRANCISCUS: Ich fühle die Schlingen, mit denen du mich fangen willst. Aber fürwahr, es ist nicht der mutigere Kämpfer, der solcher Kunstgriffe sich bedient, sondern nur der schlauere.

AUGUSTINUS: Wir sprechen vor der Wahrheit, die jede Art der Einfachheit liebt und alle Schlauheit hasst. Damit dir dies zum Bewusstsein komme, werden wir fernerhin mit größtmöglicher Einfachheit reden.

FRANCISCUS: Nichts höre ich lieber. Sag also, da ja von mir die Rede war, wie willst du mir beweisen, dass ich mein Unglück – dass ich unglücklich bin, bestreite ich nicht – mit freiem Willen trage, da ich doch selbst das Gegenteil fühle, dass ich nichts schwerer ertrage, dass nichts meinem Willen mehr entgegengesetzt ist, dass ich aber nichts dagegen vermag?

AUGUSTINUS: Wenn du unsere Abmachung einhalten wolltest, würde ich dir zeigen, dass du dich anderer Worte bedienen müsstest.

FRANCISCUS: Welche Abmachung meinst du und welche Worte hätte ich gebrauchen sollen?

AUGUSTINUS: Unsere Abmachung war, dass wir fern von jedem Versuche der Täuschung in reiner Einfalt uns um die Wahrheit bemühen. Die Worte aber, die du hättest gebrauchen sollen, sind folgende: Wo du versichert hast, nicht zu können, hättest du gestehen sollen, nicht zu wollen!

FRANCISCUS: Wir kommen zu keinem Ende, denn nie werde ich dies zugeben. Ich selbst weiß, und du bist mir Zeuge, wie oft ich wollte und nicht konnte; wieviel Tränen ich nutzlos vergoss.

AUGUSTINUS: Zeuge deiner Tränen war ich oft, deines guten Willens aber nie.

FRANCISCUS: So ist der Himmel Zeuge, denn Menschen wissen es nicht, wieviel ich gelitten habe, wie oft ich mich erheben wollte, wenn es möglich gewesen wäre.

AUGUSTINUS: Schweig! Denn eher mischen sich Himmel und Erde, eher stürzen die Sterne vom Himmel und kämpfen widereinander die befreundeten Elemente, als dass die Wahrheit, die zwischen uns entscheidet, sich täuschen ließe.

FRANCISCUS: Was sagst du also?

AUGUSTINUS: Tränen hat dir das Gewissen wohl erpresst, deinen Vorsatz hat es nie geändert.

FRANCISCUS: Wie oft habe ich dir gesagt, dass ich nicht anders konnte!

AUGUSTINUS: Und wie oft habe ich geantwortet, dass du eben nicht gewollt hast! Ich wundere mich nicht, dass du unter diesen Zweifeln leidest, in denen ich selbst einst lag, da ich daran dachte, neue Lebenswege einzuschlagen. Damals raufte ich mir die Haare, schlug mir an die Stirn, rang die Hände, umschlang meine Kniee und erfüllte den Himmel und die Lüfte mit den bittersten Klagen und netzte überall mit den reichen Tränen den Boden – und bei all dem blieb ich, der ich war, bis endlich eine tiefe Betrachtung mir all mein Elend vor die Seele führte. Und dann, als ich wirklich wollte, konnte ich auch, und in einem wunderbaren, seligen, kurzen Augenblicke war ich umgewandelt zu einem anderen Augustinus: Aus meinen Bekenntnissen kennst du, soviel ich weiß, meine Geschichte.

FRANCISCUS: Ich kenne sie und kann den gnadenbringenden Feigenbaum, in dessen Schatten sich das Wunder zutrug, nicht vergessen.

AUGUSTINUS: Und du tust gut daran. Denn nicht die Myrte, nicht der Efeu, noch der sonnengeliebte Lorbeer, aller Dichter Liebling und dein Abgott, der du allein von allen deinen Zeitgenossen gewürdigt warst, die Lorbeerkrone zu empfangen – nichts darf deinem Geiste, der nun endlich nach so vielen Stürmen heimkehren will zum ruhigen Hafen, angenehmer sein als der Gedanke an jenen Feigenbaum, der auch dir die sichere Hoffnung auf Besserung und Verzeihung verleiht.

FRANCISCUS: Ich glaube dir. Doch fahre fort.

AUGUSTINUS: Ich fahre fort, wie ich angefangen habe: Dass von dir wie von so vielen anderen jenes Wort des Vergil gilt: »Der Geist bleibt unberührt, nutzlose Tränen fließen.« Könnte ich auch noch vieles andere anführen, so soll es doch genug sein mit diesem einen Beispiel aus meinem Leben.

FRANCISCUS: Mit Recht; denn nicht bedarf es weiterer Beweise und kein anderes Beispiel hätte mich so tief berühren können. Deshalb vor allem, weil ich, wenn auch mit dem großen Unterschiede, der zwischen dem Schiffbrüchigen und dem im sichern Hafen Weilenden, zwischen dem Glückseligen und dem Elenden besteht, doch in den Stürmen meines Lebens eine Ähnlichkeit mit deinen Irrfahrten zu erkennen glaube. Daher kommt es auch, dass ich beim Lesen deiner Bekenntnisse zwischen zwei sich widerstreitenden Gefühlen, zwischen Furcht und Hoffnung schwebe, dass ich bisweilen unter Tränen einer stillen Freude nicht eine fremde, sondern die Geschichte meiner eigenen Pilgerfahrt zu lesen wähne. Doch ich bitte dich, fahre fort; jede Streitsucht habe ich abgelegt und ich bin bereit, dir ferner ohne Widerspruch zu folgen.

AUGUSTINUS: Das verlange ich nicht; denn wenn auch, wie ein großer Weiser sagt, unter der Streitsucht allzusehr die Wahrheit leidet, so führt doch viele Menschen ein ernstes Streiten zur Erkenntnis der Wahrheit. Und es schickt sich ebensowenig, nach Art eines trägen und lässigen Geistes sich allem widerspruchslos zu fügen, als umgekehrt aus reiner Liebe zum Widerspruch der erkannten Wahrheit zu widerstreben.

FRANCISCUS: Ich begreife und werde deinem lobenswerten Rate folgen; fahre nur fort.

AUGUSTINUS: Du siehst also ein, dass die von mir entwickelte Gedankenfolge der Wahrheit entspricht: dass die volle Erkenntnis seines Elendes das vollkommene Verlangen erzeugt, sich daraus zu erheben, und dass dem Verlangen auch das Können folgt?

FRANCISCUS: Meine Seele ist allmählich bereit, dir alles zu glauben.

AUGUSTINUS: Ich fühle aus deinen Worten einen Rest von Zweifel, der dich drückt. Was ist es? Sag es offen.

FRANCISCUS: Eines setzt mich in Staunen: Ich soll diesen Willen nie gehabt haben und glaubte doch immer, ihn zu haben.

AUGUSTINUS: Noch immer zweifelst du? Doch damit dies Gespräch endlich eine Ende nehme, will ich gestehen, dass du bisweilen den Willen hattest.

FRANCISCUS: Nun also?

AUGUSTINUS: Kommt dir nicht jener Vers des Ovid in den Sinn?
»Willst du dein Ziel erreichen,
so hege bescheidene Wünsche.«

FRANCISCUS: Nun verstehe ich. Aber ich hatte immer geglaubt, den richtigen Willen zu haben.

AUGUSTINUS: Darin täuschtest du dich.

FRANCISCUS: Nun glaube ich es selbst.

AUGUSTINUS: Damit deine Überzeugung noch fester werde, befrage dein eigenes Gewissen. Es verkündet am besten unser Inneres; es ist eine unfehlbare, genaue Wage unserer Werke und Gedanken. Es wird dir sagen, dass du dein Heil nie erstrebt hast, wie du solltest, sondern lauer und lässiger, als es die drohende Gefahr verlangte.

FRANCISCUS: Ich fange an, wie du befiehlst, mein Gewissen zu erforschen.

AUGUSTINUS: Was sagt es dir?

FRANCISCUS: Dass es wahr sei, was du sagtest.

AUGUSTINUS: Nun sind wir um ein kleines weitergekommen, denn du fängst an zu erwachen. Schon wird es besser um dich stehen, wenn du einmal einsiehst, wie schlimm es bisher um dich stand.

FRANCISCUS: Wenn es schon genügt, dies einzusehen, so hoffe ich zuversichtlich, dass es nicht gut, sondern demnächst sehr gut um mich stehen wird; nie habe ich etwas klarer eingesehen als die Tatsache, dass mein Verlangen nach Freiheit und nach dem Ende meines Elendes nicht ernst genug war. Doch wird dieses ernste Verlangen künftighin genügen?

Augustinus: Warum nicht?

Franciscus: Ich werde nichts weiter zu tun haben?

Augustinus: Du rechnest mit Unmöglichem. Wie kann einer, der ein heiß ersehntes Ziel erreichbar vor sich sieht, untätig bleiben?

Franciscus: Was nützt also der Wunsch an sich?

Augustinus: Fürwahr, mag auch der Weg zur Tugend noch durch die größten Schwierigkeiten führen, so ist doch das Verlangen danach schon ein großer Teil der Tugend selbst.

Franciscus: Du hast in mir große Hoffnungen geweckt.

Augustinus: Das ist ja auch der Zweck der Unterredung, dich hoffen und fürchten zu lehren.

Franciscus: Was sollte ich denn fürchten?

Augustinus: Sage lieber: Was sollte ich denn hoffen?

Franciscus: Hatte ich bisher danach gestrebt, wenigstens nicht der Allerschlechteste zu sein, so zeigst du mir ja jetzt den Weg, auf dem ich zum Allerbesten werden kann.

Augustinus: Aber du denkst vielleicht nicht daran, wie beschwerlich dieser Weg ist.

Franciscus: Warum verdoppelst du meine Angst?

Augustinus: Dieses »Wünschen« ist freilich nur ein einziges Wort, aber es besteht aus unzähligen Dingen.

Franciscus: Du erschreckst mich.

Augustinus: Um ganz davon zu schweigen, worin dieses Verlangen besteht: Wie viele Dinge müssen ausgerottet werden, damit es nur zustande kommen kann!

Franciscus: Ich sehe nicht ein, was du nun ausführen willst.

AUGUSTINUS: Bei keinem kann dieses Verlangen vollkommen werden, wenn er nicht vorher alle anderen Wünsche ertötet hat. Du weißt, wie zahlreich und mannigfaltig die Dinge sind, die man im Leben sich zu wünschen pflegt. Sie alle musst du vorher verachten, ehe du aufsteigen kannst zu dem innigen Verlangen nach dem höchsten Glück. Und fürwahr, wenig liebt dieses Glück derjenige, der neben demselben noch andere Wünsche im Herzen trägt, die nichts mit jenem zu tun haben.

FRANCISCUS: Ich kenne diese Wahrheit.

AUGUSTINUS: Wie wenige sind es, die alle Begierden in sich ausgelöscht haben, die man kaum aufzählen, geschweige denn auslöschen kann ohne lange Mühen; die ihrer Seele die Zügel der Vernunft angelegt haben; die von sich sagen dürfen: Nichts fesselt mich mehr an meinen Leib; schmutzig ist, was mit den Augen gesehen werden kann; mich zieht es zu höherem Glück.

FRANCISCUS: Die wenigsten Menschen sind es. Und nun erkenne ich auch die Schwierigkeit, von der du sprachst.

AUGUSTINUS: Erst wenn alle diese Wünsche aufgehört haben, wird jenes große Verlangen vollkommen und unbehindert sich entfalten können. Denn wenn auch die Seele durch ihren eigenen Adel zum Himmel sich gezogen fühlt, so liegt es ja doch in der Natur des Menschen, dass sie beschwert ist durch die Last des Körpers und herabgezogen wird durch die Lockungen der Welt. So wünscht ihr wohl, aufzustreben und in höheren Regionen zu verweilen, aber abgelenkt von anderen Begierden vermögt ihr nicht, den Wunsch zur Wirklichkeit zu machen.

FRANCISCUS: Was rätst du mir also zu tun, damit mein Geist frei von irdischen Fesseln nach oben sich erhebe?

AUGUSTINUS: Zu diesem Ziele führt die Betrachtung, von der ich anfangs gesprochen: der ununterbrochene Gedanke an die eigene Sterblichkeit.

FRANCISCUS: Täusche ich mich nicht auch hierin, so hat sich kein Mensch häufiger mit solchen Gedanken befasst als ich.

Augustinus: Neuer Streit und neue Mühe!

Franciscus: Wie? Auch hierin lüge ich?

Augustinus: Ich hätte mich höflicher ausgedrückt.

Franciscus: Aber dasselbe gemeint?

Augustinus: Gewiss.

Franciscus: So habe ich also noch nie über den Tod nachgedacht?

Augustinus: Sehr selten wenigstens und dann so oberflächlich, dass dein Gedanke nie auf den tiefsten Grund deines eigenen Unglücks dringen konnte.

Franciscus: Ich hatte das Gegenteil geglaubt.

Augustinus: Achte nicht darauf, was du geglaubt hast, sondern darauf, was du in Zukunft wirst glauben müssen.

Franciscus: Sei überzeugt, dass ich in Zukunft mir selbst nie mehr glauben werde, wenn du mir nachweisest, dass ich mich auch dieses Mal getäuscht habe.

Augustinus: Sehr leicht werde ich dir dieses nachweisen, wenn du nur die Absicht hast, gutwillig die Wahrheit zu gestehen. Auch dieses Mal werde ich einen Zeugen zu Hilfe rufen, der nicht ferne ist.

Franciscus: Welchen Zeugen meinst du?

Augustinus: Dein Gewissen.

Franciscus: Das sagt das Gegenteil.

Augustinus: Wo eine unklare Frage vorangeht, kann das Zeugnis des Antwortenden nicht bestimmt sein.

Franciscus: Was soll das zur Sache?

Augustinus: Viel, fürwahr! Merk' auf, dass du es klar verstehest! Niemand ist so töricht, – es sei denn, er wäre ganz von Sinnen – dass ihm nicht bisweilen seine Gebrechlichkeit und Schwäche zum Bewusstsein käme, dass er nicht, wenn er gefragt würde, antwortete, dass er sterblich sei und einen vergänglichen Körper bewohne. Das lehren ihn ja die Schmerzen und Krankheiten seines Leibes. Denn keine Gnade Gottes gibt es, die ein von solchen Mühsalen freies Leben verliehe. Denke dann ferner daran, dass bei Leichenbegängnissen lieber Freunde, wie sie täglich vor euren Augen vor sich gehen können, ein stiller Schrecken den Zuschauer befallen muss. Denn wer einen gleichaltrigen Freund zu Grabe geleitet, der muss ja erzittern beim Gedanken an den raschen Tod des anderen und anfangen, an sich selbst mit Unruhe zu denken – so wie du, wenn du des Nachbarn Dach brennen siehst, nicht sorglos auf das deinige schauen kannst, da du ja, wie Flaccus sagt »siehst die Gefahren, die in kurzem sich dir nahen«. Noch tiefer aber wird der ergriffen sein, der sieht, wie ein jüngerer, gesünderer, schönerer Mensch als er vom schnellen Tode geholt wurde. Der wird um sich schauen und sagen: »Sicherer als ich glaubte dieser in seinem Hause zu wohnen, und doch hat er es verlassen müssen, und seine Jugend, seine Schönheit, seine Kraft haben ihm nichts genützt. Wer bietet mir größere Sicherheit? Bin ich ein Gott? ein Wundertäter? Wahrlich, ein sterblicher Mensch bin auch ich.« Und noch viel heftiger werden erschüttert, die es erleben, wie die Kaiser und Könige, die Gewaltigen und Gefürchteten der Erde sich vor dem Tode beugen müssen. Den, der gewohnt war, vor ihren Augen andere zu drücken, den sehen sie nun plötzlich, vielleicht in wenigen fürchterlichen Stunden zu Boden geworfen. Daraus erklären sich auch jene merkwürdigen Dinge, die beim Tode großer Menschen im bestürzten Volke zu geschehen pflegen. Ein Beispiel aus der Geschichte: Erinnerst du dich an derartige Dinge, wie sie in so großer Zahl beim Leichenbegängnis des Julius Caesar sich ereigneten? Das ist das große allgemeine Schauspiel, das sich vor den Augen und Herzen der Menschheit abspielt. Wer es sieht, denkt an sein eigenes Schicksal. Dazu kommt noch das Unheil, das wilde Tiere und verbrecherische Menschen anrichten; dazu kommen die Schrecken des Krieges, der Einsturz großer Gebäude, die, wie jemand treffend sagt, einst der Menschen Schutz waren und nun ihre Gefahr werden. Dazu kommen zu ungünstigen Zeiten Stürme und ungesunde Winde und all die vielen Widerwärtigkeiten zu Land und Meer. Von allen Seiten umgeben sie euch, und nirgends hin könnt ihr die Augen wenden, ohne an eure Sterblichkeit erinnert zu werden.

Franciscus: Erlaube mir, dass ich dich unterbreche; nicht länger kann ich mich zurückhalten. Denn ich muss gestehen, nichts Wirksameres hätte man zum Beweise meiner Behauptung anführen können als deine langen Ausführungen. Ich selbst habe mich beim Zuhören gewundert, wohinaus deine Rede wolle, und mit welcher Schlussfolgerung sie endigen werde.

Augustinus: Ich kam ja gar nicht bis zum Schlüsse, denn du hast mich unterbrochen. Die Schlussfolgerung wäre folgende gewesen: Wenn auch vieles euch umgibt, das zu Gedanken anregen könnte, so dringt euch doch nichts tief ins Innere der Seele, denn eine lange Gewohnheit hat eure Herzen abgestumpft, und von eurer alten, dicken Haut prallt jede heilsame Mahnung ab. Sehr wenige wirst du finden, die es sich einmal klar zum Bewusstsein bringen, dass sie notwendig sterben müssen.

Franciscus: Wenige nur kennen also die allbekannte Definition vom Menschen, die doch so oft in allen Schulen wieder und wieder abgeleiert wird, dass sie nicht bloß die Ohren der armen Zuhörer, sondern selbst die Wände der Schulhäuser schon längst hätte ermüden und angreifen sollen? – Ach, diese Altweibergeschwätzigkeit der Dialektiker, die nie ein Ende findet, die nur von solchen Definitionen lebt, und deren Stolz das Wiederkäuen ihrer alten, ewigen Streitereien ist! Meistens verstehen sie selber nichts von dem, was sie reden. Fragst du einen aus dieser Herde nach der Definition des Menschen oder irgendeiner anderen Sache, so ist die Antwort bereit. Fragst du weiter nach anderen Dingen, so wird er schweigen; oder aber, es hat ihm der unaufhörliche Redeschwall seiner Darlegungen Mut gemacht, dann wird er auch hier antworten, aber Art und Weise seiner Antwort werden zeigen, dass ihm das wahre Verständnis des definierten Dinges fehlt. Dieser Sippe von Menschen, die so vornehmtuerisch das Wichtige übersieht und sich voll Eifer mit dem Überflüssigen abgibt, sollte man entgegenrufen: Ihr Ärmsten! Was arbeitet ihr immer so nutzlos in den Tag hinein und quält den Geist mit öden Haarspaltereien? Der Dinge Wesen kennt ihr nicht, und unter lauter leeren Wörtern altert ihr, und mit weißem Haar und runzeliger Stirne treibt ihr noch kindische Spielereien. O würde wenigstens eure Torheit nur euch allein schaden und hätte sie nicht so oft schon so manches edle junge Geistesleben verdorben!

AUGUSTINUS: Ich gebe zu, dass gegen diese ungeheuerliche Art des Studiums nicht scharf genug gesprochen werden kann. Doch du hast dich durch den Fluß der Rede hinreißen lassen und dabei vergessen, was du über die Definition des Menschen sagen wolltest.

FRANCISCUS: Ich glaubte, es genügend gesagt zu haben; doch ich will mich deutlicher ausdrücken: Der Mensch ist ein lebendes Wesen, ja das höchste aller lebenden Wesen. Keinen auch noch so ungebildeten Bauern wirst du finden, der dies nicht wüsste, und keinen, der, wenn du ihn danach fragen würdest, dem Menschen nicht die Eigenschaften der Vernunftbegabung und der Sterblichkeit zugestände – weil eben allen Menschen diese Wahrheit bekannt ist.

AUGUSTINUS: Vielmehr sehr wenigen.

FRANCISCUS: Was sagst du?

AUGUSTINUS: Wenn du einen siehst, in dem die Vernunft so zur Herrschaft gelangt ist, dass er nach ihr sein ganzes Leben einrichtet, dass er ihr alle seine Begierden unterwirft, dass er mit ihrem Zügel alle Regungen seines Geistes im Zaume hält, dass es ihm zum Bewusstsein gekommen ist, er unterscheide sich nur durch ihren Besitz vom vernunftlosen, einfältigen Tier und er verdiene nur den Namen Mensch, insofern er gemäß seiner Vernunft lebt; und wenn ein solcher ferner sich seiner Sterblichkeit so sehr bewusst ist, dass er sie ständig vor Augen hat und durch den Gedanken an sie sich vollständig beherrscht sein lässt; wenn er dieses vergängliche Leben verachtet und nur nach jenem Leben sich sehnt, wo er im Vollbesitz seiner Vernunft aufhört, sterblich zu sein – dann endlich magst du sagen, dass du die wahre Definition des »vernunftbegabten Menschen« verkörpert vor dir siehst, und dass du eine nützliche Wahrheit kennen gelernt hast. Ich aber sagte – denn davon war ja die Rede – dass nur die wenigsten zu einer solchen Erkenntnis und deren gründlichen Betrachtung sich durchgearbeitet haben.

FRANCISCUS: Ich habe mich selbst bisher immer zu diesen wenigsten gerechnet.

AUGUSTINUS: Und ich bestreite nicht, dass dir dein ganzes Leben hindurch infolge der reichen täglichen Erfahrung und der ununterbrochenen Lektüre sehr häufig Gedanken an den Tod aufgestiegen sind; aber sie waren nicht tief und ernst genug und von zu kurzer Dauer.

FRANCISCUS: Was nennst du tief und ernst? Wenn ich auch glaube, es zu verstehen, so wünsche ich es doch von dir genauer und deutlicher zu hören.

AUGUSTINUS: Wenn es auch schon allgemein bekannt ist und aus der Reihe der Philosophen die berühmtesten sich darüber ausgesprochen haben, so will ich es doch sagen: Ich verstehe darunter, dass der Tod unter allen Dingen, die wir zu fürchten pflegen, die erste Stelle einnehme; so sehr, dass uns schon das Wort Tod hart und schrecklich klinge. Freilich darf nicht nur das äußere Ohr die Buchstaben hören und der Geist mit einer kurzen, oberflächlichen Erinnerung an die Sache selbst sich begnügen. Es ist vielmehr notwendig, dass wir länger bei dem Gedanken verweilen und uns in genauer Betrachtung alle einzelnen Glieder eines Sterbenden nacheinander vor die Augen stellen: wie das langsame Erkalten des Körpers den Sterbenden erschreckt, wie ihn der lästige Todesschweiß bedeckt, wie sein ganzer Leib erzittert, wie die Lebensgeister erschlaffen unter der erdrückenden Nähe des Todes. Und dann betrachte man die tiefliegenden, gebrochenen Augen, den tränenverschleierten Blick, die verzerrte, bleierne Stirn, die eingefallenen Wangen, die blassgelben Zähne, die steife, spitze Nase, die speichelnden Lippen, die fühllose, heiße Zunge, den ausgetrockneten Gaumen, das müde Haupt, die keuchende Brust, das heisere Röcheln und die klagenden Seufzer, den am ganzen Körper ausströmenden widerlichen Geruch, vor allem aber das schrecklich entstellte Angesicht. Alle diese Gedanken werden umso leichter und genauer im Bewusstsein gegenwärtig bleiben, wenn wir uns das Bild irgendeines Toten treu ins Gedächtnis einprägen; denn das Gedächtnis des Gesichtes pflegt stärker und treuer zu sein als das des Gehörs. Deshalb herrscht, selbst heute noch in dieser allen guten Sitten feindlichen Zeit, in einigen frommen und heiligmäßigen Ordensgenossenschaften die kluge, heilsame Übung, dass die Bekenner der strengen Regel zugegen sind, wenn die Leichen der Verstorbenen gewaschen und zum Begräbnis bereitet werden. Denn dieses traurige, jammervolle Schauspiel, das sich vor ihren Augen abspielt, bleibt für immer in ihrem Gedächtnis haften, und wer Zeuge desselben war, der wendet sich ab von allen Reizen dieser vergänglichen Welt. Dies also ist es, was ich den ernsten und tiefen Todesgedanken nannte. Ihr aber sprecht in gleichgültiger Gewohnheit von dem jedem Menschen sicheren Tode und wiederholt ähnliche Dinge hundertmal im täglichen Gespräche. Und es ist vorbeigesprochen in den Wind und lässt die Seele unberührt.

Franciscus: Ich stimme dir umso leichter bei, als vieles, was ich nun aus deinem Munde hörte, schon meine eigenen stillen Gedanken waren. Doch bitte ich dich, mir ein Zeichen zu nennen, das mir eine stete innere Mahnung sei und mich vor Selbsttäuschung und Selbstgenügsamkeit bewahre. Denn dieses ist es, wie ich sehe, was die Menschen vom Pfad der Tugend abbringt: Sie glauben ihr Ziel erreicht zu haben und streben nicht weiter.

Augustinus: Gern höre ich das von dir, denn das sind Worte, nicht eines müßigen und oberflächlichen, sondern eines bedachtsamen Geistes. Das untrügliche Zeichen, das du verlangst, ist dieses: Wenn du bei deinen Gedanken über den Tod kalt und gleichgültig bleibst, so wisse, dass es so wertlos ist, als würdest du über irgendwelche andere Dinge nachgrübeln. Wenn du dagegen bei diesen Gedanken erstarrst, erschauderst, erbleichst; wenn du glaubst, alle diese bitteren Todesängste selbst zu erleiden; wenn es dir zum Bewusstsein kommt, dass deine Seele diesen Körper verlassen muss, um zu bestehen im ewigen Gerichte über das ganze vergangene Leben, dass sie unerbittliche Rechenschaft ablegen muss für jedes Werk und jedes Wort, dass nun nichts mehr zu hoffen ist von Geist und Redegewandtheit, von Macht und Reichtum, von Körperschönheit oder Erdenruhm, dass ein allwissender, unbestechlicher und unversöhnlicher Richter vor dir steht, dass dein Tod kein Ende, nur ein Übergang zu neuen Leiden ist; und wenn du dann unter tausend Höllenqualen denkst an das Heulen und Zähneknirschen, an des Orkus schwefelglühende Ströme, an der Furien finstere Racheschar und an der ganzen dunkeln Hölle unermessliches Entsetzen; und wenn du, was schwerer wiegt als all dieses, daran denkst, dass eine unglückselige Ewigkeit ohne Ende dir bevorsteht, dass du kein Aufhören deiner Qualen erhoffen darfst, und dass in alle Ewigkeit bestehen bleibt der Zorn des Gottes, der nun ferner kein Erbarmen mehr kennt – wenn dir all dies vor die Augen getreten ist, nicht als Einbildung, sondern als volle Wirklichkeit, nicht als Möglichkeit, sondern als unvermeidlich kommende, ja beinahe schon gegenwärtige Notwendigkeit; und wenn du an diesen Sorgen nicht vorübergehst, aber auch nicht an ihnen verzweifelst, sondern voll Hoffnung bist, dass die Hand Gottes mächtig und bereit sei, dich vor solchem Unheil zu bewahren, so du dich selbst nur willig zeigst; und wenn du stets voll festen Willens, dich zu erheben, und beständig und beharrlich in deinen Vorsätzen bleibst – dann sei überzeugt, dass deine Betrachtung nicht erfolglos war.

FRANCISCUS: Tief erschüttert hast du mich durch diese Schreckensbilder. Doch möge mir Gott seine Verzeihung gewähren, in so reichem Maße, als ich mich täglich in diese Gedanken versenke! Bei Nacht, wenn der Geist sich von des Tages Sorgen losgelöst hat und in sich selbst sich zurückzieht, da lege ich meinen Körper nieder, wie ein Sterbender liegt, und die Todesstunde und alle Schrecken, die sie mit sich bringt, treten mir lebendig vor Augen, und ich glaube im Todeskampfe zu liegen und den Abgrund der Hölle und all das Entsetzliche, das du schildertest, vor mir zu sehen. Fast ganz von Sinnen bringt mich dieses Bild, so dass ich voll Angst und Zittern mich aufrichte und oft zum Schrecken meiner Hausgenossen in die Worte ausbreche:

»Ach, was tue ich, was leide ich! Welch Schicksal
droht mir! Erbarme dich Jesu, hilf mir,
errette du mich, vom Bösen niemals Besiegter,
Reiche mir Ärmstem die Hand und halte mich über
den Wassern!
Möge ich doch nach dem Tode einst ruhen in friedlichen Landen!«

Und noch vieles andere tue ich in der Angst nach Art eines Gehirnkranken, wie man die Irren und Fiebernden zu nennen pflegt. Ich rede mit mir selber und viel mit Freunden, und mein bitteres Weinen rührt auch die anderen zu Tränen. Doch ach, sind unsere Tränen getrocknet, so kehren wir wieder zurück zur alltäglichen Stimmung. Was also ist dies für eine geheimnisvolle Macht, die mich in meinem Streben hemmt, die die Schuld daran trägt, dass mir diese Todesgedanken noch nie einen Nutzen, immer nur Angst und Schrecken gebracht? Ich bin nach diesen Betrachtungen derselbe Mensch, der ich vorher war, derselbe, wie es auch die sind, die nie in ihrem Leben dergleichen durchgemacht haben. Und ich bin umso bedauernswerter: jene anderen, wie auch ihr Ende sein mag, haben sich doch an den Genüssen dieses Lebens erfreut; mein Ende aber ist so ungewiss wie das ihrige, und ich kenne kein Vergnügen, das nicht mit solchen Bitterkeiten gewürzt wäre.

AUGUSTINUS: Ich bitte dich, traure nicht, wo du dich freuen solltest! Denn umso unglücklicher und bejammernswerter ist der Sünder zu schätzen, je größere Lust und Kitzel ihm sein Vergehen bereitet.

FRANCISCUS: Deshalb wohl, weil es den niemals zum Pfad der Tugend zieht, den eine ununterbrochene Kette von Vergnügungen nie zur Beschäftigung mit sich selbst kommen lässt? Freilich, wer in den Reizen des sinnlichen Lebens und in den fröhlichen Gaben des Glückes immer einen Stachel fühlen muss, der denkt so oft an seine traurige Lage, als ihn die unbeständige und wandelbare frohe Stimmung verlässt. Und wenn nun beider Ende dasselbe ist, so sehe ich nicht ein, warum ich den nicht glücklicher nennen soll, der sich jetzt freut, wenn er auch später trauern wird, als den, der jetzt keine Freude kennt und von der Zukunft keine erhofft. Doch vielleicht wirst du sagen, dass der Fröhliche das Ende seiner Freuden mit größerer Bitterkeit empfindet?

AUGUSTINUS: Gewiss; denn beim gleichen Sturz in die Tiefe wird dessen Fall schwerer sein, der die Zügel der Vernunft von sich geworfen hat – was ja zu geschehen pflegt im höchsten Taumel der Vergnügungen – als der Fall dessen, der die Zügel, wenn auch nur lässig, noch in der Hand behalten hat. Vor allem aber achte auf das schon Gesagte: Auf die Bekehrung des einen dürfen wir noch hoffen, an der des anderen müssen wir verzweifeln.

FRANCISCUS: Dies will ich beherzigen. Doch sprich, hast du meine erste Frage vergessen?

AUGUSTINUS: Welche Frage?

FRANCISCUS: Ich hatte gefragt, was das sei, das mich nicht vorwärts kommen lässt, warum mir allein jenes Denken an den Tod nichts genützt habe, das du doch so wunderbarfruchtbringend nanntest.

AUGUSTINUS: Einmal vielleicht deshalb, weil du den Tod nur als in weiter Ferne befindlich betrachtest, der doch wegen der Kürze unseres Lebens und der vielen möglichen Zufälle gar nicht fern sein kann. Wir alle werden, wie Cicero sagt, in der Regel darin getäuscht, dass wir den Tod in weiter Ferne sehen. (Ein Text, den die Verbesserer oder vielmehr Verderber ändern wollen, indem sie dem Worte eine Negation voransetzen und sagen, es müsse heißen: »den Tod n i c h t in weiter Ferne sehen«.) Denn kein vernünftiger Mensch kommt so weit, dass er überhaupt nicht mit dem Tode rechnet. Dieses »den Tod in weiter Ferne sehen« täuscht aber viele. Denn ein jeder hofft auf eine Lebensdauer, die in Wirklichkeit, wenn sie auch erreicht werden könnte, doch die wenigsten erreichen. Kaum ein Mensch wird zu Grabe getragen, auf den nicht des Dichters Wort passte: »Er hatte sich weißes Haar und lange Jahre versprochen.« Dies konnte dir schaden. Dein Alter, deine Lebenskraft und deine mäßige Lebensführung haben dir vielleicht solche Hoffnungen gemacht.

FRANCISCUS: Glaube das nicht! Möge Gott mich vor solcher Torheit bewahren! »Zeigen will ich, dass ich darauf nicht vertraue« – wie bei Vergil jener berühmte Meister des Meeres sagt. Auch ich bin ja in ein großes, wildes und stürmisches Meer geworfen und treibe mein schwankendes Schifflein, das, schon leck geworden, bald zu zerfallen droht, bei widrigem Wind durch die brausenden Fluten. Ich weiß, dass dies nicht lange dauern kann, und sehe keine Hoffnung auf Rettung mehr, wenn mir nicht der allmächtige Erbarmer die Gnade verleiht, dass ich mit letzter Kraft das Steuerruder wende und noch vor dem drohenden Untergang das Ufer erreiche, um nach stürmischem Leben im Meer im ruhigen Hafen zu sterben. Diesem Bewusstsein verdanke ich es, dass ich nie, soweit ich zurückdenken kann, den unbezähmbaren Wunsch nach Macht und Reichtum gefühlt habe, ein Verlangen, in dem wir nicht nur mir gleichaltrige Menschen, sondern selbst solche, die viel älter sind als ich, und die die gewöhnliche Lebensdauer längst überschritten haben, sich noch verzehren sehen. Und was für ein Wahnsinn ist es doch, sein ganzes Leben hinzubringen in Mühsal und Armut, um dann zu sterben, gequält von der Sorge, den Reichtum zusammenzuhalten! So denke ich deshalb über diese schrecklichen letzten Dinge, nicht als ob sie noch in weiter Ferne wären, sondern überzeugt, dass sie bald eintreten werden, dass sie vielleicht schon in allernächster Nähe sind. Ich denke noch immer an einen kleinen Vers, den ich in jungen Jahren einst am Schlüsse eines längeren Briefes einem Freunde geschrieben habe: »Ach, vielleicht indem wir noch reden, steht vor der Türe der Tod, dem keine Wege verschlossen.«

Wenn ich damals schon so reden konnte, was soll ich dann jetzt sagen, wo ich reicher an Jahren und an Erfahrung bin? Was ich sehe, höre, fühle, denke, beziehe ich auf diesen einen Gedanken an den Tod, und ich glaube nicht, mich hierin zu täuschen. Noch immer also ist die Frage unbeantwortet: Was ist es, das mich in meinem Streben nach Vervollkommnung nicht vorwärts kommen lässt?

AUGUSTINUS: Sage Gott demütigen Dank, dass er sich herabgelassen hat, dich mit so heilsamem Zügel zu zähmen und mit so scharfem Stachel anzutreiben! Denn es ist wohl kaum möglich, dass einer, in dem der Gedanke an den Tod so ununterbrochen lebendig ist, dem ewigen Tode verfalle. Aber da du nun mit Recht fühlst, dass dir noch etwas fehle, so will ich versuchen, dir zu zeigen, worin dieser Mangel besteht. Wenn du diesen dann, was Gott geben möge, beseitigt hast, dann wirst du ganz deinen heiligen Gedanken leben und das alte Joch der Knechtschaft, das dich bisher drückte, von dir werfen können.

FRANCISCUS: Möge es mir gelingen, mich einer solchen Gnade würdig zu erweisen!

AUGUSTINUS: Es wird dir gelingen, wenn du nur willst. Es ist das kein unmögliches Ding. Aber bei den menschlichen Handlungen wirkt ein Doppeltes mit und wenn nur das eine fehlt, so wird die Wirkung vereitelt: der Wille muss nicht nur bereit, er muss auch so stark sein, dass er eher Verlangen genannt zu werden verdiente.

FRANCISCUS: So soll es fürder sein!

AUGUSTINUS: Weißt du aber, was dem Erfolg deiner frommen Gedanken Eintrag tut?

FRANCISCUS: Das ist es ja, was ich dich bat mir zu sagen; das ist es, was ich so dringend wünsche zu wissen.

AUGUSTINUS: So höre: Ich leugne nicht, dass deine Seele mit übernatürlichen Gaben ausgestattet ist; aber andererseits darfst du überzeugt sein, dass sie infolge der steten Berührung mit dem Körper, der sie umschließt, viel von ihrem ursprünglichen Adel verloren hat; und nicht nur dies, sondern dass sie dadurch im Laufe der langen Zeit völlig abgestumpft wurde und ihres Ursprungs und himmlischen Schöpfers vergessen hat. Mir scheint, dass Vergil die aus der Verbindung mit dem Körper hervorgegangenen Leidenschaften der Seele und das Vergessen ihres edleren Wesens im Auge gehabt hat, wo er sagt:

»Feuerskraft wohnt in der übernatürlich geborenen Seele,
Würde in Fesseln nicht der kranke Körper sie halten
Und des irdischen Leibes sterbliche Glieder sie schwächen.
Darum fürchtet und hofft und trauert und freut sich die Seele
Und im dunkeln Kerker vergisst sie die himmlische Sonne.«

Erkennst du in des Dichters Worten jenes viergestaltige Ungeheuer, das der Natur des Menschen größter Feind ist?

FRANCISCUS: Sehr deutlich erkenne ich die vierfach gegliederte große Leidenschaft der Seele, deren vier Erscheinungsformen entstehen aus dem Verhältnis des Geistes zu Gegenwart und Zukunft, zu Gütern und Übeln. So wird gleichsam durch vier widrige Winde die Ruhe der Seele gestört.

AUGUSTINUS: Mit großem Verständnis sprichst du. Bei euch trifft eben zu jenes Wort des Apostels: »Der Leib, welcher verdorben wird, beschwert die Seele, und es drückt die irdische Einwohnung den Geist.« Ins Unendliche mehren sich die Bilder irdischer Dinge, die durch die körperlichen Sinne eintreten und, nachdem sie einmal einzeln zugelassen wurden, nun in wilden Haufen sich im Innern der Seele drängen und den Geist, der nicht für sie geboren ist und so viel Hässliches nicht zu ertragen vermag, beschweren und verwirren. Daher kommt jene Pest der Phantastereien, die eure Gedanken zerreißt und zerstückelt und den erleuchtenden Betrachtungen, durch die allein man aufsteigt zum einzigen und höchsten Ziele, den Weg versperrt durch schädliche Zerstreuung.

Franciscus: Dieser Pest hast du häufig, besonders aber in deinem Buche »Von der wahren Religion« – dieser widerstrebt ja nichts mehr als gerade jenes Übel – ganz hervorragende Erwähnung getan. Auf dieses Buch stieß ich neulich, abschweifend von der Lektüre meiner Philosophen und Dichter. Und mit so hastiger Begierde habe ich es gelesen, wie einer, der aus Eifer, Neues zu sehen, die Heimat verlassen und nun, da er die Straßen einer ihm noch unbekannten berühmten Stadt betritt, ganz im Banne der Schönheiten des Ortes überall haltmacht und, was ihm gerade in den Weg kommt, betrachtet.

Augustinus: Wenn auch die äußere Sprache dieses Buches, wie sich das für einen Lehrer der katholischen Wahrheit ziemt, eine andere ist, so wirst du doch finden, dass die Ansichten, die ich darin vertrete, zum großen Teil philosophischen Charakters sind und sich an Platon und Sokrates anlehnen. Und um dir nichts zu verheimlichen, will ich dir gestehen, dass ich, als ich dieses Buch zu verfassen begann, dazu angeregt war hauptsächlich durch ein Wort deines geliebten Cicero. Aber Gott hat das Werk gefördert, so dass aus dem armen Samen eine herrliche Ernte sich erhob. – Doch kehren wir zum Thema zurück!

Franciscus: Gerne, mein bester Vater. Doch zuvor bitte ich dich um eines: Was war das für ein Wort, das dir, wie du sagst, den Inhalt zu deinem herrlichen Werke geliefert?

Augustinus: Cicero sagt irgendwo, da er sich gegen die Zeitirrtümer ausspricht: »Nichts konnten sie mit dem Geiste sehen, alles betrachteten sie nur mit den irdischen Augen. Und doch ist es die Aufgabe eines großen Geistes, den Sinn von den äußeren Erscheinungen zu trennen und den Gedanken von den Gleisen der Gewohnheit fernzuhalten«. So jener. Ich aber habe dieses Wort gleichsam als Fundament benutzt und darauf jenes Werk, das, wie du sagst, dir so gefallen hat, errichtet.

Franciscus: Ich kenne die Stelle; sie steht in den Tuskulanen. Aus verschiedenen Stellen deiner Werke weiß ich, dass du gern und oft an diesem Worte Ciceros deine Freude hattest. Und nicht mit Unrecht; denn es gehört zu jener Art von Worten, die mit der Wahrheit des Gedankens die Feinheit und Erhabenheit des Stils verbinden. Doch nun wollen wir endlich, wenn es dir gefällt, zum Gegenstand unseres Gespräches zurückkehren.

AUGUSTINUS: Diese Pest also hat dir geschadet, und sie wird dich bald zugrunde richten, wenn du nicht vorsorgst. Denn der mit seinen Phantastereien beschäftigte und von so vielen und so vielerlei, sich selbst unversöhnlich widerstrebenden Sorgen erdrückte schwache Geist kann nicht prüfen, welcher Sorge er zuerst begegnen, welche er fördern, welche er erledigen, welche er zurückstellen soll.

All seine Kraft und das bisschen Zeit, das eine sparsame Hand ihm zugemessen hat, reichen nicht hin, so viel zu bewältigen. Wenn einer auf engem Raume vieles sät, so drängt und stößt sich die Saat und kann nicht gedeihen. So geschieht es nun auch dir: in deinem allzusehr beschäftigten Geist kann kein nützlicher Gedanke Wurzel fassen, und keine Frucht vermag heranzureifen. Und du selbst lässest dich ratlos in unaufhörlichem Wechsel vom einen zum anderen treiben. Nirgends bist du mit ganzem Herzen, nirgends mit ganzer Kraft.

Daher kommt es, dass, sooft sich dein Geist in edlem Aufschwung zu jenen Todesgedanken und den anderen Betrachtungen, durch die man den Weg zum ewigen Leben finden kann, erhoben, er sich droben doch nicht halten kann, und gedrängt vom Wirrsal seiner endlosen Sorgen, wieder niedersteigen muss. Daher kommt es, dass alle guten Vorsätze in dieser Unbeständigkeit zuschanden werden. Daher kommt auch jene innere Zerfahrenheit, über die wir schon so viel gesprochen haben, und jene Unruhe der Seele, die mit sich selbst unzufrieden ist, die sich schmutzig weiß und sich nicht reinigt, die ihre qualvollen Wege kennt und sie nicht verlässt, die die drohende Gefahr fürchtet und ihr nicht vorbeugt.

FRANCISCUS: Wehe mir Armem! Jetzt hast du tief in meine Wunden gegriffen! Dort wohnen meine Schmerzen, von dort her fürchte ich den Tod.

AUGUSTINUS: Nun ist es gut – schon weicht die dumpfe Gleichgültigkeit von dir. Doch allzu lange dehnt sich das Gespräch. Wir wollen, wenn es dir gefällt, den Rest auf morgen verschieben und nun ein wenig in Ruhe aufatmen.

FRANCISCUS: Schweigen und Ruhe werden meiner Müdigkeit wohltuend sein.

Das zweite Gespräch

AUGUSTINUS: Haben wir nun genug geruht?

FRANCISCUS: Wie es dir beliebt.

AUGUSTINUS: Wie ist dir nun zumute? Wieviel Vertrauen hast du nun? Es ist ein wichtiges Zeichen der Besserung, wenn der Kranke wieder anfängt zu hoffen.

FRANCISCUS: Ich habe keinen Grund, vieles von mir zu hoffen. Meine Hoffnung ist allein in Gott.

AUGUSTINUS: Das ist weise gesprochen. Doch nun kehre ich zur Sache zurück: vieles umlagert dich, vieles hält dich gefangen. Du selbst weißt nicht, wie viele und wie mächtige Feinde dich bedrohen. Wer von weiter Ferne die gedrängten Reihen seiner Feinde sieht, der gibt sich leicht dem trügerischen Glauben hin, die kleine Schar verachten zu dürfen; doch wenn die Feinde näher rücken, doch wenn immer deutlicher vor den Augen die ungeheuren Massen sich entfalten, dann wächst mit dem das Auge blendenden Blinken der Waffen auch die Angst, und es dämmert die bittere Erkenntnis auf, die Gefahr allzu sehr unterschätzt zu haben. Ich fürchte sehr, auch dir werde es so geschehen, wenn ich sehe, wie vor deinen Augen von allen Seiten her die Übel heranfluten und sich auftürmen; mit Scham und Reue wirst du erkennen, dass du deine Lage mit weniger Ernst und Sorge beurteilt hast, als nötig gewesen wäre, und du brauchst dich dann nicht zu wundern, wenn deine so stark umlagerte Seele der Feinde Reihen nicht zu durchbrechen vermag. Dann wirst du auch einsehen, wie viel schädliche Gedanken diesen einen nützlichen, zu dem ich dich zu erheben suchte, überwuchert haben.

FRANCISCUS: Du erschreckst mich sehr. Ich glaubte immer, die mir drohenden Gefahren in ihrer Größe erkannt zu haben; und jetzt sagst du, dass dieselben über alle Annahme groß seien, und dass ich im Verhältnis zu dem, was ich hätte fürchten sollen, so viel wie nichts gefürchtet habe. Was soll ich da noch hoffen!

AUGUSTINUS: Das größte aller Übel ist die Verzweiflung. Nie kann man sich ihr spät genug hingeben. Darum bitte ich dich: sei vor allem überzeugt, dass du keinen Grund zur Verzweiflung hast.

FRANCISCUS: Ich wusste es; doch der Schrecken ließ es mich vergessen.

AUGUSTINUS: Und nun merke auf, wende Auge und Geist zu mir. – Ich will ein Wort des dir so vertrauten Dichters gebrauchen:

»Wie dich die Scharen bedrohen, wie sie in geschlossenem Walle,
Der kein Entrinnen beut, zu deinem Verderben sich nahen!«

Siehe, welche Schlingen dir die Welt legt, welch eitle Hoffnungen dich umflattern, wieviel überflüssige Sorgen dich quälen! Ich will mit dem beginnen, was im Anfang aller Schöpfung jene herrlichen edlen Geister zu Fall gebracht hat: du musst gar sehr Sorge tragen, nicht gleich jenen zu fallen! Wie viele Dinge sind es, die deinen Geist mit unheilvollen Flügeln sich erheben und unter dem Vorwand seines angeborenen Adels ihn seiner eigenen so oft erfahrenen Schwäche vergessen lassen, die ihn beschäftigen, ermüden, beunruhigen, ihn nicht zu anderen Gedanken kommen lassen, ihn stolz, übermütig und bis zum Hass des Schöpfers selbstgefällig machen! Und doch, wenn das, was du dir einbildest, wirklich so hervorragend und bedeutend wäre, so müsste es dich ja nicht zum Stolz, sondern zur Demut ermahnen, da du wissen solltest, dass dies alles dir verliehen ist ohne irgendwelches eigene Verdienst. Denn was macht die Untertanen ihren irdischen Gebietern – um ganz zu schweigen von ihrem ewigen Herrn – ergebener und folgsamer als deren Wohlwollen und Freigebigkeit, die sie nicht verdienten? Sie geben sich Mühe, durch nachträglichen Eifer der Wohltaten sich würdig zu erweisen, die sie sich erst hätten verdienen sollen. Nun ist es aber sehr leicht, einzusehen, wie ärmlich die Dinge sind, die dich stolz machen. Du vertraust auf dein Talent, rühmst dich der Lektüre vieler Bücher und erfreust dich deiner Beredsamkeit und der Schönheit deines sterblichen Körpers. Und doch weißt du, wie oft dich dein Talent im Stiche lässt, wieviel Künste und Fertigkeiten es gibt, in denen du nicht den niedrigsten Menschen gleichzukommen vermagst – ich habe noch zu wenig gesagt: verachtete, armselige Tierlein wirst du finden, deren Werke du selbst mit größtem Eifer nicht nachahmen kannst. Und nun gehe hin und rühme dich deines Geistes! Und jene Lektüre, was hat sie dir genützt? Was ist von dem Vielen, was du gelesen hast, in deinem Geiste haften geblieben? Was hat Wurzeln getrieben? Was hat reife Früchte gezeitigt? Erforsche dein Gewissen genau, und du wirst finden, dass dein ganzes Wissen im Verhältnis zu dem, was du nicht weißt, dem kleinen, durch die Sonnenhitze ausgetrockneten Bächlein gleicht neben dem unendlichen Ozean.

Und was nützt es, vieles zu wissen? Des Himmels und der Erde Maße freilich, den Raum des Meeres und den Lauf der Sterne, die Eigenschaften von Kräutern und Steinen und alle Geheimnisse der Natur kennt ihr, euch selbst aber seid ihr unbekannt. Aus Büchern habt ihr den steilen Weg zur Tugend kennen gelernt, doch eure Leidenschaften treiben euch auf falsche Sündenpfade. Der Menschen Taten aus allen Jahrhunderten kennt ihr, doch um die Aufgaben eures eigenen Lebens kümmert ihr euch nicht. Und was kann ich gegen die Beredsamkeit Besseres anführen als dein eigenes Geständnis, dass dich oft das Vertrauen auf sie getäuscht habe? Was hilft es, dass deine Zuhörer dir vielleicht zugestimmt haben, wenn sie unter deiner Führung der Verdammnis entgegengehen? Der Beifall der Hörer scheint freilich ein nicht zu verachtender

Erfolg der Beredsamkeit zu sein. Doch wenn dem Redner der Beifall seines eigenen Herzens fehlt, wieviel Vergnügen kann ihm dann der Beifallslärm des Pöbels bieten? Und kann deine Rede andere bezaubern, wenn sie nicht vorher dich selbst bezaubert hat? Darum ist dir auch so manches Mal das gehoffte Lob der Beredsamkeit entgangen, damit du einsehest, wie lächerlich und albern sei, was dich stolz machte. Denn was gibt es, frage ich dich, Kindischeres, ja Wahnsinnigeres, als in träger Vernachlässigung aller wichtigen Dinge auf das Studium der Wohlredenheit alle seine Zeit zu verwenden? Und ohne mit den blöden Augen seine eigene Schmach zu sehen, ein solches Vergnügen am eigenen Geschwätz zu haben wie jene Vögelein, die sich, wie man erzählt, bis zum Tode des eigenen süßen Gesangs erfreuen? Und dazu geschieht es dir noch oft, dass du nicht einmal alltägliche und ganz geläufige Dinge mit Worten auszudrücken vermagst, worüber du dich umso mehr schämen solltest, als du sonst geneigt bist, solche Dinge als unter der Würde deiner Beredsamkeit stehend zu betrachten.

Wieviel Dinge gibt es in der Natur, für die man noch keine Bezeichnung gefunden hat? Wie viele andere Dinge gibt es, die zwar einen eigenen Namen führen, zu deren tiefster Wesensbedeutung aber die menschliche Sprache, wie du wohl weißt, noch nicht gedrungen ist? Wie oft habe ich dich klagen hören, wie oft dich schweigend und voll Ärger gesehen, weil, was für den denkenden Geist so klar und leicht zu erkennen war, sich weder mit der Zunge noch mit dem Griffel erschöpfend ausdrücken ließ. Welchen Wert hat also diese so beschränkte, ungelenke Sprache, die weder alles umfasst noch, was sie umfasst, völlig in der Gewalt hat?

Die Griechen pflegen euch Lateinern, ihr Lateiner umgekehrt den Griechen Wortarmut vorzuwerfen. Seneca glaubt, dass die Griechen einen reicheren Wortschatz hätten. Marcus Tullius dagegen sagt in der Einleitung des Werkes, das er über die Bedeutung der Güter und Übel schrieb: »Es ist hier nicht der Ort, auseinanderzusetzen, wo diese so schnöde Verachtung alles Inländischen herrührt; aber dies ist meine Ansicht, und ich habe sie oft vertreten: die lateinische Sprache ist nicht, wie man allgemein annimmt, arm an Worten, sondern viel reicher noch als die griechische.« Und dieselbe oft geäußerte Ansicht vertritt er auch in seinen Tuskulanen, wo er im Laufe des Gespräches ausruft: »Griechenland, wie arm bist du an Worten, an denen du immer Überfluss zu haben glaubst!« Und er sagte dies im vollen Vertrauen darauf, dass er, der sich selbst als Fürst der lateinischen Beredsamkeit fühlte, auch wagen dürfe, mit Griechenland um den Ruhm der Rede zu streiten; wie ja auch Seneca, dieser Bewunderer der griechischen Sprache, in seinen Deklamationen schreibt: »Alles, was an römischer Beredsamkeit dem Stolz Griechenlands gleichkommt oder überlegen ist, erblüht in Cicero.« Das ist ein großes, aber zweifellos gerechtes Lob!

Es bestehen also, wie du siehst, nicht nur zwischen den Lateinern und Griechen, sondern auch gerade unter den Gelehrtesten auf unserer Seite über den Vorrang der Beredsamkeit sehr verschiedene Meinungen. Und in unserem Lager gibt es solche, die ihn jenen zusprechen, wie umgekehrt im anderen Lager solche, die ihn uns zuerkennen wollen, wie das von dem berühmten Philosophen Plutarch berichtet wird. Und wenn auch Seneca, überwältigt von der Erhabenheit der süßen Sprache Ciceros, diesem die erste Stelle einräumt, so überlässt er doch im Übrigen Griechenland die Palme. Cicero huldigt der entgegengesetzten Ansicht. Wenn du mein Urteil in dieser Frage hören willst, so gebe ich beiden Teilen recht, dem, der Griechenland und dem, der Italien wortarm nennt. Und wenn das mit Recht von diesen beiden berühmten Ländern gesagt werden kann, was können dann noch die übrigen Länder erhoffen?

Wieviel darfst du selbst in dieser Sache auf deine Kraft vertrauen, wo das ganze Land, dessen geringster Teil du bist, so arm an Worten ist? Das erwäge wohl, und du wirst dich schämen, so viel Zeit verwendet zu haben auf eine Sache, die du nicht erreichen kannst, und die, wenn du sie auch erreichen würdest, völlig wertlos wäre. Doch ich will nunmehr zu anderem übergehen. Die Vorzüge deines Leibes machen dich stolz. Siehst du die Gefahren nicht, die ihn umgeben? Und was gefällt dir denn an deinem Körper? Kraft? Gesundheit? Nichts Unzuverlässigeres, nichts Schwächeres gibt es. Das lehrt dich die Müdigkeit, die dich nach geringen Anstrengungen befällt, das lehren dich die unzähligen Krankheiten, das kann dich der Biss einer Schlange, ein leichter Zugwind und tausend ähnliche Kleinigkeiten lehren. Oder blendet dich vielleicht der Glanz der Schönheit? Wenn du die Farbe deines Gesichtes und seine Linien betrachtest, hast du dann großen Grund, dich zu bewundern und zu bestaunen, dir zu schmeicheln und dich zu ergötzen? Schreckt dich nicht des Narcissus Geschichte? Kündet dir nicht eine ernste Betrachtung deiner körperlichen Hässlichkeit dein Inneres? Bist du zufrieden mit dem Anblick der äußeren Hülle? Willst du die Augen deines Geistes nicht tiefer dringen lassen? Dass dieser äußere Blütenflor nur allzu rasch vergehen wird, das hätte dich doch, wenn zahllose andere Gründe erfolglos waren, der ruhelose Lauf der Jahre, der Tag für Tag davon abpflückt, klarer als Sonnenlicht beweisen sollen. Und wenn du auch, was du nicht zu sagen wagen wirst, glauben solltest, gefeit zu sein gegen Alter, Krankheit und die anderen Dinge, die der Körper Aussehen ändern, so hättest du doch jenes Letzten, der alles zu Grabe trägt, nicht vergessen dürfen, und tief im Geiste hättest du dir einprägen sollen das Wort des Satirikers: »Der Tod nur, der zeigt dir, wie klein und erbärmlich der Menschen Körperchen sind.«

Das, wenn ich mich nicht täusche, ist es, was dich in stolzer Aufgeblasenheit erhebt und hindert, deinen armseligen Zustand zu betrachten und des Todes zu gedenken. Noch andere Dinge sind es, die es mich nun weiter auszuführen treibt.

FRANCISCUS: Halt ein, ich bitte dich! Nimmer vermag ich mich sonst, erdrückt von der Fülle deiner Vorwürfe, zu einer Antwort zu erheben.

AUGUSTINUS: So rede; ich will gerne schweigen.

FRANCISCUS: In nicht geringes Staunen hast du mich versetzt; denn vieles hast du mir vorgeworfen, wessen ich mich nie schuldig fühle. Ich soll auf mein Talent gebaut haben? Wahrlich, der einzige Beweis meiner freilich nur geringen Begabung ist der, dass ich nie viel davon gehalten habe. Ich soll stolz sein auf meine große Belesenheit, die mir so wenig Wissen und so viel Sorgen und Mühen gebracht hat? Oder ich soll den Ruhm der Beredsamkeit erstrebt haben? Du selbst hast erzählt, wie schwer ich es trage, dass meine Sprache meinen Gedanken nicht genügt. Doch vielleicht willst du mich nur auf die Probe stellen. Du weißt ja, dass ich mir meiner geringen Bedeutung stets bewusst war. Und wenn ich je einmal in meinen Augen etwas galt, so geschah dies nur, wenn ich der anderen Torheit sah. Denn so weit, wie ich oft zu sagen pflege, ist es gekommen, dass wir, nach einem bekannten Worte Ciceros: »mehr durch der anderen Schwäche als durch unsere eigene Kraft vermögen«. Und wenn ich auch alle diese Vorzüge, die du aufzähltest, im Überfluss besäße, was hätte ich dann Herrliches, worauf ich stolz sein könnte? Ich kenne mich zu gut und bin zu wenig leichtsinnig, um mich durch solchen Schimmer blenden zu lassen. Denn wie wenig haben Geist und Wissen und Beredsamkeit mir genützt, da sie mir ja kein Mittel gegen die meine Seele verzehrenden Krankheiten geben konnten! Ich erinnere mich, in einem Briefe gerade hierüber ausführlich geklagt zu haben. Und was du nun vollends wie im Ernste über meine körperlichen Vorzüge sagtest, das hat mich beinahe lachen gemacht. Ich soll meine Hoffnung gesetzt haben auf diesen sterblichen, hinfälligen Körper, dessen langsamen Verfall ich doch von Tag zu Tag mehr spüre? Gott bewahre mich davor! Als Knabe freilich lag mir daran, mein Haar zu kämmen und mein Gesicht zu schmücken. Doch mit den Jugendjahren sind mir solche Sorgen entschwunden, und an mir selbst erfahre ich nun, was einst Kaiser Domitian einem Freund in einem Brief über das schnelle Schwinden seiner körperlichen Schönheit klagend schrieb: »Wisse, dass nichts angenehmer, doch auch nichts kürzer ist als Schönheit.«

AUGUSTINUS: Vieles könnte ich dagegen einwenden; aber ich will, dass nicht meine Rede, sondern dein Gewissen dich erröten mache. Ich will auch nicht hartnäckig durch Folterqualen dir die Wahrheit erpressen, sondern als großmütiger Richter will ich zufrieden sein mit einer Bitte: Halte in Zukunft mit allem Eifer von dir fern, was du dir bisher ferngehalten zu haben behauptest. Wenn aber einmal deine Körperschönheit deine Seele verführen sollte, dann denke daran, was so bald aus deinen Gliedern, die dir jetzt gefallen, werden wird, wie entstellt, wie für dich selbst, wenn du sie sehen könntest, abschreckend hässlich sie dann sein werden. Und dann wiederhole bei dir selbst immer wieder jenes philosophische Wort: »Zu Höherem bin ich geboren, als dass ich der Sklave meines Körpers sei.« Fürwahr, es ist die größte Torheit der Menschen, sich selbst zu vernachlässigen um des Körpers und der Glieder willen, die sie bewohnen. Wenn einer auf kurze Zeit in einen finstern, feuchten, abscheulich stinkenden Kerker geworfen würde, würde er sich dann nicht, wenn er nicht ganz von Sinnen ist, so viel als möglich vor jeder Berührung mit den Wänden oder mit dem Boden bewahren, da er sie ja bald wieder verlassen wird, und würde er nicht mit lauschenden Ohren die Ankunft dessen erwarten, der ihm den Kerker öffnet? Wenn er sich dagegen nicht darum kümmerte und, starrend von dem abscheulichen Schmutz des Kerkers, sich fürchtete, denselben zu verlassen, und voll Eifer alle Sorge darauf verwendete, seine Wände zu bemalen und zu schmücken, in der eitlen Hoffnung, ihr schmutztriefendes Aussehen ändern zu können, würden wir einen solchen nicht mit Recht für wahnsinnig und beklagenswert halten? Und ihr Unglücklichen kennt und liebt euren Kerker und hängt an ihm, obwohl ihr bald aus ihm herausgeführt, ja herausgetrieben werdet, und seid besorgt, den zu schmücken, den ihr hassen solltet! Legst du doch selbst in deiner Africa dem Vater des großen Scipio die Worte in den Mund:

»Wir hassen die Fesseln und fürchten die bekannten Ketten:
Der Freiheit größte Bürde, die wir selbst sind, lieben wir.«

Ein treffliches Wort! Doch würdest du nur selbst beherzigen, was du andere sagen lässt. Doch Eines kann ich dir nicht verbergen: ein Wort, das dir vielleicht das bescheidenste in deinem ganzen Gespräche zu sein scheint, halte ich für das alleranmaßendste.

FRANCISCUS: Ich bedaure es, wenn ich etwas Hochmütiges gesagt haben sollte; doch die Gesinnung, die ja Wort und Werk ihre Bedeutung gibt, ist mir Zeuge, dass ich nichts Anmaßendes gesagt habe.

AUGUSTINUS: Es ist eine viel schlimmere Art des Stolzes, andere zu verkleinern, als sich selbst zu erheben. Viel lieber hätte ich es gesehen, du hättest die anderen gelobt und dich selbst noch über sie gestellt, als dass du, alle anderen zu Boden drückend und verachtend, dich selbst auf die hochmütigste Weise mit dem Schild der Demut decktest.

FRANCISCUS: Nimm's wie du willst. Ich halte weder von mir noch von anderen viel, und es ist mir zum Ekel, zu erzählen, welche Erfahrungen ich mit der Mehrzahl meiner Mitmenschen machte.

AUGUSTINUS: Sich selbst zu verachten, ist ein sicherer Weg zur Tugend; andere zu verachten, ist ebenso gefährlich als eitel. Doch gehen wir zu anderem über. Weißt du, was sonst dich noch vom Ziele fernhält?

FRANCISCUS: Nenne, was du willst; nur klage mich nicht des Neides an.

AUGUSTINUS: Ich wollte, der Stolz hätte dir so wenig geschadet als der Neid; von diesem Fehler bist du nach meinem Urteil frei. Doch andere Vorwürfe werde ich dir machen.

FRANCISCUS: Du wirst mich fernerhin mit keiner Anklage mehr verwirren. Sage frei und offen, was mich vom rechten Wege treibt.

AUGUSTINUS: Das Streben nach irdischen Gütern.

FRANCISCUS: Hör auf, ich beschwöre dich! Nie habe ich etwas Absurderes gehört.

AUGUSTINUS: Nun ließest du dich doch so schnell verwirren und hast des eigenen Versprechens vergessen. Wir reden ja nicht mehr vom Neide.

Franciscus: Aber vom Geiz; und ich weiß nicht, ob es jemand gibt, der dieser Sünde ferner steht als ich.

Augustinus: Das ist ein großes Selbstlob! Sei überzeugt, du bist diesem verderblichen Fehler weniger fern, als du glaubst.

Franciscus: Ich bin also nicht rein vom Laster des Geizes?

Augustinus: Auch vom Ehrgeiz nicht.

Franciscus: Nun so rede, dränge, überschütte mich und walte deines Amtes als Ankläger. Ich warte der neuen Wunden, die du mir schlagen willst.

Augustinus: Anklage und Wunde nennst du das reine Zeugnis der Wahrheit? Nun, wahr ist das Wort des Satirikers: »Ankläger ist, der uns die Wahrheit sagt.« Und nicht minder wahr ist der Vers der Komödie: »Schmeichelei schafft Freunde, Wahrheit nur Hass.«

Doch sprich, bitte: Wozu denn diese Mühen, diese Sorgen, die deine Seele verzehren? War es denn nötig, für dieses kurze Leben sich so großen Hoffnungen hinzugeben? »Das Leben ist kurz und verbietet uns, Großes zu hoffen.« Dies liesest du immer und beachtest es nie. Du wirst, schätze ich, antworten, dass nur Freundesliebe dich dazu treibe, und so dem Fehler einen schönen Namen finden. Doch welcher Wahnsinn ist es, dich selbst zu hassen und zu verfolgen, damit ein anderer dir Freund sei?

Franciscus: Ich bin nicht so hart und selbstsüchtig, dass ich mich nicht um Freunde kümmerte, vor allem um die, die Tugend oder Verdienst mir verbindet. Denn meine Freunde teile ich ein in solche, die ich bewundere, solche, die ich verehre, solche, die ich liebe, und solche, mit denen ich Mitleid habe. Doch bin ich andererseits auch nicht so übergütig, dass ich Freunden zuliebe mich ins Verderben stürzte. Doch verlangt die Vernunft, dass wir für unseren täglichen Unterhalt sorgen, solange wir leben. Und nur dieses tue ich. Und da du mich mit Waffen aus Horaz zu treffen suchtest, so soll mich nun auch Horaz als Schild decken:

»Schöne Bücher zur Seite und reichlich gefüllt sei die Kammer, dass ich nicht unruhig zage und sorge um kommende Tage.«

Und da es weder mein Wunsch ist, wie derselbe Dichter sagt, ein trauriges Alter zu erleben, noch auch jetzt die Zither wegzulegen, und da ich doch so große Furcht vor den Wechselfällen der kommenden Jahre habe, so trage ich eben Sorge für beides und lebe neben den schönen Künsten und Wissenschaften nun auch meinen häuslichen Pflichten. Doch wahrlich, ich tue das so nachlässig, dass man deutlich sieht, dass ich, nur der Not gehorchend, mich dazu verstehen kann.

AUGUSTINUS: Ich sehe, wie tief solche Gedanken, mit denen du deine Torheit zu verteidigen suchst, sich in dein Herz eingenistet haben. Aber warum blieben in deinem Gedächtnis nicht ebenso lebendig jene anderen Verse des Satirikers:

»Aber wozu diese Schätze mit Folterqualen gesammelt?
Ist es doch zweifellos Torheit und offenkundiger Wahnsinn,
Um einst als Reicher zu scheiden, sein ganzes Leben zu darben.«

Ich glaube, du hältst es für wunderherrlich, in Purpurkleidern zu sterben, in einem Marmorsarkophag zu liegen und Erben zu hinterlassen, die sich um deine reichen Güter zanken? Dies ist ja der ganze Segen der Reichtümer, die du erstrebst. Eine überflüssige und, glaube es mir, törichte Mühe! Wenn du die menschliche Natur betrachtest, so findest du, dass sie mit wenigem zufrieden ist; und was deine eigene Veranlagung betrifft, so gibt es kaum einen Menschen, der sich mit wenigerem begnügen könnte als du. Doch die allgemeine Torheit hat auch dich mitgerissen. Des Volkes Sitten und Wünsche und vielleicht auch seine eigene Gesinnung hatte der Dichter im Auge, da er sang: »Ein trauriges Leben bietet das Land, und steinige Freuden Schenken uns Bäume und Kräuter, wachsend auf holpriger Erde.«

Du dagegen musst gestehen, dass nichts süßer und lieblicher ist als eine solche Lebensweise, so du nur wagtest, nach deinen Wünschen und nicht nach des verrückten Pöbels Vorschriften zu leben. Was quälst du dich ab? Für deine Bedürfnisse bist du längst reich genug, und einen Reichtum, wie er dem Pöbel gefällt, wirst du doch nie erlangen können. Immer wird ein Restchen fehlen, und suchst du es zu erjagen, so fällst du in die Fesseln ungezügelter Begierden. Erinnerst du dich noch, wie glückselig du einst auf dem Lande in stiller Zurückgezogenheit lebtest? Bald lagst du mitten im Flor der Wiesenblumen und lauschtest dem Murmeln des fließenden Wassers, bald saßest du auf frei gelegenen Hügeln und ließest fessellos den Blick über die drunten liegenden weiten Lande schweifen, dann lagst du wieder an schattigen Plätzen des warmen, sonnigen Tales und gabst dich dem süßen Schlummer hin und genössest der ersehnten Ruhe; nie warst du müßig, immer mit hohen Gedanken beschäftigt, immer in der Musen Gesellschaft, nie allein. Wenn du endlich wie jener Alte bei Vergil »Der einem reichen Könige gleich am dunkelnden Abend Heimkam, um seinen Tisch mit der eigenen Hände Früchte Schwer zu beladen« bei Sonnenuntergang in dein enges Heim zurückkehrtest, zufrieden mit deinem bescheidenen Besitze – hieltest du dich da nicht für den reichsten und glücklichsten aller Menschen?

FRANCISCUS: Ach, ich erinnere mich, und weinend denke ich jener Zeit.

AUGUSTINUS: Was weinst du, du Tor? Was hat dich denn jetzt so unglücklich gemacht? Ist es nicht allein dein Herz, das es verdross, solange den Gesetzen seiner eigenen Natur zu folgen, und das nun glaubte, von diesem Joch sich befreien zu müssen? Dein Herz reißt mit Gewalt dich mit sich fort, und wenn du nicht die Zügel straffer hältst, so wird es dich mit ins Verderben reißen. Erst seit du anfingst, der Früchte deiner eigenen Bäume überdrüssig zu werden, seit das bescheidene Gewand und das Zusammenleben mit den Bauern dich anwiderte, haben dich deine zügellosen Begierden zurückgerissen in den Tumult der Städte. Und wie heiter und wie ruhig du da lebst, dessen sind dein Angesicht und deine Worte Zeugen. Wieviel Elend hast du nicht gesehen! Und noch immer schwankst du und hängst du hartnäckig an dem, womit du so traurige Erfahrungen gemacht hast? Vielleicht fesseln dich die Bande der Sünde, vielleicht lässt Gott es zu, dass du dort, wo du nach fremdem Willen deine Jugend verbrachtest, nun auch als dein eigener Herr dein trauriges Alter beschließest. Ich stand dir zur Seite, als du, noch ein zarter Jüngling, keine Leidenschaft und keinen Ehrgeiz kanntest, als du noch Großes von dir hoffen ließest. Jetzt hat sich dein Herz geändert, und du bist unglücklich geworden. Je näher du dem Ende bist, desto eifriger raffst du zusammen, was du an Zehrgeld für die kommenden Jahre nötig zu haben glaubst. Was wird das Ende sein? An deinem Todestage, der vielleicht schon nahe ist und der wahrlich nicht mehr fern sein kann, wirst du noch, nach Golde dürstend, halbentseelt das Zinsbuch lesen. Denn was du täglich in dir wachsen lässest, das muss ja am letzten Tage riesengroß geworden sein und das erlaubte Maß längst überschritten haben.

FRANCISCUS: Ist es so tadelnswert, dass ich, einer späteren Armut vorbeugend dem müden Alter jetzt schon Unterstützung suche?

AUGUSTINUS: O, diese lächerlichen Sorgen, dieser törichte Eifer! Schon jetzt ängstlich für eine Zeit zu sorgen, die du vielleicht nie erreichen und in der du jedenfalls nur kurze Zeit verweilen wirst, das Ziel aber zu vergessen, das du unfehlbar erreichen wirst, und von dem es kein Zurück mehr gibt!

Doch das ist bei euch Menschen traurige Sitte: für das Vergängliche sorgt ihr, um das Ewige zu vergessen. Wenn du diesen Fehler zu entschuldigen suchst durch den Hinweis auf die Armut deiner alten Tage, so denkst du dabei vielleicht an den Vers Vergils: »Und die Ameise, ein hungriges Alter fürchtend.« Die Ameise scheinst du dir als Lebensvorbild erwählt zu haben und bist darob zu entschuldigen nach dem Worte des Satirikers: »Gibt es doch solche, die der Ameise gleich vor Kälte und Hunger sich fürchten.« Doch wenn du nicht ganz zur Ameise in die Lehre gegangen bist, so wirst du finden, dass es nichts Törichteres gibt, als immer Armut zu leiden, um einmal nicht Armut leiden zu müssen.

FRANCISCUS: Wie, du rätst mir also zur Armut? Ich wünsche sie nicht, doch werde ich sie zu ertragen wissen, wenn das Schicksal, das über der Menschen Los entscheidet, mich dazu zwingt.

AUGUSTINUS: Meine Meinung ist, dass wir immer und überall die richtige Mitte zu erstreben haben. Ich will darum nicht, dass du lebest nach den Vorschriften derer, die sagen: »Wasser und Brot genügt dem Menschen zum Leben, und kein Mensch darf sich dabei arm nennen. Wer keine anderen Wünsche hat, der kann sich an Glückseligkeit selbst mit Jupiter messen.« Und ich bestimme auch nicht Flüsse und Getreidefelder als die einzigen Güter, woraus der Mensch sein Leben friste. Solche herrlichen Wahrheiten sind ja dem menschlichen Ohre längst peinlich und verhasst geworden. Deiner Schwachheit Rechnung tragend, verlange ich nicht von dir, deine Natur völlig abzutöten; doch sollst du sie im Zaume halten. Dein Vermögen hätte dem täglichen Bedarf genügt, wenn du dir selbst genügt hättest; die Armut, die du leidest, hast du dir selbst geschaffen. Denn dass das Anhäufen von Reichtümern Bedürfnisse und Sorgen mehrt, ist schon so oft erörtert worden, dass es nicht weiterer Beweise bedarf. Ein sonderbarer Irrtum und ein bedauernswertes Missverständnis ist es, dass das menschliche Herz trotz seiner edlen Natur und seines himmlischen Ursprungs seine überirdischen Bedürfnisse vergisst und nach irdischen Metallen hungert. Denke ernstlich darüber nach und strenge die Augen deines Geistes an und lass sie nicht geblendet werden durch den Glanz des strahlenden Goldes! Fühlst du dich nicht, sooft du, gezogen von des Geizes Widerhaken, von den höchsten Sorgen zu diesen kleinlichen dich wendest, vom Himmel auf die Erde, von den Sternen in die tiefsten Abgründe gestürzt?

FRANCISCUS: Ich fühle es wohl, und unsagbar schwer hat mich der Fall verletzt.

AUGUSTINUS: Und trotz dieser bitteren Erfahrungen fürchtest du noch nicht und klammerst dich nicht fester an, wenn du dich einmal zu dem Ewigen erhoben hast?

FRANCISCUS: Mit allem Eifer strebe ich danach; doch ach, die menschliche Natur ist stärker, und wider meinen Willen treibt es mich fort. Nicht ohne Grund, vermute ich, haben die alten Dichter des Parnassus Doppelgipfel zwei Gottheiten geweiht: damit sie von Apollo, dem Gott des Geistes, Schutz für ihre Seele, von Bacchus dagegen Befriedigung ihrer leiblichen Bedürfnisse erbitten könnten. Zu dieser Ansicht führt mich nicht nur die eigene Erfahrung, sondern auch das häufig wiederholte Urteil der gelehrtesten Männer, die ich dir nicht aufzuzählen brauche. So lächerlich sonst der Glaube an einen ganzen Haufen von Göttern ist, so ist doch diese Anschauung der Dichter nicht ganz widersinnig. Und wenn ich sie anwende, auf den einen Gott, von dem alle Güter kommen, so glaube ich, hierin nicht ganz unvernünftig zu denken. Doch vielleicht hast du eine andere Ansicht?

AUGUSTINUS: Ich gebe zu, dass du recht hast; doch darüber bin ich unwillig, dass du deine Zeit so ungleich verteilest. Einst weihtest du dein ganzes Leben den Sorgen um die höchsten Güter, und wenn du einmal, von der Not gezwungen, mit anderen Dingen dich beschäftigen musstest, so nanntest du das eine verlorene Zeit. Jetzt aber widmest du diesen edlen Gedanken nur so viel Zeit, als dir der Geiz noch übriglässt. Wer wünschte, ein reifes Alter zu erreichen, wenn dieses so der Menschen Streben ändert? Wo ist das Ende? Wo das Maß? Setze dir ein Ziel, und wenn du dieses erreicht hast, so halte ein und hole Atem! Du weißt, dass jenes Menschenwort göttliche Weisheit enthält: »Nie genug hat der Geizige. Du aber setze ein festes Ziel deinen Wünschen!« Doch was wird das Ziel deiner Wünsche sein?

FRANCISCUS: Weder Not zu leiden noch Überfluss zu haben, weder Herr noch Knecht sein zu müssen, das ist mein höchster Wunsch.

AUGUSTINUS: Wenn du keine Not mehr leiden willst, dann musst du die menschliche Natur von dir werfen und ein Gott werden. Weißt du denn nicht, dass unter allem, was da lebt, der Mensch das bedürftigste Wesen ist?

Franciscus: Ich habe es schon oft gehört, doch mein Gedächtnis lässt mich im Stiche.

Augustinus: Sieh ihn an, wie er nackt und unförmig, wimmernd und weinend, zur Welt kommt, wie er mit einigen Tropfen Milch genährt wird, wie er, zitternd und am Boden kriechend, der Mitmenschen Hilfe bedarf, wie stumme Tiere ihn nähren und kleiden müssen! Sieh seinen schwachen Körper, die ruhelos unbeständige Seele! Tausend Krankheiten verfolgen, unzählige Leidenschaften beherrschen ihn. Ratlos wird er umhergeworfen zwischen Freude und Trauer, und sein schwacher Wille vermag nicht der wilden Begierden Herr zu werden. Er weiß nicht, was an Speise und Trank ihm not tut; die Nahrung, die allen Tieren offen liegt, muss er sich selbst erst in ernster Arbeit zu erwerben suchen. Das Schlafen macht ihn übermütig, das Wachen schlaff; das Essen macht ihn fett, der Hunger mager; das Trinken macht ihn zügellos, und der Durst peinigt ihn. Bald ist er voll glühenden Eifers, bald voll feiger Furcht. Was er besitzt, dessen ist er überdrüssig, und was er verloren hat, beweint er. Um Vergangenheit, Gegenwart und Zukunft gleich besorgt, ist er doch voll Hochmut inmitten seines Elendes, und hierin ärmer als das ärmste Würmchen; seiner eigenen Schwäche voll bewusst, steht er wehrlos dem raschen Lauf des kurzen Lebens, der dunklen Zukunft, dem unausbleiblichen Ende und tausend drohenden Todesarten gegenüber.

Franciscus: Jammer und Elend ohne Ende häufst du vor mir auf. Da möchte es ja den Menschen reuen, Mensch zu sein.

Augustinus: Und angesichts solcher Schwäche, solcher Armut der menschlichen Natur, da wünschest du dir Reichtum und Macht in solchem Maße, wie sie noch keinem Kaiser und keinem Könige zuteil geworden?

Franciscus: Wer sagte das? Wer sprach von Reichtum und Macht?

Augustinus: Ei nun – welcher Reichtum ist größer als der des Bedürfnislosen? Welche Macht ist größer als die des Unabhängigen? Auch die Könige und Herren der Erde, die du vielleicht für überreich hältst, haben Mangel an unzähligen Dingen. Und die gefürchtetsten Söldnerführer selbst sind denen unterworfen, denen sie zu befehlen scheinen: vor ihren bewaffneten Banden, um derentwillen sie gefürchtet sind, müssen sie selbst sich am meisten fürchten. Höre darum auf, Unmögliches zu erhoffen; sei zufrieden mit dem menschlichen Geschick und lerne Überfluss und Armut zu ertragen, zu herrschen und zu gehorchen! Nie wirst du im Leben, so wie du bisher lebtest, das Joch des Schicksals, unter dem auch Könige seufzen, von dir werfen können. Wisse, dass dir dies erst dann gelingen kann, wenn du alle Leidenschaft in dir ertötet, wenn du dich ganz der Tugend hingegeben hast. Dann wirst du frei sein, bedürfnislos und unabhängig, in Wahrheit ein König und ein Mächtiger, in lückenlosem Glücke!

Franciscus: Mich reut mein bisheriges Treiben. Ich wünsche, nichts zu wünschen. Doch die schlimme Gewohnheit hält mich im Banne und immer fühle ich in meinem Innern unerfüllte Wünsche.

Augustinus: Dies ist es ja – um wieder auf den Ausgangspunkt unserer Ausführungen hinzuweisen – was dich von den Gedanken an den Tod abhält. Du vermagst nicht, die Augen zu den ewigen Zielen zu erheben, weil du in irdische Sorgen verwickelt bist. Die musst du, glaube mir, wie eine verfluchte Bürde deiner Seele von dir werfen! Und ohne große Mühe wirst du sie von dir werfen können, so du nur dein Leben nach den Gesetzen deiner inneren Natur zu leben wagst und nicht nach des wahnsinnigen Pöbels tyrannischen Befehlen dich richtest.

Franciscus: Möge es so geschehen! Ich will das Meinige tun. – Doch du wolltest von meinem Ehrgeiz sprechen. Längst bin ich begierig, davon zu hören.

Augustinus: Was erfragst du von mir, was du dir selbst am besten sagen kannst? Erforsche dein Gewissen, und du wirst finden, dass unter deinen Lastern der Ehrgeiz nicht die letzte Stelle einnimmt.

FRANCISCUS: Umsonst also habe ich die Städte geflohen, das Volk und die öffentliche Tätigkeit verachtet, mich in die Wälder und auf das stille Land zurückgezogen, Todfeindschaft allen irdischen Ehren angesagt? Trotz alledem bleibt mir der Vorwurf des Ehrgeizes nicht erspart?

AUGUSTINUS: Ihr Menschen gebt vieles auf, nicht weil ihr es verachtet, sondern weil ihr verzweifelt, es zu erreichen. Hoffnung und Wunsch reizen sich wechselseitig: schwindet die Hoffnung, so erkaltet das Verlangen; wächst sie, so erglüht auch wieder der Wunsch.

FRANCISCUS: Was verbietet mir denn, große Hoffnungen zu hegen? Fehlen mir denn so alle schönen Künste?

AUGUSTINUS: Von den schönen Künsten rede ich nicht. Aber jene Künste wahrlich fehlen dir, durch die allein man heute zu großen Ehren gelangt: die Kunst, sich bei den Großen einzuschmeicheln, die Kunst zu täuschen, zu versprechen und zu lügen, zu heucheln und sich zu verstellen, und unwürdige, schwere Unbilden geduldig schweigend zu ertragen – an solchen Künsten bist du arm. Und wissend, dass sich deine Natur nicht überwinden lässt, hast du dir andere Ziele gesetzt, vorsichtig und klug, denn seiner eigenen Natur widerstreben, hieße ja, wie Cicero sagt, den Kampf der Giganten gegen die Götter kämpfen.

FRANCISCUS: Fahrt wohl, ihr Ehren der Welt, wenn solche Künste euch erwerben!

AUGUSTINUS: Darin hast du recht. Doch hast du damit deine Unschuld in meinen Augen noch nicht bewiesen. Denn dass du die Beschwerden scheutest, sie zu erwerben, beweist noch nicht, dass du irdische Ehren verachtet hast, so wie derjenige Rom nicht verachtet, der die Mühen des weiten Weges scheuend nach kurzem Marsche wieder heimkehrt. Und du bist nicht einmal zurückgekehrt, wie du dir einbildest und mich glauben machen willst. Nicht einen Finger breit vermagst du dich vor mir zu bergen. Was du denkst und tust, liegt offen vor meinen Augen. Und dass du, wie du dich rühmst, die Städte geflohen und das Land aufgesucht hast, das dient dir nicht zur Entschuldigung, sondern verrät nur eine andere Art der Schuld. Tausend Wege führen zu einem Ziel. Du hast wohl die breitgetretene Straße verlassen, doch glaube mir, auf Seitenpfaden eilst du demselben Ziele deines Ehrgeizes zu, das du zu verachten vorgibst. Ruhe, Einsamkeit, deine Verachtung aller irdischen Dinge und diese deine Studien führen dich diesen Weg; ihr letztes Ziel ist noch immer der Ruhm.

FRANCISCUS: Du treibst mich in die Enge. Zwar könnte ich dir noch immer entrinnen, doch unsere Zeit ist kurz bemessen, und noch viel ist zu sagen. Wenn du willst, so fahren wir fort.

AUGUSTINUS: So folge mir, ich will dich führen. – Von den Lüsten des Gaumens brauchen wir nicht zu reden; solche Sünden kennst du nicht, wenn auch manchmal das so angenehme gemeinsame Speisen mit Freunden dir Freude macht. Doch davon ist nichts zu fürchten. Denn sobald wieder die ländliche Einsamkeit den der Stadt Entflohenen umfängt, fliehen schnell die stillen Wünsche nach solchen Vergnügungen, und unbehelligt von ihnen sehe ich dich zu meiner großen Freude ein Leben führen, so mäßig und nüchtern, wie man es bei Leuten deines Alters nicht gewohnt ist. Auch den Zorn kann ich übergehen. Denn wenn du dich auch oft mehr, als du Ursache hast, erregst, so pflegst du doch entsprechend deiner weichen, versöhnlichen Natur schnell wieder das erregte Gemüt zu besänftigen, eingedenk der Verse des Horaz: »Von kurzem Wahnsinn befallen ist der Zornige. Zähme dein Herz; denn Sklave ist es oder Tyrann; drum halte es fest mit Zügeln und Ketten.«

FRANCISCUS: Ich gestehe, diese Verse und andere weise Worte von Philosophen haben mir viel genützt. Am meisten aber war mir der Gedanke an die Kürze unseres Lebens von Nutzen. Denn welcher Wahnsinn ist es, die wenigen Tage, die wir unter Menschen verbringen dürfen, zu der Mitmenschen Hass und Schaden zu verwenden! Wie bald kommt der letzte Tag, der die Zornesgluten in der menschlichen Brust löscht und allem Hass ein Ende macht, der unseren Feind, dem wir das Schlimmste, den Tod, gewünscht, von dieser Erde nimmt und uns so den traurigen Wunsch in bittere Erfüllung gehen lässt! Was nützt es denn, sich und andere zu verderben? die besten Stunden unseres kurzen Lebens zu vergeuden? Die Tage, die uns für die edlen Freuden dieser Erde und für die Vorbereitung auf das Jenseits so knapp zugemessen sind, dass sie kaum zum wenigsten hinreichen, unserm eigenen Heile zu entziehen und sie zu unserer und der Nebenmenschen Trauer und Verderben zu gebrauchen? Diese Betrachtungen waren mir von solchem Nutzen, dass ich, wenn auch erregt, mich dem Zorne nie ganz überlassen, und wenn ich mich einmal hinreißen ließ, mich bald wieder beruhigt habe. Vom Zorne aber ganz unberührt zu bleiben, das war mir trotz aller Mühe bisher nicht gelungen.

AUGUSTINUS: Da von den Regungen deines Zornes weder für dich noch für deine Mitmenschen schwerer Schaden zu befürchten ist, so will ich zufrieden sein, wenn du dich, da du zu den stoischen Grundsätzen, die alle Übel von Grund aus zu heilen versprechen, dich nicht erheben kannst, mit den Linderungen begnügst, die die peripatetische Schule zu bieten vermag. Lassen wir also dieses, und gehen wir über zu Dingen, die dir viel gefährlicher sind, vor denen du dich viel mehr zu hüten hast.

FRANCISCUS: Gütiger Himmel! Noch gefährlichere Dinge weißt du zu nennen?

AUGUSTINUS: Von welchen Flammen der Wollust wirst du verzehrt!

FRANCISCUS: Ach, manchmal sind sie so ungeheuer stark, dass ich es bitter trage, nicht völlig fühllos geboren zu sein. Lieber wollte ich ein lebloser, kalter Felsblock sein, als unter so wilden Trieben meines Fleisches leiden zu müssen.

AUGUSTINUS: Diese Leidenschaften sind es, die dich am meisten von der Betrachtung göttlicher Dinge abziehen. Und dies meint auch Platon mit seiner göttlichen Lehre: wir sollen die Seele rein halten von allen Lüsten des Leibes und alle Phantastereien aus ihr ausrotten. Dann erst werde sie sich rein und frei erheben zum Schauen der göttlichen Geheimnisse und zum Gedanken an die eigene Vergänglichkeit. Du weißt, wovon ich rede; diese Gedanken sind dir vertraut aus den Büchern Platons, die du ja neulich mit so großem Eifer gelesen hast.

FRANCISCUS: Ja, ich las sie mit frohen Hoffnungen und heißer Lernbegierde. Doch meine geringen Kenntnisse in der fremden Sprache und die unerwartet rasche Abreise meines Lehrers haben mir das weitere Lesen unmöglich gemacht. Doch ist mir die Lehre, die du erwähnst, aus deinen Schriften und den Abhandlungen anderer Platoniker durchaus bekannt.

AUGUSTINUS: Es kommt ja nicht darauf an, welcher Lehrer dich in der Wahrheit unterrichtet hat – wenngleich das persönliche Ansehen oft viel vermag.

FRANCISCUS: Bei mir vor allem vermag das Ansehen dieses Lehrers sehr viel. Die größte Achtung vor ihm hat mir jenes Wort Ciceros in den Tuskulanen eingeflößt, wo er sagt: »Auch wenn Platon keine Gründe anführte, würde er mich durch seine persönliche Autorität überzeugen. So sehr schätze ich ihn.« Mir erschiene es als eine Beleidigung dieses göttlichen Geistes, wollte man Platon zwingen, Gründe anzugeben, während der Pöbel einen Nachbeter des Pythagoras sich zum Führer macht. Doch ich schweife zu weit ab. – Zu dieser Lehre des Platon hat mich schon längst sein Ansehen, die Vernunft und die eigene Erfahrung bekehrt, und ich bin überzeugt, dass nichts Wahreres, nichts Heiligeres gesagt werden kann. Mit Gottes Hilfe habe ich mich bisweilen emporgeschwungen, dass ich in unglaublicher, unendlicher Süßigkeit erkannte, was mir zu Nutz und Schaden war. Und nun, da meines Leibes Last mich wieder in das alte Elend niedergezogen hat, empfinde ich in tiefster Bitterkeit der Seele, was mir zum Verderben ward. Dies erzähle ich dir, damit du dich nicht wunderst, wenn ich sage, dass mich die eigene Erfahrung von der Wahrheit jener Lehre überzeugt hat.

AUGUSTINUS: Ich wundere mich nicht, denn ich war Zeuge deiner Kämpfe und sah dich fallen und dich wieder erheben. Und nun, da du wieder gefallen bist, treibt mich das Mitleid und ich bin gewillt, dir zu helfen.

FRANCISCUS: Ich danke dir für dein Mitleid. Doch was vermag hier menschliche Hilfe?

AUGUSTINUS: Nichts. Doch Gott vermag alles. Enthaltsam kann nur der leben, dem es Gott verleiht. Von ihm also musst du diese Gnade immer wieder demütig und weinend erflehen. Er versagt nichts, was auf rechte Weise erbeten wird.

FRANCISCUS: Das habe ich schon so oft getan, dass ich fast fürchte, ihm lästig zu werden.

AUGUSTINUS: Aber nicht demütig und nicht aufrichtig genug hast du es von ihm erfleht. Immer hast du im Herzen Raum gelassen für die wiederkehrenden Begierden und hast auf eine späte Erhörung deiner Gebete gehofft. Ich rede aus Erfahrung; denn auch ich sprach einst zu Gott: »Gib mir Keuschheit, aber nicht schon heute! Verschieb es ein wenig! Noch stehe ich ja in blühender Kraft. Lass meine Jugend sich austoben und ihre Wege gehen! Zu meiner größeren Schande würde ich ja nur zurückfallen in meine Jugendsünden. Dann will ich ablassen davon, wenn die Jahre mich alt und schwach gemacht haben, und wenn die Übersättigung an den Lüsten keinen Rückfall mehr befürchten lässt.« Siehst du nicht ein, dass du mit solchen Worten eine heuchlerische Bitte tust?

FRANCISCUS: Wieso?

AUGUSTINUS: Wer ein Gut erst für die Zukunft fordert, zeigt, dass er es jetzt verachtet.

FRANCISCUS: Ich habe es für die Gegenwart gefordert, oft und unter Tränen, und habe gehofft, die Fesseln der Leidenschaften zerreißen und über das Elend des Lebens triumphieren zu können und aus den zahllosen Stürmen nutzloser Sorgen unversehrt einfahren zu dürfen in einen glücklichen, sichern Hafen. Aber ach, wie oft habe ich immer wieder an denselben Klippen Schiffbruch gelitten, wie oft werde ich fernerhin daran Schiffbruch leiden, verlassen von aller Hilfe! – Du weißt es selbst.

AUGUSTINUS: Glaube mir, etwas hat immer deinem Gebete gefehlt. Darum hat der barmherzige Gott die Erfüllung verweigert, wie er es dem Apostel Paulus tat, zur Vervollkommnung deiner Tugend und um deine Schwäche dich fühlen zu lassen.

FRANCISCUS: So denke ich auch. Trotzdem aber will ich auch fernerhin unermüdlich mit meinen Gebeten den Himmel bestürmen und will nicht nachlassen und nicht verzweifeln. Vielleicht erbarmt sich der Allmächtige meiner Not und neigt sein Ohr meinen täglichen Bitten. Und was an meinem schwachen Gebete eine Erhörung nicht verdient, das wende Gottes Gnade selbst zum Besseren!

AUGUSTINUS: Du selbst musst dich zu erheben suchen, dich wenigstens aufrichten und auf den Arm stützen, wie es der hilflos am Boden Liegende zu tun pflegt, und um dich sehen nach den Übeln, die dir drohen, damit nicht neue Angriffe dich unvorbereitet treffen. Und dann flehe den an, der Hilfe bringen kann. Vielleicht ist er dir nahe, da du ihn fern glaubst. Eines aber halte immer vor Augen, Platons heilige, ehrfurchtgebietende Wahrheit: »dass uns vom Schauen der Gottheit nichts mehr abzieht als fleischliche Begierden und die entflammte Sinnlichkeit«. Dieser Gedanke sei stets in dir lebendig! Das ist mein bester Rat.

FRANCISCUS: Damit du siehst, wie sehr ich diese Wahrheit liebe, will ich dir sagen, dass ich sie nicht nur erkannte, wenn ich sie in ihrem eigenen Heim, den Büchern Platons, fand, sondern dass ich sie fühlte und mit Eifer aufgegriffen habe, auch wenn ich sie auf fremden Straßen und versteckt in fremden Wäldern traf. Ich habe mir jene Stelle gemerkt, da sie meinen Augen begegnete.

AUGUSTINUS: Was willst du damit sagen?

FRANCISCUS: Du weißt, durch welche Gefahren in jener letzten fürchterlichen Nacht bei Trojas Untergang Vergil seinen Helden schreiten lässt?

AUGUSTINUS: Ich weiß es; in allen Schulen lernt man es ja, Vergil lässt Aeneas seine Erlebnisse selbst erzählen:
»Wer vermag mit Worten zu schildern die Greuel der großen Todesnacht?
Welche Tränen sind würdig des Jammers?
In Trümmern Stürzt die alte Stadt, die jahrelang triumphierte.
Und in den Straßen und Häusern und auf den Schwellen der Tempel Fallen in langen Reihen entseelte Körper zu Boden.
Doch nicht den Teukrern allein entfließt das Blut der Vergeltung: Wiederkehrt den schon Besiegten der Mut, und es fallen
Nun auch die siegreichen Danaer. Überall blutige Kämpfe,
Überall Furcht und endlose Schrecken des Todes!«

FRANCISCUS: Solange nun Aeneas unter Führung der Venus durch Kampf und Feuersbrunst irrte, sahen seine offenen Augen nichts vom Zorn der beleidigten Götter; solange sie mit ihm sprach, sah er im Kampfe nur die Menschen. Aber kaum war Venus von ihm gegangen, da erschaute er alsbald, wie du weißt, die Gestalten der zürnenden Götter, und er erkannte die drohenden Gefahren: »Da erschienen die wilden Gestalten der herrlichen Götter wider Troja kämpfend.« Und daraus habe ich den Gedanken gelesen, dass der Dienst der Venus uns den Anblick der Gottheit raubt.

AUGUSTINUS: Sehr schön hast du die Sonne hinter den Wolken gefunden. So liegt in allen dichterischen Gebilden eine tiefe Wahrheit, zu der uns nur die schmälsten Pfade führen. Doch wir wollen zum Thema zurückkehren und für später aufschieben, was wir hierüber noch zu sagen haben.

FRANCISCUS: Rede offen: Wohin willst du mich führen?

AUGUSTINUS: Die größten Wunden deiner Seele habe ich noch nicht berührt und mit Bedacht dies bis zum Schluss aufgeschoben. Denn das zuletzt Gesagte prägt sich dem Gedächtnis am tiefsten ein. Von einer jener fleischlichen Begierden, wovon wir einige Worte gesprochen, wird sehr viel zu sagen sein.

FRANCISCUS: So fahre fort, wie es dir beliebt.

AUGUSTINUS: Wenn du nicht von unverschämter Starrköpfigkeit bist, so werden wir nun keinen Grund mehr haben, uns zu widersprechen.

FRANCISCUS: Nichts wäre mir lieber, als wenn aller Anlass zum Streit aus der Welt geschafft wäre. Immer stritt ich nur mit großem Widerwillen, auch wenn ich von meiner Sache noch so fest überzeugt war. Denn unter Freunden ist das Streiten ein hartes, widerwärtiges Ding, das oft der Freundschaft Eintrag tut. Doch nun sprich: was ist es, worin ich dir sofort zustimmen soll?

AUGUSTINUS: Du leidest an einer unheilvollen Seelenkrankheit. Die Modernen nennen sie den **Weltschmerz**, die Alten hießen sie die üble Laune.

FRANCISCUS: Schon ihren Namen hasse ich.

AUGUSTINUS: Kein Wunder. Lange und schwer hat sie dich gequält.

FRANCISCUS: So ist es. Und dazu kommt, dass ich eine falsche Süßigkeit verspüre in allem, worunter ich leide. Dieser traurige Seelenzustand ist für mich eine Fülle von Schmerzen, Elend und Schrecken, ein offener Weg zur Verzweiflung. Er kann eine unglückliche Seele ins Verderben treiben. Unter meinen anderen Leidenschaften habe ich ja oft, aber immer nur kurz und vorübergehend zu leiden. Diese Pest aber lastet bisweilen so hartnäckig auf meiner Seele, dass sie ganze lange Tage und Nächte mich fesselt und foltert. Ach, das sind Stunden, nicht des Lichtes und Lebens, sondern höllischer Finsternis und des bittersten Todes! Und der Gipfel allen Jammers ist es, dass ich mit einer gewissen stillen Wollust mich an meinen Tränen und Schmerzen weide und nur ungern mich ihnen entreiße.

AUGUSTINUS: Du kennst deine Krankheit gar gut. Lerntest du nur auch ihre Ursachen kennen! Sage: was ist es, das dich niederschlägt? Die Unruhe des irdischen Lebens? Körperliche Schmerzen? Oder der ungerechte Schlag des harten Schicksals?

FRANCISCUS: Nicht ein einzelnes von ihnen. Im Einzelkampf stünde ich unbesiegt. Nun aber erdrückt mich ein ganzes Heer.

AUGUSTINUS: Sage deutlicher, was dich bedrückt.

FRANCISCUS: Hat mir das Schicksal eine Wunde geschlagen, so stehe ich unerschüttert und denke daran, dass ich schon oft, vom Schicksal schwer getroffen, Sieger blieb. Doch schlägt mir das Schicksal bald eine zweite Wunde, so fange ich schon an, zu wanken, und wenn den beiden ersten eine dritte und vierte folgt, dann muss ich mich zurückziehen in die Festung meiner Vernunft, nicht in wilder Flucht, aber Schritt für Schritt. Wenn dann aber das Schicksal mich hier mit seinem ganzen Heere von Unglück belagert hält und zu meiner Bezwingung alles Elend des menschlichen Lebens, die Erinnerung an alles vergangene und die Angst vor allem künftigen Übel herbeiführt, dann fühle ich mich von allen Seiten geschlagen, und geängstigt von einer solchen Fülle von Übeln beginne ich zu klagen. Und dann entsteht jene tief schmerzliche Stimmung, die der empfindet, der sich von zahllosen Feinden umzingelt weiß, der keinen Ausweg mehr sieht und keine Hoffnung auf Erbarmen, keine tröstlichen Gedanken mehr hat, dem alles feindlich gesinnt ist, gegen den sich alle Geschütze und alle unterirdischen Minen richten, der schon die Türme wanken, die Sturmleitern an die Festungsmauern angelegt und das Feuer in den Dächern lodern sieht, dem überall blitzende Schwerter und drohende Augen entgegenstarren, und der den Freund an seiner Seite zu Boden sinken sieht – soll der nicht sich ängstigen und trauern? Ist ja schon, von solchem Jammer ganz abgesehen, allein der Verlust der Freiheit starken Heldennaturen der größte Schmerz.

AUGUSTINUS: Wenn du auch alles in großem Durcheinander geschildert hast, so merke ich doch, dass eine ganz falsche Meinung von dir selbst der Grund allen Übels ist. Diese falsche Meinung hat schon Unzählige zugrunde gerichtet und wird noch Unzählige zugrunde richten. Du hältst dich für unglücklich?

FRANCISCUS: Für den Allerunglücklichsten!

AUGUSTINUS: Und warum?

FRANCISCUS: Aus tausend Gründen!

AUGUSTINUS: Dir geht es wie jenen, die bei der geringsten Beleidigung gleich wieder an alle früher erlittenen Unbilden denken.

FRANCISCUS: Keine Wunde ist in mir so vernarbt, dass ich sie ganz vergessen könnte. Alle sind noch frisch und schmerzen mich. Und wenn die Zeit eine hätte heilen können, so hat das Schicksal wieder die klaffende Wunde so hart berührt, dass sie nicht vernarben konnte. Dazu kommt noch mein Hass und meine Verachtung gegen alles Menschliche. Dies alles muss mich traurig machen. Du magst es nun üble Laune oder Weltschmerz oder sonstwie nennen – das ist mir einerlei. Über die Sache selbst sind wir ja einig.

AUGUSTINUS: Deine Krankheit hat tiefe Wurzeln. Da genügt es nicht, sie oberflächlich zu heilen; sie würde bald wiederkehren. Darum müssen wir sie von Grund aus zu beseitigen suchen. Aber wo soll ich anfangen? So viel Elend erschreckt selbst mich. Doch um zum Ziele zu gelangen, wollen wir uns ein Übel nach dem anderen vornehmen. Was ist dir denn am meisten widerwärtig?

FRANCISCUS: Alles, was ich sehe, höre und fühle!

AUGUSTINUS: So gefällt dir denn gar nichts?

FRANCISCUS: Nichts oder doch nur sehr wenig.

AUGUSTINUS: Würde dir wenigstens das zum Heile Notwendige gefallen! Doch sage mir, bitte: was missfällt dir ganz besonders?

FRANCISCUS: Ich habe es ja schon gesagt!

AUGUSTINUS: Dies alles sind Kennzeichen dessen, was ich Weltschmerz nannte. Alles an dir ist dir widerwärtig?

FRANCISCUS: Fremdes ebenso sehr.

AUGUSTINUS: Das alles hat seinen Grund in derselben Ursache. Doch um in bestimmter Ordnung vorzugehen, sage: Ist dir dein Leben wirklich so zum Ekel, wie du sagst?

FRANCISCUS: Höre auf, mich mit deinen Fragen zu quälen! Noch weit mehr ekelt es mich an, als ich es sagen kann.

AUGUSTINUS: So verachtest du also das, worum dich andere beneiden?

FRANCISCUS: Wie arm muss der sein, der mich Armen beneiden kann!

AUGUSTINUS: Was ist dir also am meisten zum Ekel?

FRANCISCUS: Ich weiß es nicht.

AUGUSTINUS: Willst du es mir nennen, wenn ich es der Reihe nach aufzähle?

FRANCISCUS: Sehr gerne.

AUGUSTINUS: Du zürnst deinem Geschick?

FRANCISCUS: Soll ich das stolze, grausame, blinde Glück nicht hassen, das mit uns Menschen nach Willkür spielt?

AUGUSTINUS: So können alle Menschen klagen! Wir reden aber von deinem eigenen Unglück. Wenn du siehst, dass du zu Unrecht geklagt hast, wirst du dich dann zufrieden geben?

FRANCISCUS: Davon wirst du mich schwerlich überzeugen können. Gelingt es dir aber, so will ich gerne zufrieden sein.

AUGUSTINUS: Du glaubst, das Schicksal behandle dich stiefmütterlich?

FRANCISCUS: Nein, höchst hartherzig, höchst ungerecht, höchst grausam!

AUGUSTINUS: So klagen in der Komödie unzählige Menschen. Auch du bist einer von den vielen – könnte ich doch sagen, von den wenigen! Doch darüber ist schon so viel gesagt, dass sich nichts Neues mehr darüber sagen lässt. Du leidest an einer alten Krankheit. Willst du nicht ein altes Mittel dagegen nehmen?

FRANCISCUS: Wie du willst.

AUGUSTINUS: Nun wohlan! Hast du in deiner Armut schon einmal Hunger, Durst und Kälte leiden müssen?

FRANCISCUS: Nein. So weit verfolgte mich das Unglück nicht.

AUGUSTINUS: Und doch leiden darunter unzählige Menschen Tag für Tag.

FRANCISCUS: Gib mir ein anderes Mittel, wenn du kannst. Ein solches hilft mir nichts. Denn ich gehöre nicht zu denen, die sich in ihrem Unglück an fremdem Elend freuen. Bisweilen schmerzt mich anderer Leute Unglück mehr als das eigene.

AUGUSTINUS: Ich will nicht, dass es dich freue, sondern dass es dich tröste, und dass du, wenn du fremdes Elend siehst, lernest, mit deinem eigenen Schicksal zufrieden zu sein. Nicht alle können an erster Stelle stehen. Denn wie gäbe es einen Ersten, wenn ihm nicht ein Zweiter folgte? Ihr Menschen solltet zufrieden sein, wenn euch nicht das schlimmste Unglück trifft, wenn ihr von des Schicksals schlimmen Gaben nur die mittelmäßigen zu ertragen habt. Doch auch dem, der das Äußerste erduldet, kann geholfen werden, wenn auch mit stärkeren Mitteln. Die aber brauchst du nicht, denn nicht so hart hat dich des Schicksals Ungunst getroffen. Das ist es, was euch in solches Elend stürzt: mit dem eigenen Geschicke unzufrieden, strebt ein jeder im Geiste nach dem höchsten

Glücke. Das aber können, wie ich schon gesagt, nicht alle Menschen erreichen. Und schlagen nun eure Versuche fehl, so werdet ihr unglücklich. O könnten die Menschen das Elend sehen, das auf den höchsten Stellen lastet, die sie sich erstreben – sie würden sie verwünschen! Das sagen uns alle die, welche die höchsten Gipfel aller irdischen Ehren mit vielen Mühen erreicht haben und nun das allzu schnelle Ende ihrer Wünsche verfluchen. Das wissen alle Menschen, und du vor allem solltest es wissen, den es eine lange Erfahrung gelehrt hat, dass das höchste Glück ein Zustand voller Mühen und Sorgen, ja das Elend selber ist. Wo Menschen sind, da sind auch Klagen. Haben die Menschen ihre Wünsche erreicht oder nicht, einen gerechten Grund zu klagen hat ein jeder: der eine nennt sich vom Glück betrogen, der andere vom Glück vergessen. Folge dem Rate Senecas: Wenn du siehst, wie viele dir voran sind, so denke daran, wie viele noch hinter dir zurückgeblieben. Willst du dankbar werden gegen Gott und gegen dein Geschick, so denke daran, wieviel glücklicher du bist als viele Menschen. Und wie Seneca an derselben Stelle sagt: »Setze dir ein Ziel, das du nicht überschreiten willst, selbst wenn du könntest.«

FRANCISCUS: Schon längst habe ich meinen Wünschen ein Ziel gesetzt, und wenn ich mich nicht täusche, ein recht bescheidenes. Doch die frechen, schamlosen Sitten meiner Zeit nennen Trägheit und Faulheit, was Bescheidenheit ist.

AUGUSTINUS: Deine Seelenruhe lässt sich stören durch des Pöbels Stimme, die nie recht urteilt, nie die Dinge bei ihrem rechten Namen nennt? Sonst pflegtest du sie doch, erinnere ich mich recht, zu verachten?

FRANCISCUS: Glaube mir, nie habe ich sie mehr verachtet. Was das Volk über mich urteilt, ist mir so gleichgültig wie das Urteil einer Herde blöden Viehes.

AUGUSTINUS: Nun also?

FRANCISCUS: Keiner von allen meinen Zeitgenossen, die ich kenne, hegt bescheidenere Wünsche, und keiner erreicht sie schwerer als ich. Das ist es, worüber ich traure. Dass ich fürwahr nie nach den höchsten Stellen strebte, dessen ist mir die Wahrheit hier Zeuge, die uns Menschen beobachtet, und die alle meine innersten Gedanken kennt. Sie weiß, wie oft ich im Geiste, wie es die Phantasie zu tun pflegt, alle menschlichen Stände und Stellungen durchlief und dabei erkannte, dass jene Ruhe und Heiterkeit der Seele, die ich für das größte Glück halte, sich nie dort findet, wo der Mensch den höchsten Gipfel irdischen Glückes erreicht hat. Sie weiß, dass ich ein Leben voll Sorge und verzehrender Unruhe hasse, und dass ich nüchternen Geistes den bescheidenen Mittelweg erstrebe, mit dem Herzen, nicht bloß mit dem Munde Horaz zustimmend:

»Wer die goldene Mitte liebt, der
Braucht nicht in schmutziger Hütte zu wohnen,
Noch in fürstlichem Prunkpalaste anderen zum Neide.«

Und nicht weniger gefällt mir seine treffliche Begründung:

»Häufig wird durch die Winde geschüttelt die stattliche Pinie und mit schwerem Falle stürzen Stolze Paläste. Und die Gipfel der Berge Treffen die Blitze.«

Aber das ist ja mein Schmerz, dass ich dies erwünschte Mittelmaß nie erreichen konnte!

AUGUSTINUS: Doch wie? Wenn das, was du für mittelmäßig hältst, dir schon zu hoch gestellt wäre? Wenn du die wahre Mitte längst erreicht? Wenn du sie schon weit überschritten hättest? Wenn du sie längst hinter dir gelassen und weit mehr Grund hättest, beneidet als verachtet zu werden?

FRANCISCUS: Und wenn es so wäre? Ich glaube zwar das Gegenteil.

AUGUSTINUS: Es ist kein Zweifel, dass diese deine verkehrte Ansicht die Ursache allen Übels, besonders aber dieser Seelenkrankheit ist. Von ihr musst du nach des Tullius Wort wie vor der Charybdis mit allen Rudern und Segeln zu entfliehen suchen.

Franciscus: Wovor soll ich denn fliehen und wohin mich flüchten? Was soll ich denn glauben, wenn nicht das, was ich deutlich sehe?

Augustinus: Du siehst eben das, was du sehen willst. Wende den Blick rückwärts, und du wirst unzählige Menschen sehen, die noch hinter dir sind. Und du wirst sehen, dass du den Ersten näher als den Letzten stehst. Aber deine Missstimmung und deine vorgefasste Meinung erlauben dir nicht, den Blick rückwärts zu richten.

Franciscus: Ich habe manchmal den Blick gewandt und habe die Vielen gesehen, die erst nach mir kommen. Und ich schäme mich meines Loses nicht. »Aber missmutig machen mich die endlosen Sorgen.« Und um ein anderes Wort des Horaz zu gebrauchen: »Soll ich ein Spielball sein des unbeständigen Glückes?« Wenn diese Sorgen ein Ende haben, wenn einmal mein Besitz reichlich zum Leben genügt, dann will ich gleichmütig demselben Horaz die Worte nachsprechen:

»Freund, was glaubst du, dass ich mir wünsche?
Mehr nicht als das, was ich habe – selbst weniger;
und ein paar Jährchen – stillen, bescheidenen Lebens,
so mir die Götter verleihen!«

Nun aber muss ich immer ruhelos sorgen für die Zukunft und kann mich an den Gaben des Schicksals nicht erfreuen. Immer nur, wie du siehst, muss ich für andere leben – welch trauriges Dasein! Möge mir doch der Himmel wenigstens noch einige Jahre stillen Alters schenken, dass ich nach stürmischem Dasein im ruhigen Hafen sterben kann.

Augustinus: Wo alle Menschen dem ruhelosen Wechsel zwischen Glück und Unglück unterworfen sind, wo alle einer dunklen Zukunft gegenüberstehen und unter der Willkür des Schicksals leiden, da willst du allein von all den Tausenden ein sorgenloses Dasein erwarten? Denke daran, was du wünschest, und forderst! Du ein sterblicher Mensch! Du klagst, nicht dir selbst gelebt zu haben? Dass du also nicht nur arm, sondern auch von anderen Menschen abhängig seiest? Ich gebe zu, dass dies ein großes Unglück ist. Aber sieh um dich! Sehr wenige wirst du finden, die sich selbst gelebt haben. Selbst die, die wir für glücklich halten und denen Tausende ihr Leben weihen müssen, beweisen durch ihre unaufhörlichen Sorgen und Mühen, dass auch sie wieder für andere leben. Ich will ein berühmtes Beispiel anführen. Julius Caesar, von dem das stolze, aber wahre Wort stammt: »Die Menschheit lebt für einige wenige«, war es gelungen, die Menschheit dahin zu bringen, dass sie ihm allein lebte. Aber hat nicht auch er für andere gelebt? Du fragst: Für wen? Für seine Mörder, für Brutus, Cimber und die anderen treulosen Verschworenen, für deren Gier selbst die Freigebigkeit eines solchen Spenders zu klein war.

FRANCISCUS: Nun hast du mich so überzeugt, dass ich fernerhin weder über meine Armut noch über meine Abhängigkeit klagen will.

AUGUSTINUS: Klage über den Mangel an Weisheit. Diese allein kann frei und reich machen. Wer das Fehlen der Ursachen leichten Herzens trägt und sich dann doch über das Fehlen der Wirkungen beklagt, der zeigt, dass er weder die Bedeutung der Ursache noch der Wirkung kennt. Doch sprich: was drückt dich noch ferner, außer dem schon Gesagten? Die Hinfälligkeit des Körpers? Irgendein geheimer Kummer?

FRANCISCUS: Solange ich nur mich selbst betrachte, ist mir die Last des Leibes immer allzu beschwerlich. Wenn ich aber an die Schwerfälligkeit anderer denke, muss ich gestehen, einen willfährigen Sklaven an meinem Körper zu besitzen. Könnte ich das doch auch von meinem Geiste sagen! Aber der ist mein Tyrann.

AUGUSTINUS: Würdest du nur ganz unter der Herrschaft der Vernunft stehen! Doch wir sprachen vom Leibe. Was findest du an ihm beklagenswert?

FRANCISCUS: Nur solche Eigenschaften, die allen Menschen gemein sind: dass er sterblich ist, dass er Schmerzen leidet, dass ihn Arbeit ermüdet, dass er mich zum Schlafe zwingt, während mein Geist noch wachen will, und dass er mich so vielen anderen Unbequemlichkeiten des täglichen Lebens aussetzt. Es wäre eine ebenso lange als lästige Aufgabe, sie alle aufzuzählen.

AUGUSTINUS: Aber ich bitte dich, komme zur Besinnung und denke daran, dass du eben ein Mensch bist! Und hast du sonst noch Widerwärtigkeiten erfahren?

FRANCISCUS: Weißt du nichts von jener Tücke des stiefmütterlichen Schicksals, das an einem Tage und mit einem fürchterlichen Schlage all meine Hoffnungen, all meine Güter, mein Haus und meine ganze Existenz vernichtete?

AUGUSTINUS: Ich sehe Tränen in deinen Augen und schweige darum von diesem Unglücksfalle. Ich brauche dich darüber nicht zu belehren. Nur eine Mahnung will ich dir mit auf den Weg geben: Denke daran, wieviel bürgerliche Häuser und königliche Paläste im Laufe der Jahrhunderte in Trümmer sanken, und lerne daraus, dass du dich nicht allzu sehr grämen darfst, wenn mit so vielen stolzen Königsschlössern auch deine arme Hütte in Flammen aufging. Erwäge das, was ich hier nur kurz gesagt, gründlich in deinem Herzen. Und nun fahre fort.

FRANCISCUS: Wer vermag meinen Ekel und Überdruss am Leben mit Worten zu schildern? Ach, diese hässlichste, unruhigste Stadt der Welt, worin aller Auswurf und Schmutz der Erde aufgehäuft ist! Keine Worte kommen dem Abscheu gleich, den ich vor ihr empfinde. Diese übelriechenden Straßen voll kläffender Hunde und garstiger Schweine, dies Rädergerassel auf allen Straßenpflastern, Pferdegespanne, die den Durchgang versperren, widerliche Menschen aller Art, das hässliche Bild von Bettlern neben übermütigen Reichen, von jammervollem Elend neben toller Freude, überall Zank und Streit, Lug und Trug, dies Durcheinander von schreienden Stimmen, dies Gewühl des sich drängenden und stoßenden Pöbels! Solche Dinge reiben den Geist auf, der an ein besseres Leben gewöhnt ist, rauben ihm alle Ruhe und stören ihn im Studium der edlen Wissenschaften. Möge mich Gott mit heilem Nachen aus diesem Schiffbruch retten! Manchmal glaube ich mich lebendigen Leibes in der Hölle begraben. Und da soll man noch großen Dingen und edlen Gedanken sich hingeben! »Da gehe nun und dichte in Ruhe wohlklingende Verse!«

AUGUSTINUS: Dieser Vers des Flaccus zeigt mir, worüber du am meisten trauerst. Es ist dir schmerzlich, an einem Orte wohnen zu müssen, der dich in deiner Arbeit stört. Denn, wie derselbe Flaccus an einer anderen Stelle sagt: »Es liebt der Dichter den Wald und flieht die Städte.« Oder wie du selbst einmal in einem Brief denselben Gedanken ausgedrückt hast: »Den Musen gefällt der Wald; verhasst sind dem Dichter die Städte.« Aber glaube mir, wenn nur einmal dein Inneres zur Ruhe käme, so würde der Lärm der Umgebung wohl deine körperlichen Sinne treffen, deinen Geist aber unberührt und unbewegt lassen.

Ich sage dir damit nichts Neues. Du hast ja einen wertvollen Brief Senecas über diese Sache, hast sein Buch »Von der Seelenruhe« gelesen und kennst auch jenes treffliche Buch, das Cicero über diese Seelenkrankheit geschrieben und dem Brutus gewidmet hat.

FRANCISCUS: Du weißt, mit welchem Eifer ich dies alles gelesen habe.

AUGUSTINUS: Und genützt hat es dir nichts?

FRANCISCUS: Solange ich es las, sehr viel; aber kaum legte ich das Buch aus den Händen, so war auch alles wieder vergessen.

AUGUSTINUS: So pflegen die meisten Menschen zu lesen! Und daher kommt auch jene höchst traurige Tatsache, dass eine ganze Menge jämmerlicher Gelehrter umherläuft, die in den Schulen viel über die Kunst zu leben schwatzen, ohne davon etwas in das Leben umzusetzen. Du würdest größeren Nutzen aus der Lektüre ziehen, wenn du dir die betreffenden Stellen mit bestimmten Merkzeichen versehen wolltest.

FRANCISCUS: Was meinst du damit?

AUGUSTINUS: Wenn du beim Lesen auf wertvolle Gedanken stößt, durch die du dich angeregt oder beruhigt fühlst, so vertraue nicht einfach auf dein Verständnis, sondern präge diese Gedanken tief deinem Gedächtnis ein und mache sie dir durch langes Nachdenken vertraut. Du musst es machen, wie kluge und erfahrene Ärzte: wann und wo immer eine Krankheit dich befällt, die keinen Verzug duldet, musst du im Geiste gleich das richtige Heilmittel bereit halten. Denn wie der menschliche Körper, so kennt auch die Seele gewisse Krankheiten, bei denen jeder Verzug Todesgefahr bedeutet, wo eine Verzögerung in der Anwendung des Mittels jede Hoffnung auf Genesung ausschließt. So gibt es ja zum Beispiel solch gefährliche Leidenschaften, die Leib und Seele und den ganzen Menschen zugrunde richten, wenn nicht die Vernunft rechtzeitig noch in ihren ersten Anfängen sie zu zügeln versteht. Denn jedes andere Mittel, das zu spät kommt, ist hier völlig nutzlos. Unter diesen Leidenschaften nimmt der Zorn die erste Stelle ein. Nicht mit Unrecht weisen ihm die Gelehrten, die die Seele in drei Teile gliedern, einen Platz unterhalb dem der Vernunft an. Sie verlegen die Vernunft in das Haupt, wie in eine feste Burg, den Zorn in die Brust und die sinnlichen Begierden in den Unterleib und wollen damit andeuten, dass die Vernunft als Herr gegenwärtig sein müsse, um die stürmischen Regungen der ihr untergeordneten Leidenschaften zu bändigen und ihnen vom hohen Herrscherthrone aus gleichsam zum Rückzug zu blasen. Dem Zorn aber, der es am meisten nötig hat, ist die zügelnde Vernunft zunächst gelegen.

FRANCISCUS: Diesen Gedanken habe ich nicht nur aus den gelehrten Büchern der Physiker, sondern auch aus dichterischen Werken kennen gelernt. So habe ich oft bei mir gedacht, dass man an jener bekannten Stelle bei Maro unter den wütenden Winden, die in verborgenen Höhlen unter hohen Bergen gefesselt sind, während auf stolzer Burg ihr Herrscher Aeolus thront, den Zorn und die leidenschaftlichen Regungen des Gemütes verstehen könne, die tief drinnen im Herzen toben, und die, wenn sie nicht mit dem Zügel der Vernunft im Banne gehalten würden, »Erde und Meer und den weiten Himmel in stürmischem Fluge Mit sich führten und in den tosenden Lüften zerrissen«.

Unter der Erde verstehe ich die irdische Hülle des Körpers, unter dem Meer seine belebenden Säfte, unter dem weiten Himmel die im Innern wohnende Seele, die, wie der Dichter an einer anderen Stelle sagt: »Feuerskraft hat und einen himmlischen Ursprung«. Damit will er sagen, dass die Leidenschaften Leib und Seele, kurz den ganzen Menschen, den sie beherrschen, ins Verderben stürzen. Unter dem Berge und dem darauf thronenden König aber lässt sich das hohe Haupt und die darin wohnende Vernunft verstehen. Denn wie der Dichter sagt:

»Aeolus hält hier in weiter, geräumiger Höhle Fest in Gewalt und Zaum die tosenden, heulenden Stürme, Bändigt sie in Ketten und Kerker. Aber die Winde Pochen in schäumendem Zorn und mit ungeheurem Dröhnen An die Pforten des Berges. Doch Aeolus thront auf der Höhe,
In den Händen das Zepter.«

So der Dichter. Und wenn ich jedes einzelne Wort vor mich hersage, so höre ich dabei das Schäumen, das Tosen und Heulen, das Pochen und Dröhnen der Stürme – und ich denke dabei an den Zorn. Ich sehe den König auf hohem Throne, wie er das Zepter hält und mit Gewalt in Ketten und Kerker die Stürme bändigt – und ich zweifle nicht, dass damit die herrschende Vernunft gemeint ist. Und ein Beweis dafür, dass dies auf die Seele und den die Seele zerrüttenden Zorn bezogen werden darf, ist mir die folgende Stelle: »Er besänftigt die Geister und dämpft ihren Zorn.«

AUGUSTINUS: Sehr lobenswert ist es, dass du verstehst, eine solche Fülle verborgener Gedanken aus dieser Dichtung herauszulesen. Fraglich ist freilich, ob Vergil mit diesen Versen solche Gedanken ausdrücken wollte, oder ob ihm dieses nicht ganz ferne lag. Er wollte wohl nur einen Meeressturm schildern mit diesen Worten, die du nun sehr sinnig und eigenartig auf Stürme des Zornes und die Herrschaft der Vernunft beziehst. Doch um wieder darauf zurückzukommen, wovon ich ausging: Halte gegen die Regungen des Zornes und anderer Leidenschaften, besonders jener traurigen Seelenkrankheit, von der wir sprachen, immer wertvolle Gedanken und Erwägungen bereit, die dir bei aufmerksamer Lektüre aufstießen. Solche wertvolle Wahrheiten musst du dir, wie ich schon vorhin sagte, mit bestimmten Zeichen versehen, damit du sie leichter in das Gedächtnis zurückrufen könnest, wenn sie dir daraus entschwinden wollen. Unter der Herrschaft solcher Gedanken wirst du dann unangreifbar bleiben gegenüber allen Übeln, auch gegenüber jener Traurigkeit der Seele, welche sich wie ein todbringender Schatten auf alles Tugendstreben und jede Geistestätigkeit legt. Sie ist schließlich, wie Cicero treffend sagt, Quelle und Anfang allen Elendes. Es gibt ja freilich keinen Menschen, der nicht immer Grund genug zur Trauer hätte, und die Erinnerung an dein Sündenleben darf auch dich mit Recht traurig und besorgt machen, denn eine solche Traurigkeit ist heilsam, solange sie sich nur von Verzweiflung fernzuhalten weiß. Wenn du aber dich selbst und andere Menschen erforschest, so wirst du finden, dass der Himmel dir vieles verliehen hat, was dir neben deinem Klagen und Seufzen auch Grund zu Trost und Freude bieten kann. Du klagst darüber, nicht für dich selbst leben zu dürfen, und jammerst über den Lärm der Stadt und den vielen Ärger – so haben vor dir schon alle großen Männer geklagt. Und auch der Gedanke sollte dich trösten, dass du ja bei einigem guten Willen die Stadt wieder verlassen kannst, wohin du dich freiwillig begeben. Auch kann ja schließlich die lange Gewohnheit dein Ohr so erziehen, dass es den Lärm des Pöbels wie das Tosen eines Wasserfalles mit Behagen hören kann. Und dies wird dir sehr leicht möglich sein, wenn sich nur, wie ich schon gesagt habe, deine seelische Unruhe einmal gelegt hat. Denn ein heiteres und ruhiges Gemüt bleibt unberührt, wenn auch fremde Wolken darüber hinwegziehen und ein ferner Donner es umdröhnt. So wirst du dann einmal am sichern, trockenen Ufer stehen und anderer Menschen Schiffbruch betrachten und das jammervolle Klagen der Ertrinkenden ruhigen Herzens hören.

Und neben dem Mitleid, das dieses traurige Schauspiel in dir erregen mag, wirst du eine tiefe Freude empfinden über dein festbegründetes, sicheres Glück, das du aus so vielen Gefahren dir errettet hast. Unerschütterlich ist meine Hoffnung, dass du bald allem Übel und auch dieser traurigen Gemütsstimmung entrinnen wirst.

Franciscus: Manches von deinen Ausführungen berührt mich zwar sonderbar, besonders dass du meinst, es liege nur an meinem Willen, das Leben in der Stadt aufzugeben. Doch da du mich in vielen Punkten überzeugt hast, so will ich auch hier die Waffen niederlegen, ehe ich völlig geschlagen werde.

Augustinus: So kannst du nun also alle üble Laune von dir werfen und mit deinem Schicksal dich versöhnen!

Franciscus: Das könnte ich, wenn ich nur wüsste, ob es denn wirklich ein Schicksal gibt? Du weißt, dass hierüber zwischen dem griechischen und dem römischen Dichterfürsten ein großer Widerspruch besteht: der eine erwähnt das Schicksal nirgends in seinen Werken, als glaube er gar nicht an dessen Dasein, der andere spricht sehr oft davon, und an einer Stelle nennt er es gar allmächtig. Und dieser letzteren Ansicht huldigen auch der große Geschichtsschreiber Sallust und der hervorragende Redner Cicero. Denn Sallust sagt, dass das Schicksal alle Dinge beherrsche, und Marcus Tullius scheut sich nicht, es die Herrin aller irdischen Dinge zu nennen. Meine Ansicht hierüber wird an anderem Orte und zu anderer Zeit auszuführen sein. Nun wieder zur Sache: Deine Ermahnungen waren mir von solchem Nutzen, dass mir nun mein Zustand, wenn ich ihn mit dem der meisten Menschen vergleiche, nicht mehr so traurig vorkommt wie zuvor.

Augustinus: Es freut mich, dir genützt zu haben, und ich wünsche, dir noch weit mehr nützen zu können. Doch zu lange schon hat sich unser heutiges Gespräch hingezogen. Erlaubst du, dass wir den Rest auf einen dritten Tag verschieben und dann ein Ende machen?

FRANCISCUS: Gewiss, denn ich liebe gerade die Dreizahl aus ganzem Herzen, nicht der drei Grazien wegen, sondern weil ja diese Zahl auch der Gottheit die liebste ist. Das ist nicht nur deine Ansicht und die anderer Bekenner der wahren Religion, die alle im heiligen Glauben an die Dreifaltigkeit leben – davon waren auch die heidnischen Philosophen überzeugt, bei deren religiösen Weihungen und Segnungen die Dreizahl eine große Rolle gespielt haben soll. Das scheint auch unser Vergil gewusst zu haben, da er sagt: »Ungerade Zahlen liebt die Gottheit.«

Und dass er damit die Dreizahl meinte, zeigt die kurz vorhergehende Stelle. – So erwarte ich nun also aus deiner Hand den dritten Teil dieses dreigeteilten Geschenkes.

Das dritte Gespräch

AUGUSTINUS: Wenn dir die vergangenen Gespräche etwas genützt haben, so bitte und beschwöre ich dich nun, dich auch ferner willfährig und gelehrig zu zeigen und jede Lust an Streit und Widerspruch von dir fernzuhalten.

FRANCISCUS: Das will ich gerne tun. Denn durch deine Ausführungen fühle ich mich von einem großen Teile meiner Sorgen befreit und werde darum umso williger deine ferneren Ermahnungen entgegennehmen.

AUGUSTINUS: Noch habe ich die tiefsten, schwer zu heilenden Wunden deiner Seele nicht berührt, und ich fürchte mich fast, sie zu berühren, wenn ich daran denke, wieviel Streiten und Klagen du schon bei den viel kleineren Wunden erhoben hast. Doch ich will lieber hoffen, dass dein Geist nun neue Kräfte gesammelt hat und stark genug geworden ist, die kommenden Schmerzen gleichmütig zu ertragen.

FRANCISCUS: Fürchte nichts. Ich habe mich ja nun daran gewöhnt, meine Krankheiten bei ihrem wahren Namen nennen zu hören und die feilende Hand des Arztes zu ertragen.

AUGUSTINUS: Mit zwei ehernen Ketten bist du noch gefesselt. Sie drücken dich von beiden Seiten und lassen dich weder über den Tod noch über das Leben einen ernsten Gedanken fassen. Immer fürchtete ich, sie möchten dich ins Verderben reißen und ich bin nicht ruhig und werde nicht ruhen, ehe ich dich befreit und die Ketten zerbrochen und weggeworfen sehe. Ist dies auch sehr schwer, so ist es doch nicht ganz unmöglich. Vergebens würde ich ja Unmögliches zu erreichen suchen. Wie es aber ein Mittel gibt, das Eisen zu brechen, so gibt es auch eines, das solche harte Ketten zu zerbrechen vermag, ein wunderbar wirkendes Mittel, das das raue Herz durchdringt und es umstimmt, sobald es dasselbe nur berührt hat. Und doch fürchte ich für den Erfolg. Denn in dieser Sache bedarf es auch deiner eigenen Zustimmung, und ich fürchte gar sehr, du möchtest dieselbe verweigern und dich von dem den Augen schmeichelnden Glanz der Ketten blenden lassen, und es möchte dir gehen wie dem Geizigen, der, mit goldenen Ketten beladen, im Kerker schmachtet: Er will wohl frei sein, aber die Ketten nicht verlieren. Dir aber ist es bestimmt, nicht eher frei zu sein, als bis du die Ketten von dir geworfen hast.

FRANCISCUS: Weh mir! So bin ich also ärmer noch als ich glaubte. Meine Seele ist gefesselt durch Ketten, die ich nicht einmal kenne.

AUGUSTINUS: Sehr wohl kennst du sie! Aber entzückt von ihrer Schönheit hältst du sie nicht für Ketten, sondern für reiche Schätze. Es geht dir – um dasselbe Bild noch einmal zu gebrauchen – wie dem, der, an Händen und Füßen mit goldenen Fesseln gebunden, voll Freude das Gold betrachtet und die Fesseln nicht sieht. So siehst auch du jetzt mit befangenen Augen, was dich fesselt; aber in deiner Blindheit erfreust du dich an den Ketten, die dich ins Verderben ziehen, und was das allerschlimmste Übel ist, du rühmst dich ihrer.

FRANCISCUS: Was sind die Ketten, von denen du sprichst?

AUGUSTINUS: Liebe und Ruhm.

FRANCISCUS: Bei Gott, was höre ich! Das nennst du Ketten? Und willst sie mir entreißen, wenn ich es duldete?

AUGUSTINUS: Das will ich. Doch ich bange um den Ausgang. Alle anderen Ketten, die dich hielten, waren leichter zu zerbrechen und dir weniger wert. Darum danktest du mir, da ich sie zerbrach. Aber diese Ketten gefallen dir, obwohl sie schaden, und trügen dich durch äußere Schönheit. Darum steht mir hier mehr Arbeit bevor. Sträubst du dich ja, als wollte man dir die höchsten Güter rauben. Doch beginnen wir.

FRANCISCUS: Wie habe ich das um dich verdient, dass du mir meine schönsten Freuden rauben und zu ewiger Finsternis den sonnigsten, heitersten Teil meiner Seele verdammen willst?

AUGUSTINUS: Du Unglücklicher! So hast du das Wort des Philosophen vergessen, dass dann der Gipfel des Elendes erreicht sei, wenn eine irrige Meinung allmählich die unheilvolle Überzeugung entstehen lasse, dass das Elend eben sein müsse?

FRANCISCUS: Ich habe es durchaus nicht vergessen; aber diese Wahrheit hat mit unserer Sache gar nichts zu tun. Warum sollte ich denn nicht der Meinung sein, dass es eben so sein muss? Im Gegenteil, nie hatte ich eine richtigere Überzeugung, und nie werde ich eine richtigere haben als die, dass es die edelsten Leidenschaften der Seele sind, die du mir vorwirfst.

AUGUSTINUS: Sprechen wir zunächst nur von einer; sonst muss ich, wenn ich die Gegenmittel suche, bald hierhin, bald dorthin mich wenden, und die Wucht meines Angriffes wird geschwächt. Sag' also, da wir zuerst die Liebe genannt, hältst du sie nicht für die schlimmste aller Torheiten?

FRANCISCUS: Um der Wahrheit ganz gerecht zu werden, möchte ich sagen, dass die Liebe entsprechend ihrem Gegenstand bald die abscheulichste Leidenschaft der Seele, bald ihre schönste Tat genannt werden kann.

AUGUSTINUS: Führe ein Beispiel an, wenn ich dich verstehen soll.

FRANCISCUS: Wenn ich in Liebe gegen eine schamlose, niedrige Dirne erglühe, so ist das eine wahnsinnige Torheit. Wenn aber ein Abbild seltener Tugenden mich begeistert, wenn ich bestrebt bin, dieses aus ganzem Herzen zu lieben und zu verehren – was hältst du davon? Findest du keinen Unterschied in so verschiedenen Dingen? Ist dies so schamlos wie das andere? Ich will von mir selbst sprechen: So wie ich diese erste Art von Liebe für ein tiefes, unseliges Verderben der Seele halte, so gestehe ich doch auch, dass ich kein größeres Glück kenne als die zweite. Du bist hierin vielleicht anderer Ansicht? Gut, so folge jeder seiner Meinung. Unendlich verschieden sind ja, wie du weißt, die Ansichten und Urteile der Menschen.

AUGUSTINUS: Eine Meinungsverschiedenheit ist wohl erlaubt bei Dingen, die sich widersprechen können. Die Wahrheit aber ist immer eine und dieselbe.

FRANCISCUS: Gewiss, so ist es. Aber das ist es ja, was uns Menschen zu entzweien pflegt: hartnäckig hängen wir an unseren eingewurzelten Ansichten und wollen uns nicht überzeugen lassen.

AUGUSTINUS: Dass du doch ebenso vernünftig über die Liebe dächtest wie über diesen Punkt!

FRANCISCUS: Was willst du? Ich glaube so vernünftig über die Liebe zu denken, dass ich mich nicht scheue, jeden Andersdenkenden für irrsinnig zu halten.

AUGUSTINUS: Der größte Wahnsinn ist es, eine eingefleischte Lüge für Wahrheit und eine neu erkannte Wahrheit für Lüge zu halten. Als ob die Wahrheit der Dinge mit ihrem Alter bewiesen wäre!

FRANCISCUS: Du mühst dich vergebens. Ich werde dir nie glauben und lieber an das Wort Ciceros denken: »Irre ich hierin, so irre ich gern und will mir diesen Irrtum nicht nehmen lassen, solange ich lebe.«

Augustinus: Das sagt er von der Unsterblichkeit der Seele, dem schönsten aller Gedanken, und will mit diesen Worten sagen, dass er keinen Zweifel daran kenne, dass er gar keine Gegengründe hören wolle. Du aber missbrauchst diese Worte zu einer verdammenswerten und völlig falschen Ansicht. Denn fürwahr, wenn auch die Seele sterblich wäre, so wäre es doch besser, an ihre Unsterblichkeit zu glauben. Es wäre das ein heilsamer Irrtum, da er uns Liebe zur Tugend einflößt. Wir sollen freilich die Tugend an sich, ohne Hoffnung auf Lohn, erstreben; aber dieses Streben würde doch zweifellos erlahmen beim Gedanken an die Sterblichkeit der Seele. Umgekehrt würde die Verheißung eines künftigen Lebens, sollte sie auch trügerisch sein, doch die Seelen der Menschen zum Guten anspornen. – Dein Irrtum aber, was kann er dir für Nutzen bringen? Er wird dich zu allen Torheiten verführen, sobald einmal Scham und Furcht und die alle Leidenschaften zügelnde Vernunft zugleich mit der Erkenntnis der Wahrheit dir geschwunden sind.

Franciscus: Ich sagte dir schon, du mühst dich vergebens. Ich weiß, dass ich nie etwas Schändliches, immer nur das Schönste geliebt habe.

Augustinus: Auch das Schönste kann auf schändliche Weise geliebt werden!

Franciscus: Ich habe mich weder im Gegenstand noch in der Art der Liebe verfehlt. Hör auf, mich zu quälen.

Augustinus: Wie? Du willst wie ein Wahnsinniger unter Scherzen und Lachen sterben? Willst du nicht lieber für deine so jammervoll kranke Seele ein Heilmittel anwenden?

Franciscus: Ich werde ein Heilmittel so lange zurückweisen, bis du mir beweisest, dass ich seiner bedarf. Einem gesunden Menschen können häufige Mittel schädlich werden.

AUGUSTINUS: Einmal auf dem Wege zur Besserung, wirst du, wie so viele andere, eingestehen, dass du ernstlich krank warst.

FRANCISCUS: Schließlich kann ich auch den nicht verachten, dessen weisen Rat ich so oft und besonders in diesen letzten Tagen erfahren habe. Fahre also fort!

AUGUSTINUS: Fürs erste bitte ich dich um Verzeihung, wenn mich der Gegenstand zwingen sollte, gegen deine Freuden vielleicht allzu harte Worte zu gebrauchen. Schon sehe ich voraus, wie verletzend die Wahrheit deinem Ohre klingen wird.

FRANCISCUS: Ehe du beginnst, höre: weißt du, wovon du zu reden hast?

AUGUSTINUS: Sorgfältig habe ich alles bedacht. Von einem sterblichen Weibe wird unsere Rede sein, das zu bewundern und zu verehren du leider einen großen Teil deines Lebens verschwendest hast. Bei einem solchen Geiste, wie du, staune ich über eine so große und so lang andauernde Torheit.

FRANCISCUS: Spare dein Schelten! Auch Thais und Livia waren sterbliche Weiber. Und weißt du auch, dass du von einem Weibe sprichst, dessen Herz irdische Sorgen nicht kennt, das ganz in himmlischer Sehnsucht erglüht? In deren Angesicht, wenn überhaupt irgendwo, ein Widerschein göttlicher Schönheit erstrahlt? Deren Sitten ein Muster vollendeter Ehrbarkeit sind? In deren Stimme und Blick nichts Irdisches liegt, und deren ganze Erscheinung ein übermenschliches Wesen verkündet? Denke wohl daran, ich bitte dich. Dann wirst du einsehen, dass hier andere Worte am Platze sind.

AUGUSTINUS: Du Tor! So hast du nun also schon ins sechzehnte Jahr die Flammen deines Geistes genährt mit trügerischen Bildern. Fürwahr, kaum so lange lastete einst auf Italien die Macht Hannibals, seines berüchtigsten Feindes; weniger zahlreich waren die Schlachten, die das arme Land ertrug, weniger wütend die verheerenden Flammen, die es heimsuchten, als die Gluten und Stürme der Leidenschaften, die in dieser Zeit in deiner Seele tobten. Damals fand sich einer, der den Feind zum Rückzug zwang. Doch wer vermag dich von deinem Hannibal zu befreien, wenn du selbst ihm verbietest, von dir zu gehen, und wie ein unterwürfiger Sklave ihn bittest, bei dir zu bleiben? Wenn du Unglücklicher an deinem eigenen Elend dich erfreust? – Wenn aber einst ein letzter Tag jene Augen schließt, die dich verblendet, wenn sie, vom Tode entstellt, mit bleichen Gliedern vor dir liegt, dann wirst du dich schämen, deine unsterbliche Seele an einen so schwachen, hinfälligen Leib gehängt zu haben, und mit Schamröte wirst du dich dessen erinnern, worauf du jetzt so stolz bist.

FRANCISCUS: Das verhüte Gott! Ich werde dies nie erleben.

AUGUSTINUS: Und wenn es das unabänderliche Schicksal also will?

FRANCISCUS: So feind sind mir die Sterne nicht, dass sie die Ordnung der Natur durchbrächen. Früher als sie trat ich ins Leben ein, früher werde ich es auch wieder verlassen.

AUGUSTINUS: Erinnerst du dich der Zeit, da du anders dachtest und im Gedanken an ihrem nahen Tod ihr ein Grablied sangest, das dir die Trauer eingab?

FRANCISCUS: Wohl denke ich jener Zeit der Trauer, und ich erzittere bei dem Gedanken. Ich ertrug es nicht, der schönsten Zierde meines Lebens beraubt, jenes Weib überleben zu müssen, deren Gegenwart allein mir schon das Leben versüßte. Mit einer Flut von Tränen beweinte ich in jenem Liede ihren Verlust. Weiß ich auch nicht mehr den Wortlaut, so habe ich doch den Sinn des Liedes im Gedächtnis.

AUGUSTINUS: Nicht darauf kommt es an, wieviel Tränen und welchen Kummer dir schon der Gedanke an ihren Tod verursacht; sondern darum handelt es sich, dass du einsiehst, dass jenes Unheil, das dich so erschüttert, wirklich eintreten kann, und das umso eher, als ja jeder Tag sie dem Tode näher bringt und ihr herrlicher Leib unter Krankheiten und endlosem Unglück viel gelitten und viel von seiner früheren Kraft verloren hat.

Franciscus: Auch auf mir lasten schwere Sorgen, und auch ich bin älter geworden. So bin ich ihr auf dem Wege zum Tode noch immer voran.

Augustinus: Welcher Wahnsinn ist es, von der Reihenfolge der Geburt auf die des Todes schließen zu wollen! Wie viele einsame greise Eltern trauern über den allzu frühen Tod blühender Söhne, wie viele betagte Mütter klagen über das früh geraubte Leben lieber Kinder: »Die vom süßen Leben und aus den Armen der Mutter riss der finstre Tod, sie im bittren Grab zu versenken.«

Du aber wiegst dich der wenigen Jahre wegen, die du älter bist, in der trügerischen Hoffnung, früher zu sterben als das leidenschaftlich geliebte Weib und bildest dir ein, unwandelbar gehe die Natur den gewünschten Weg.

Franciscus: Nicht so unwandelbar, dass nicht das Gegenteil eintreten könnte. Das weiß ich wohl, aber beständig bete ich, dass Gott dies verhüte. Und wenn ich an ihren Tod denke, so kommt mir das Wort Ovids in den Sinn: »Lange säume der Tag und komme erst, da ich gestorben!«

Augustinus: Nicht länger vermag ich solche Torheiten anzuhören. Du weißt sehr wohl, dass jene vor dir sterben kann. Was wirst du sagen, wenn dies wirklich eintritt?

Franciscus: Was anders, als dass dies Unglück mich zum Ärmsten aller Menschen gemacht, dass mir aber die Erinnerung an vergangene Freuden Trost zu spenden vermöge? Doch mögen die Winde verwehen, was ich gesprochen, und Stürme die schlimme Ahnung zerstreuen!

Augustinus: Mit Blindheit geschlagen, siehst du nicht ein, wie töricht es ist, den Geist an irdische Dinge zu hängen, die ihn mit Flammen der Begierlichkeit entzünden, ihm keine Ruhe lassen und doch nicht beständig sind, die mit immer neuen Aufregungen den quälen, dem sie Besänftigung versprochen.

Franciscus: Greife zu stärkeren Waffen, wenn du kannst; mit solchen Worten schreckst du mich nicht. Ich habe ja nicht, wie du glaubst, meine Seele an ein irdisch Ding gehängt; auch weißt du wohl, dass ich weniger den Leib als die Seele geliebt habe und mich an ihren reinen Sitten erbaute, die alles menschliche Tun übertreffen und mich daran gemahnen, wie man im Himmel lebt. Und wenn – woran ich nicht ohne bittere Qualen denken kann – ein früherer Tod der Geliebten mich einsam zurücklassen sollte, so würde ich mich in meinem Elend trösten mit dem weisen Laelius: »Ihre Tugend habe ich geliebt, und die ist nicht gestorben.« Dies und anderes würde ich mir sagen, womit sich jener tröstete, da ihm die starb, die er so unendlich liebte.

AUGUSTINUS: Du verschanzest dich im Irrtum wie in einer uneinnehmbaren Burg. Keine geringe Mühe wird es mich kosten, dich daraus zu vertreiben. Doch da ich dich so von der Liebe begeistert sehe, dass du ein scharfes Wort viel leichter erträgst, wenn es gegen dich als wenn es gegen jene gerichtet ist, so magst du das geliebte Weib mit Lob überhäufen, so viel du willst. Ich bestreite nichts: Sei sie dir nun Königin, Heilige, Göttin: »Oder des Phoebus Schwester oder vom Blute der Nymphen«. Und doch, ihr höchster Tugendglanz entschuldigt deinen Fehler nicht.

FRANCISCUS: Ich bin begierig, welch neuen Widerspruch du nun erhebst.

AUGUSTINUS: Es ist kein Zweifel, dass selbst das Schönste auf schändliche Weise geliebt werden kann.

FRANCISCUS: Darauf habe ich schon geantwortet. Könntest du das Angesicht der Liebe sehen, die in mir herrscht, du würdest finden, dass es dem Angesicht der viel, doch noch zu wenig gelobten Freundin gleicht. Dessen ist mir die Wahrheit, vor der wir reden, Zeuge: in meiner Liebe war nie etwas Schändliches, nie etwas Unreines, nichts Tadelnswertes als ihr Übermaß. Hätte ich in meiner Liebe Maß gehalten, es ließe sich nichts Schöneres erdenken.

AUGUSTINUS: Ich kann dir mit einem Worte Ciceros antworten: »Du willst Maß halten im Laster.«

Franciscus: Im Laster nicht, in der Liebe.

Augustinus: Aber Cicero spricht dort gerade von der Liebe. Du kennst die Stelle.

Franciscus: Gewiss; ich las sie in den Tuskulanen. Aber Cicero meint damit die gewöhnliche Liebe der Menschen. Um meine Liebe aber ist es etwas ganz Besonderes.

Augustinus: Anderen Menschen mag das vielleicht ebenso scheinen; so wie in allen Dingen, so ist besonders in dieser Eigenschaft jedermann sein mildester Richter. Nicht mit Unrecht lobt man das bekannte, wenn auch nicht geschmackvolle Wort des Dichters:
»Jeder lobt seine Braut, ich mir die meine –
Jeder lobt seine Liebe, ich mir die meine.«

Franciscus: Wenn du willst, und wenn es die Zeit erlaubt, so will ich dir aus vielem nur einiges wenige erzählen, worüber du staunen und dich wundern wirst.

Augustinus: Glaubst du, ich wisse nicht: »dass in holden Träumen die Liebenden schwelgen«? In allen Schulen ist dies Lied bekannt. Aber ich bedaure, solche Torheiten aus dem Munde dessen hören zu müssen, dem es ziemte, tiefer zu denken und zu reden.

Franciscus: Nur dies will ich dir sagen – du magst es nun Dankbarkeit oder Torheit nennen: Das wenige, was ich bin, bin ich durch sie. Nie wäre ich zu diesem Namen und zu diesem Ruhm – wenn ich von solchem reden darf – gekommen, wenn nicht die edle Liebe die arme Saat von Tugenden, die die Natur mir in das Herz gepflanzt, gepflegt und gefördert hätte. Sie hat mein jugendliches Herz mit starken Händen von aller Sünde ferngehalten und hat nach höheren Gedanken mir den Sinn gerichtet. So formt uns die Liebe um nach der Geliebten Sitten! – Und nie gab es einen so bissigen Spötter, der es gewagt hätte, an ihren guten Ruf zu tasten und zu sagen, dass er Tadelnswertes an ihren Gebärden und Worten, geschweige denn an ihrem Tun gefunden habe. Und Leute, die nichts unbemäkelt lassen, gingen von ihr voll Bewunderung und Verehrung. Ist es da ein Wunder, wenn ihr gefeierter Ruf auch in mir die Sehnsucht nach höherem Ruhme geweckt und mir die harten Mühen, womit allein ich meinen Wunsch erreichen konnte, versüßt hat? Denn da ich ein Jüngling war, war mein einziger Wunsch, ihr allein zu gefallen, die allein mir gefiel. Um dies zu erreichen, habe ich zahllose lockende Vergnügungen verachtet und in frühen Tagen ernster Arbeit mich hingegeben. Das weißt du – und doch befiehlst du, ich solle die vergessen und nicht mehr lieben, die mich von der Gemeinschaft des Pöbels getrennt hat, die mir Führerin war auf allen Wegen, die meine träge Seele aufgerüttelt und den schlummernden Geist in mir erweckt hat?

Augustinus: Unseliger, besser wäre es dir gewesen, du hättest geschwiegen! Zwar sah ich dein Inneres, auch wenn du schwiegest; so aber hat deine Starrköpfigkeit Ärger und Zorn in mir erregt.

Franciscus: Warum?

Augustinus: Eine irrige Ansicht zu haben, mag Sache der Unwissenheit sein; aber hartnäckig auf seinem Irrtum beharren, das tut nur der, der gleicherweise stolz wie unwissend ist.

Franciscus: Was habe ich denn Unrechtes gedacht oder gesagt?

Augustinus: Unrecht war alles, was du sagtest. Vor allem wenn du behauptetest, alles, was du bist, durch sie zu sein. Verstehst du das so, dass sie dir dein ganzes Sein gegeben habe, so sprichst du offenkundig die Unwahrheit. Willst du aber damit sagen, sie trage die Schuld, dass du nicht mehr seiest, als du bist, so sprichst du die Wahrheit. Welchem Unheil hättest du entrinnen können, wenn dich nicht die Reize ihrer körperlichen Schönheit gefesselt hätten! Was du bist, hat dir die Güte der Natur gegeben; was du hättest sein können, hat die Geliebte vereitelt – oder besser, du selbst; denn sie ist unschuldig. Ihre Schönheit aber schien dir so verlockend und süß, dass sie in dir alle Saat, die aus den eingepflanzten Tugendkeimen hätte erstehen können, durch die Sommerglut heißer Sehnsucht und die Sturmfluten ewiger Tränen zerstörte.

Mit Unrecht rühmst du, sie habe dich von allem schändlichen Tun abgehalten. Von vielem hat sie dich vielleicht abgehalten, dafür hat sie dich aber in noch größere Trübsale gestürzt. Wenn dich einer ermahnt, schlimme Wege zu verlassen, und dich dabei selbst in den tiefsten Abgrund führt, wenn einer dich von leichten Schrammen heilt und dir zugleich die Todeswunde schlägt, willst du dann sagen, er habe dich befreit und nicht getötet? Auch sie, die du als deine Führerin rühmst, hat dich wohl von vielem Schmutze ferngehalten, dich aber dafür in einen gleißenden Abgrund geführt. Sie hat dich gelehrt, nach hohen Zielen auszuschauen, sie hat dich vom Pöbel abgesondert – aber hat sie dich damit nicht an sich selbst gefesselt, durch ihre Reize dich bestrickt gehalten und dich zum hochmütigen Verächter aller Welt gemacht, was dir nun mehr als alles andere das Zusammenleben mit den Menschen erschwert? Du sagst, dass sie dich zu unzähligen neuen Arbeiten angespornt. Darin sprichst du wahr. Aber denke nach, ob du dies für ein so großes Glück erachten darfst! Du hattest Arbeiten genug, denen du nicht ausweichen durftest – ist es da nicht eine Torheit, freiwillig sich neue aufzubürden? Wenn du dich vollends rühmst, der Gedanke an sie habe dich zu höherem Ruhmesstreben begeistert, so habe ich nur Mitleid mit deinem Irrtum. Ich will dir zeigen, dass von allen Lasten, die deine Seele drücken, dies die verhängnisvollste ist. Doch davon später.

Franciscus: Als ein gewandter Fechter verwundest du schon, wenn du nur drohst. Die Wunde wie die Drohung aber hat mich so tief erschüttert, dass ich schon anfange, gar sehr zu wanken.

Augustinus: Wieviel mehr wirst du wanken, wenn ich dir einmal die schwerste Wunde geschlagen habe? Sie, die du so rühmst, der du alles zu verdanken versicherst, sie hat dich zugrunde gerichtet.

Franciscus: Guter Gott, wie willst du mich davon überzeugen?

Augustinus: Von der himmlischen Liebe hat sie deine Seele abgelenkt, deine Sehnsucht von dem Schöpfer weg zu dem Geschöpf hingezogen – der schnellste Weg zum Verderben der Seele!

Franciscus: Ich bitte dich, urteile nicht so rasch! Gerade die Liebe zu ihr war es, die mich zur Gottesliebe führte.

Augustinus: Doch hast du dabei die natürliche Ordnung umgekehrt.

Franciscus: Wie meinst du das?

Augustinus: Alle Geschöpfe sollen wir lieben aus Liebe zum Schöpfer. Du aber, von den Reizen eines Geschöpfes bestrickt, hast Gott nicht so geliebt, wie du solltest. Du hast in ihm nur den Künstler bewundert, der auf der ganzen Welt nichts Schöneres geschaffen. Und doch ist ja die Körperform die niedrigste Art von Schönheit.

Franciscus: Ich rufe die Wahrheit, die hier steht, und mein Gewissen zu Zeugen auf, dass ich mehr ihre Seele als ihren Leib geliebt habe. Das magst du daraus sehen, dass meine Liebe umso stärker wurde, je mehr mit dem Fortschritt der Jahre ihre körperliche Schönheit schwand. Denn wenn auch im Laufe der Zeit ihre Jugendschönheit welkte, so mehrten sich doch die Zierden ihrer Seele, und diese hielten die Liebe wach, die sie einst in mir geweckt hatten. Hätte meine Liebe nur ihrem Leib gegolten, so wäre es längst Zeit gewesen, davon abzulassen.

Augustinus: Du scherzest. Hätte ihre Seele dir ebenso gefallen, wenn sie in einem schmutzigen, hässlichen Körper wohnte?

Franciscus: Das wage ich nicht zu sagen. Wir sehen ja die Seele nicht, und ein hässlicher Leib hätte keine so schöne Seele ahnen lassen. Aber erschiene die Schönheit ihrer Seele meinem Auge, ich würde sie wahrlich lieben, wäre sie auch mit schmutziger Hülle umkleidet.

AUGUSTINUS: Du suchst Schutz hinter Worten. Wenn du nur lieben kannst, was dem Auge sichtbar ist, so hast du eben nur ihren Leib geliebt. Freilich will ich nicht leugnen, dass auch ihre Seele und ihre Sitten den Flammen deiner Leidenschaft Nahrung gaben – hat ja doch ihr Name schon, wovon ich später reden will, deine Liebesglut um vieles noch gesteigert. Wie bei allen Leidenschaften des Geistes, so entsteht besonders bei dieser aus kleinen Funken oft das größte Flammenmeer.

FRANCISCUS: Ich sehe, wohin du mich bringen willst. Ich soll mit Ovid bekennen: »Ich habe die Seele zugleich mit dem Körper geliebt.«

AUGUSTINUS: Auch wirst du bekennen müssen, dass du keines von beiden mit Maß, wie es sich ziemte, geliebt hast.

FRANCISCUS: Keine Folterqualen werden mir dies Geständnis erpressen.

AUGUSTINUS: Und noch weiter, dass du dich dieser Liebe wegen in das größte Unglück gestürzt hast.

FRANCISCUS: Und steigerst du auch die Folterqualen, ich gestehe nichts.

AUGUSTINUS: Bald wirst du beides freiwillig bekennen, wenn du nur auf meine Gründe und meine Fragen achtest. Sage mir: Erinnerst du dich noch der Jahre deiner Kindheit, oder hat die sorgenvolle Gegenwart jede Erinnerung an jene Zeit gelöscht?

FRANCISCUS: Kindheit und Knabenjahre stehen vor meinen Augen wie der gestrige Tag.

AUGUSTINUS: Weißt du noch, wie lebendig damals die Gottesfurcht, der Gedanke an den Tod, die Liebe zu Religion und Sitte in dir waren?

FRANCISCUS: Ja, ich weiß es, und mit Trauern denke ich daran, wie mit den Jahren diese Tugenden geschwunden sind.

AUGUSTINUS: Auch ich habe immer gefürchtet, Frühlingsstürme möchten die frühen Blüten zerstören, die unverletzt und unbeschädigt zu ihrer Zeit so schöne Früchte hätten tragen können.

FRANCISCUS: Du schweifst vom Thema ab. Was soll dies zu dem, wovon wir reden?

AUGUSTINUS: Da dein Gedächtnis treu und frisch ist, so bitte ich dich, durchlaufe schweigend in deinem Geiste dein ganzes Leben und besinne dich, wann dieser Wechsel deiner Sitten eintrat.

FRANCISCUS: Siehe, schon hat ein Blick meines zitternden Auges die lange Reihe meiner Jahre überflogen.

AUGUSTINUS: Und was findest du?

FRANCISCUS: Da ich, bescheiden und sittenrein auf rechtem Pfade wandelnd zum Scheideweg kam, da ward mir geheißen, den Weg zur Rechten zu ergreifen. Ich aber schlug den Weg zur Linken ein, vielleicht aus Leichtsinn, vielleicht aus Trotz, und ich vergaß die Verse, die ich in meiner Jugend so oft gehört:

»Hier ist der Ort, wo die Wege sich scheiden. Es führet der rechte
Nach der Stadt des großen Dis und nach den Gefilden,
Wo die Seligen wohnen. Doch hier die Straße zur Linken
Führt zum dunkeln Tartarus und zu den Qualen der Bösen.«

Wie sonderbar, so oft ich es las, ich verstand es nicht, bis ich es an mir selbst erfahren. Und nun zog es mich fort auf dem schiefen Wege der Sünde. Oft wandte sich mein weinendes Auge zurück, aber ich konnte den rechten Weg nicht mehr finden. Ja – damals als ich diesen verlassen hatte, trat jener traurige Umschwung in meinem Leben ein.

AUGUSTINUS: Und in welchen Jahren war das geschehen?

FRANCISCUS: Mitten im Feuer meiner Jugend. Warte ein wenig: vielleicht entsinne ich mich auch in welchem Jahre es geschah.

AUGUSTINUS: Das ist nicht nötig. Besinne dich nun lieber, wann du zum ersten Male die Schönheit der Geliebten gesehen hast.

FRANCISCUS: Das werde ich nie vergessen können!

AUGUSTINUS: Nun?

FRANCISCUS: In der Tat – jene erste Begegnung mit ihr und jener traurige Umschwung fielen in dieselbe Zeit.

AUGUSTINUS: Nun habe ich das Geständnis, das ich wollte! Damals erstauntest du, es blendete dein Auge der ungewohnte Glanz ihrer Schönheit. Und man sagt ja, das Staunen sei der Anfang der Liebe. So heißt es auch beim lebenserfahrenen Dichter: »Staunend stand in Bewunderung Dido bei seinem ersten Anblick.« Und erst später heißt es: »Und in Liebe erglühte Dido.« Wenn auch diese ganze Erzählung, wie du wohl weißt, nur Dichtung ist, so ist sie doch vom Dichter dem Leben abgelauscht. Doch sag: warum schlugst du damals, da ihr Anblick dich begeisterte, den Weg zur Linken ein? Doch wohl nur deshalb, weil er dir bequemer und breiter schien? Der Weg zur Rechten ist ja steil und enge und du scheutest die Mühe. Warum hat dieses vielgerühmte Weib, das du deine sicherste Führerin zum Himmel nennst, dich nicht geleitet, da du unschlüssig warst und schwanktest? Warum hat sie dich nicht, wie man es bei Blinden tut, an der Hand geführt und dir den Weg gewiesen?

FRANCISCUS: Das tat sie, so gut sie konnte. Keine Bitten konnten sie bewegen, keine Schmeicheleien überreden – sie schützte ihre Frauenehre, und ihrer und meiner Jugend und tausend anderen Dingen, die eine felsenfeste Seele hätten beugen können, zum Trotze blieb sie fest und unerschütterlich. Die starke Seele des Weibes lehrte den Mann seine Pflichten. Ihr verdanke ich es, dass mir im Streben nach Keuschheit – um Senecas Worte zu gebrauchen – weder Beispiele noch mahnender Tadel fehlten. Und als sie endlich doch sehen musste, wie ich in die Sünde fiel, da wollte sie mich lieber ganz verlassen als mir folgen.

AUGUSTINUS: So hast du also manchmal doch von ihr Schändliches verlangt, was du doch vorhin leugnetest. Aber so ist es immer bei euch **Liebeskranken** oder besser Geisteskranken. Von euch allen gilt das Wort: »Ich will und will nicht und will nicht und will.« Ihr selbst wisst nicht, was ihr wollt und nicht wollt.

FRANCISCUS: Sehr unvorsichtig bin ich in deine Schlinge geraten. Wenn ich einst vielleicht etwas Unrechtes von ihr verlangt, so waren es die Liebe und mein jugendliches Alter, die mich dazu verführten. Jetzt aber weiß ich, was ich will und wünsche, und hat endlich mein schwankender Sinn sich gefestigt. Sie freilich war immer unerschütterlich und wandellos. Je mehr ich sie kennen lerne, desto mehr bewundere ich ihre Standhaftigkeit. Und wenn mich früher auch ihre Festigkeit betrübte, jetzt freue ich mich darüber und sage ihr von Herzen dafür Dank.

AUGUSTINUS: Wer uns einmal getäuscht, der findet nicht so leicht unseren Glauben wieder. Deine Sitten und dein ganzes Leben wirst du ändern müssen, ehe du mich überzeugen kannst, dass deine Seele sich geändert habe. Das Feuer deiner Leidenschaft mag schwächer und kleiner geworden sein, erloschen ist es sicher nicht. Und, der du so für die Geliebte eintrittst, merkst du denn nicht, dass du dich selbst verdammst, wenn du sie freisprichst? Du nennst sie eine Heilige, dich einen Toren und Sünder; sie nennst du glücklich und gestehst, dass dich selbst die Liebe zum unglückseligsten Menschen gemacht hat. Das war es, wenn du dich erinnerst, was ich zu Anfang selbst gesagt.

FRANCISCUS: Ich erinnere mich wohl und kann nicht leugnen, dass du recht hattest. Und nun sehe ich auch, wohin du mich geführt hast.

AUGUSTINUS: Merke auf, damit du es noch besser siehst. Es gibt kein Ding, das uns Gott rascher vergessen und verachten ließe als die Hinneigung zu irdischen Dingen, jene vor allem, die wir mit dem Worte »Liebe« bezeichnen, und die man mit einer fürchterlichen Gotteslästerung selbst einen Gott genannt hat, umso für die menschliche Leidenschaft eine Entschuldigung des Himmels zu haben und die niedrige Sünde erlaubter zu machen durch ihren göttlichen Ursprung. Und es ist kein Wunder, dass gerade diese Leidenschaft solche Macht über die menschliche Seele besitzt. Zu den anderen führt uns nur der äußere Schein der Dinge, die erhoffte Freude des Genießens und das Ungestüm der eigenen Seele. Bei der Liebe aber kommt zu all diesem noch die Gegenseitigkeit der Neigung. So schwindet jede Hoffnung, dass die Glut erkalte. Während bei anderen Dingen wir nur lieben, werden wir hier wieder geliebt, und gegenseitige Reize steigern die Empfindungen des armen Herzens. Nicht mit Unrecht sagt Cicero, dass von allen Leidenschaften unserer Seele wahrlich die Liebe die größte sei. Und er ist seiner Sache sicher, wenn er ein »wahrlich« hinzusetzt, er, der an anderer Stelle den Zweifel, der alles in Frage stellt, verteidigt hat.

FRANCISCUS: Ich habe die Stelle oft gelesen und mich gewundert, dass er die Liebe die heftigste aller Leidenschaften nennt.

AUGUSTINUS: Du würdest dich nicht wundern, wenn du an dich selber dächtest. Doch kann ich dir ja mit wenigen Worten dein ganzes Elend ins Gedächtnis zurückrufen. Denke daran, wie sich dein ganzes Leben, seit jene unheilvolle Liebe deine Seele befallen, in Jammer und Elend erschöpft hat, wie du in krankhafter Wollust an den eigenen Tränen und Seufzern dich weidetest, wie dir die langen schlaflosen Nächte hindurch immer nur ihr süßer Name auf den Lippen lag, wie alle Dinge dir zum Ekel wurden, wie Lebensüberdruss und Todessehnsucht dich quälten und dich die Liebe menschenscheu in stille Einsamkeiten trieb – konnte man doch von dir sagen, was Homer von Bellerophon singt: »Er verzehrte sein Herz in Kummer und Sorgen und Trauer, irrte ziellos umher und floh die Pfade der Menschen.«

Du wurdest mager und blass, und vorzeitig welkte die Blüte deiner Jugend; die unaufhörlichen Tränen machen deine Augen trübe, deine Geistesfrische leidet Not, deine Ruhe ist für immer gestört, selbst im Schlafe ergehst du dich in rührenden Klagen, deine Stimme wird matt und heiser vom Weinen, gebrochen und stockend fließt deine Rede. Hältst du dies ruhelose, traurige Leben für ein Glück? – Sie schuf dir Freuden- oder Trauertage: wenn sie kam, erstrahlte dir die Sonne; wenn sie ging, kehrte dir die Nacht wieder. Mit ihren Mienen wechselte deine Stimmung: heiter oder betrübt warst du, je nachdem ihr Angesicht es war. So hingst du ganz von ihrer Willkür ab. Du weißt, dass ich wahr rede und nur Dinge sage, die jedermann bekannt sind. Und welche Torheit: nicht zufrieden mit dem lebendigen Antlitz, das dir so viel Unheil schuf, ließest du dir von eines großen Künstlers Meisterhand ihr Bild malen, um es immer bei dir tragen zu können als eine Quelle unaufhörlicher Tränen. Fürchtetest du vielleicht, die Tränen möchten dir sonst versiegen? Und sorgtest hier vor in größter Achtsamkeit, der du sonst sorglos alles zu vernachlässigen pflegst? Und nun zum Gipfel deines Wahnsinns, den ich schon vorhin kurz berührt: Ist ein Abscheu, ein Tadel groß genug für deinen betörten Geist, der sich schon durch den Glanz ihres Namens nicht weniger als durch die Schönheit ihres Leibes blenden ließ? Was immer ihrem Namen ähnlich klang, hast du in lächerlicher Eitelkeit verehrt. Darum allein, weil sie den Namen Laura führt, hast du mit solchem Eifer gestrebt, den Lorbeer eines Fürsten oder Dichters zu erringen. Und seit der Zeit gelang dir kein Gedicht, worin du nicht den Lorbeer nanntest, als wohntest du am Ufer des Peneus oder als Priester des Apollo auf den Höhen von Cirrha. Und da es Torheit gewesen wäre, die Fürstenkrone zu erhoffen, hast du nach dem Dichterlorbeer, den du als Lohn für deine Geistesarbeit dir verhießest, nicht anders als nach deiner Herrin selbst geschmachtet und gestrebt. Wenn du nachdenkst, wirst du staunend einsehen, welch ungeheure Mühe trotz fremder Hilfe es dich kostete, dies Ziel zu erreichen. Ich weiß wohl, welche Antwort du bereit hast und sehe, was du bei dir denkst: du willst sagen, du hättest solchem Streben dich hingegeben, bevor die Liebesglut in dir erwachte, und hättest seit deinen Knabenjahren von diesem Dichterlorbeer geträumt. Ich weiß es wohl und bestreite es nicht. Aber der Gedanke daran, dass der Brauch der Dichterkrönung seit Jahrhunderten veraltet war, dass die jetzige Zeit von solchen Träumen nichts mehr wissen will, das Ungemach eines langen Lebens, das dich schon zur Schwelle des Todes geführt hat, und die vielen anderen Widerwärtigkeiten des Schicksals hätten dich längst von deinem Vorsatz abgebracht oder dich darin erschüttert. Doch der süße Klang ihres Namens hat deine Seele immer wieder aufgestachelt, bis du alle andere Sorgenlast von dir warfst und über Länder und Meere und über tausend Hindernisse hinweg nach Neapel und Rom eiltest, wo du dann endlich erreicht hast, wonach dein Herz erglühte. Wer dies alles nur für Zeichen einer mittelmäßigen, bescheidenen Leidenschaft hält, von dem bin ich überzeugt, dass er selbst nicht wenig rase. Du kennst die Stelle, die Cicero aus dem Eunuch des Terenz herübernahm:

»Tausend andere Übel gebiert die Liebe: Argwohn,
Unrecht, Feindschaft, unbeständigen Frieden,
Krieg und wiederum Frieden«

Erkennst du nicht wieder in diesen Worten alle deine Torheiten, vor allem die Eifersucht, die ja unter den Krankheiten der Liebe, wie diese selbst unter den Leidenschaften, den ersten Platz einnimmt? Vielleicht wirst du einwenden und sagen: »All dies bestreite ich nicht; aber ich besitze ja die Vernunft, die diese Laster mäßigt.« Als habe er deinen Einwand vorausgesehen, fährt Terenz fort:

»Wenn du hoffst, dass der Leidenschaft Schwanken
Durch die Vernunft sich festige, tust du dasselbe
Wie ein Narr, der sich müht, mit Vernunft den Narren zu spielen.«

Dies Wort, dessen Wahrheit du zweifellos fühlst, macht allen deinen Ausflüchten ein Ende. – Ich will hier nicht das ganze Elend der Liebe schildern: du kennst es, und wer es nicht an sich selbst erfahren, der würde mir nicht glauben. Aber ich komme noch einmal darauf zurück: das größte Unheil der

Liebe ist, dass sie uns Gott vergessen lässt. Wie könnte der Geist, den so viel Elend niederbeugt, zu dem reinen Quell alles Wahren und Guten sich erheben? Nun wundere dich ferner nicht, dass Marcus Tullius die Liebe die größte aller Leidenschaften nennt.

FRANCISCUS: Ich muss gestehen, dass ich geschlagen bin. Alles, was du sagtest, das hast du ja aus dem Buche meiner eigenen Erfahrung gelesen. Du hast den Eunuch des Terenz zitiert; darum sei es mir erlaubt, mit desselben Dichters Worten zu klagen:

»O unwürdiges Leben!
Ich fühle mein Elend: mir ekelt
Vor Liebe, und doch muss ich lieben. Sehend und wissend
Geh' ich lebendig zugrunde und weiß nicht, was tun.«

Und wieder mit des Dichters Worten erflehe ich deinen Rat: »Solang es noch Zeit ist, denke und sinne zu helfen!«

AUGUSTINUS: Und mit demselben Dichter antworte ich dir: »Was in sich selbst nicht Verstand noch Maß hat, vermagst du mit Verstand auch nie zu regieren.«

FRANCISCUS: Was soll ich also tun? Muss ich verzweifeln?

AUGUSTINUS: Vorher müssen wir alles versuchen. Mein bewährter Rat ist der: Du weißt, dass über diese Sache große Philosophen und berühmte Dichter Abhandlungen und ganze Bücher geschrieben haben. Es wäre eine Beleidigung, dir, dessen Beruf ja dieses Studium ist, sagen zu wollen, wo diese zu finden und wie sie zu verstehen sind. Doch ist es vielleicht angebracht, dir zu zeigen, wie du das, was du gelesen und verstanden hast, nun auch zu deinem Heile anwenden kannst. Einige Philosophen sind, wie wir bei Cicero lesen, der Meinung, man solle die alte Liebe durch eine neue, wie einen Nagel durch den anderen, zu vertreiben suchen. So rät auch ganz allgemein Ovid, der Meister der Liebe: »Jede Liebe wird stets durch die nächste besiegt.«

Und ohne Zweifel ist dem so. Denn die von mehreren Interessen in Anspruch genommene Seele vermag nur noch mit geteilter Kraft der einzelnen Leidenschaft sich hinzugeben. So wurde einst, wie man sagt, der Ganges vom Perserkönig in unzählige kleine Arme geteilt und wurde so aus einem großen und gefährlichen Strome zu einer Menge von verächtlichen Bächen. So wird eine zersplitterte Schlachtreihe vom Feinde leichter durchdrungen, so erlahmt ein Feuer, wenn sein Herd in kleine Teile zerstreut wird. Jede Gewalt wird ja durch Teilung vermindert, wie sie umgekehrt durch Vereinigung wächst. Indes ist freilich sehr zu fürchten, du möchtest, von dieser einen und in gewissem Sinne edlen Leidenschaft abgezogen, dafür in viele andere dich stürzen, aus einem Liebenden ein Weibersüchtiger, ein unbeständiger und flatterhafter Mensch werden. Ist aber der Tod doch unvermeidlich, so liegt nach meiner Ansicht doch ein gewisser Trost darin, an einer edlen Krankheit sterben zu müssen. Was ich dir also rate, fragst du? Raffe dich auf und fliehe, wenn du kannst, unermüdlich von einem Kerker in den anderen. Ich tadle dich darob nicht; denn es ist doch dabei die Hoffnung vorhanden, dass du einmal ganz entrinnen oder doch in eine weniger strenge Herrschaft geraten wirst. Damit aber bin ich nicht einverstanden, dass du, dem einen Joch entronnen, unzähligen anderen, noch abscheulicheren, dich beugst.

Franciscus: Erlaubst du, dass ein Kranker, der seine Krankheit wohl kennt, den Arzt unterbreche?

Augustinus: Warum nicht? Schon oft waren dem Arzte die Worte seines Kranken lehrreiche Winke, die ihn das richtige Heilmittel finden ließen.

Franciscus: So wisse denn dies eine: Nie werde ich eine andere lieben können. Mein Geist hat sich daran gewöhnt, sie anzubeten, mein Auge, sie zu bewundern. Was nicht die Geliebte ist, das erscheint mir trüb und hässlich. Wenn du darum von mir verlangst, eine andere zu lieben, umso von meiner Liebe geheilt zu werden, so forderst du Unmögliches. Dann ist es um mich geschehen; dann bin ich verloren.

AUGUSTINUS: Dein Gefühl ist also abgestumpft, deine Neigung erstarrt. Nun, wenn innerliche Mittel nicht mehr wirksam sind, so müssen wir eben zu äußerlichen greifen. Könntest du dich entschließen, den Aufenthalt an den gewohnten und geliebten Orten zu meiden und in fremde Länder zu fliehen?

FRANCISCUS: Ich kann es – und wenn mich auch die stärksten Bande hielten.

AUGUSTINUS: Kannst du es, so wirst du sicher gesunden. Darum sage ich dir mit den Worten Vergils: »Fliehe das teure Land und die geliebten Gestade.« Denn kannst du hier je sicher sein, wo du so viel Spuren deiner Leiden vor dir siehst, wo der stete Anblick der Geliebten und die Erinnerung an vergangene Tage dir keine Ruhe lassen? Du musst, wie Cicero sagt, als ein genesender Kranker in der Ortsveränderung Heilung suchen.

FRANCISCUS: Beachte wohl, was du mir vorschreibst! Wie oft habe ich ja schon, voll Eifer für meine Gesundung und dieses Rates wohl eingedenk, mein Heil in der Flucht versucht! Ich erheuchelte alle möglichen Gründe für meine Reisen und meinen Landaufenthalt, aber ihr einziger Zweck war immer nur derselbe: die Freiheit. Diese allein habe ich gesucht auf meinen weiten Wanderfahrten nach West und Nord, bis an das ferne Meer. Du siehst nun, was es mir genützt hat. Immer wieder muss ich an das Gleichnis bei Vergil denken:
»wie ein Reh, von dem tückischen Pfeile getroffen,
Den im harmlosen, munteren Spiel ein Hirte entsendet,
Ruhelos irrt durch Kretas tiefe Schluchten und Wälder,
Wild, in angstvoller Flucht, das tödliche Eisen im Herzen.«
Gleiche ich nicht diesem Reh? Ich floh, doch mein Verderben trug ich immer mit mir.

AUGUSTINUS: Die Antwort, die du von mir erwartest, magst du dir selbst geben.

FRANCISCUS: Welche Antwort?

AUGUSTINUS: Dem, der sein Übel mit sich herumschleppt, dem mehrt die Ortsveränderung nur Mühe und Elend, ohne ihn zu heilen. Ich könnte dir antworten, was Sokrates einem Jüngling sagte, der darüber klagte, von seinen Reisen keinen Nutzen gehabt zu haben: »Du reistest eben mit dir.« Du hättest vorher die alte Sorgenlast von dir schütteln, deinen Geist vorbereiten und dann erst reisen sollen. Das gilt von den Leiden der Seele nicht weniger als von denen des Leibes: das Mittel bleibt unwirksam, wenn der Kranke sich nicht entsprechend vorbereitet hat. Du magst an Indiens fernste Grenzen fliehen, du wirst gestehen müssen, dass Flaccus wahr geredet:

»Nur den Himmel über sich, nicht ihre Seelen ändern,
Die da über die Meere fahren.«

FRANCISCUS: Du bringst mich in eine sonderbare Verwirrung. Erst rätst du mir, durch Reisen die Seele zu heilen, nun verlangst du, ich solle die Seele heilen und dann erst reisen. Aber darum handelt es sich ja eben, wie ich die Seele heilen kann! Und ist die Seele geheilt, wozu dann reisen? Und ist sie nicht geheilt, was nützt mir dann das Reisen? Was du da sagtest, scheint mir wertlos. Rate mir deutlicher, auf welche Weise ich mir helfen kann.

AUGUSTINUS: Ich habe nicht gesagt, die Seele sollte schon geheilt sein, sondern nur die Heilung solle vorbereitet werden. Ist übrigens die Seele schon geheilt, so kann die Ortsveränderung ihr eine dauernde Gesundheit bringen; ist sie nicht geheilt, aber darauf vorbereitet, so kann sie eben dadurch gesunden. Ist sie aber keines von beiden, so wird ihr freilich die Ortsveränderung, dieses ruhelose Reisen von Ort zu Ort nur neue Schmerzen bereiten. Auch hier stütze ich mich auf Flaccus: »Nicht das weit gedehnte Meer, Vernunft nur und Weisheit nehmen von dir die Sorgen.«

Und fürwahr, so ist es! Voll Hoffnung und Verlangen nach der Heimkehr würdest du reisen und alle Schlingen deiner alten Liebe mit dir schleppen. Wo du bist, wohin du dich wendest, würdest du nur an der Verlassenen Angesicht und Stimme denken. Selbst in der Ferne würdest du, wie das so bei Verliebten Brauch ist, der Fernen Stimme hören, sie immer vor dir sehen. Glaubst du, dass deine Liebe so erlöschen werde? Glaube mir, sie würde nur noch mehr erglühen. Raten ja doch die Meister der Liebe selbst den Liebenden, bisweilen sich von der Geliebten fernzuhalten, es möchte sie sonst Überdruss ob ihrer ständigen Gegenwart erfassen und so ihre Liebe schwächen. Dringend rate und befehle ich dir darum: Wirf alles von dir, was deine Seele drückt, und dann reise weg ohne den Gedanken an eine Wiederkehr. Dann wirst du einsehen, wie das Fernsein von der Geliebten deine Seele zu heilen vermag. Kämest du an einen ungesunden Ort, der deinem Körper schädlich wäre, und müsstest du dort ein jammervolles Leben in ewiger Krankheit führen, würdest du da nicht entfliehen auf Nimmerwiedersehen? Aber ich fürchte gar sehr, dass du wie die meisten Menschen mehr Sorge für den Leib als für die Seele tragest.

Franciscus: So sind die Menschen! Darüber aber besteht kein Zweifel, dass ich, wenn ich durch die Ungunst eines Ortes in Krankheiten fiele, dieselbe schnell durch eine Veränderung des Ortes zu heilen suchte. Und dasselbe wünschte ich noch viel mehr zu tun, wo es sich um Krankheiten der Seele handelt. Aber das ist, wie ich sehe, eine schwierigere Sache.

Augustinus: Dass diese Ansicht völlig falsch ist, beweisen dir alle großen Philosophen; und zwar deshalb, weil alle Seelenkrankheiten geheilt werden können, wenn nur der Kranke selbst nicht widerstrebt, während dagegen viele Krankheiten des Leibes auf keine Weise heilbar sind. Doch um nicht allzu weit abzuschweifen: ich beharre auf meiner Meinung, dass der Geist darauf vorbereitet und daran gewöhnt werden müsse, das Geliebte zu meiden, dass er nie sich rückwärts wenden und nach den alten lieben Gewohnheiten sich sehnen dürfe. Dann erst mag der Liebende ruhig reisen. Du weißt nun, was du tun musst, wenn du deine Seele retten willst.

Franciscus: Wenn ich dich recht verstanden habe, willst du also sagen: einem unvorbereiteten Gemüte nützen die Reisen nichts, ein vorbereitetes heilen sie, ein schon geheiltes festigen sie in der Gesundheit. Dies ungefähr ist doch deine Ansicht?

Augustinus: Gewiss, nichts anderes; du hast damit den Inhalt meiner langen Ausführungen trefflich zusammengefasst.

Franciscus: Die Wahrheit der beiden ersten Sätze würde ich einsehen, auch wenn man sie mir nicht bewiese. Der dritte dagegen ist mir nicht recht klar: Warum sollte der Aufenthalt in fernen Gegenden einer Seele nötig sein, die schon gerettet und geheilt ist? Oder ist es die Furcht vor einem Rückfall, die diesen Rat diktiert?

Augustinus: Scheint dir das ein so schwacher Grund zu sein? Schon beim Leib ist ein Rückfall sehr zu fürchten, um wieviel mehr bei der Seele! Denn hier tritt er viel leichter ein und ist gefährlicher. In einem Briefe gibt Seneca den wertvollen, der Wirklichkeit abgelauschten Rat: »Wer versucht, von seiner Liebe sich freizumachen, der muss jeder Erinnerung an den geliebten Gegenstand aus dem Wege gehen.« Und er gibt als Grund an: »keine Krankheit bricht so schnell wieder aus wie die der Liebe«. Ein durchaus wahres und aus der innersten Erfahrung geschöpftes Wort. Dir gegenüber brauche ich mich in dieser Sache auf keine weiteren fremden Zeugen zu berufen.

Franciscus: Ich gestehe, dass Seneca recht hat. Aber du weißt wohl, er spricht an dieser Stelle nicht von dem, der sich von seiner Liebe schon freigemacht hat, sondern nur von solchen, die versuchen, sich freizumachen.

Augustinus: Er spricht eben von der Gefahr, wo sie am meisten droht. Bei jeder Krankheit ist vor ihrer Heilung, bei jeder Wunde vor ihrer Vernarbung eine Berührung viel gefährlicher als nach derselben. Daraus folgt aber nicht, dass sie später völlig ungefährlich sei. Doch ich will ein Beispiel aus deinem eigenen Leben anführen, da ein solches immer wirksamer ist: Wie oft bist du in dieser Stadt, die wenn nicht die Ursache, so doch der Schauplatz deiner Leiden war, als du dich schon genesen glaubtest und vielleicht auch bei zeitiger Flucht völlig genesen wärest, durch die bekannten Straßen gewandelt und hast dich, ohne die Geliebte selbst gesehen zu haben, schon beim Anblick der altgewohnten Orte der Erinnerung an die alten Torheiten hingegeben. Dann bliebst du trauernd und seufzend stehen, bis dir die Tränen in die Augen traten und du aufs neue verwundet wieder die Flucht ergriffest. Dann sagtest du bei dir: »Ich fühle, dass hier noch immer eines alten Feindes Schlingen verborgen liegen. Erinnerungen an einen bittern Tod umlauern mich hier.« Wenn du auf mich hören willst, so wisse, dass ich dir nicht raten kann, in dieser Stadt zu bleiben, selbst wenn du ganz genesen wärest, wovon du doch noch weit entfernt bist. Denn ist es klug, wenn einer, der eben erst dem Kerker entronnen ist, vor den Toren des Kerkers umherirrt, wo der Herr, der seine Flucht beklagt, in ruhelosem Eifer umhergeht, seinen Füßen neue Schlingen zu legen? Die Schwellen des Todes sind immer geöffnet:

»Leicht ist zum Avernus der Abstieg,
Offen stehen Tag und Nacht die finsteren Pforten.«

Wenn dies schon für die Gesunden gilt, wieviel eifriger müssen dann die sich vorsehen, die die Krankheit noch nicht verlassen hat! Und diese meint Seneca, da er dies sagt, und erteilt ihnen, die er in größerer Gefahr glaubt, seinen Rat. Es war ja unnötig, mit jenen sich zu befassen, die noch mitten in den Gluten ihrer Leidenschaften stehen und nicht daran denken, ihr Heil zu suchen. Er dachte vielmehr an die nächste Gattung von Menschen, die zwar gleichfalls brennen, aber schon daran denken, ihre Flammen zu verlassen. Vielen, die schon auf dem Wege zur Genesung waren, hat ein kleiner Trunk Wassers geschadet, der ihnen in gesunden Tagen genützt hätte. Oft hat einen Ermüdeten ein schwacher Stoß erschüttert, der einen kräftigen Menschen unbewegt gelassen hätte. Wie klein sind oft die Dinge, die eine sich durchringende Seele wieder in das größte Elend zurückstoßen können! Der Purpur auf den Schultern eines anderen stachelt den Ehrgeiz; ein Häuflein Münzen reizt die Habsucht; ein schöner Leib entflammt die sinnlichen Begierden und ein leichtes Spielen mit den Augen erweckt die schlafende Liebe. So fanden eurer Torheit wegen diese Krankheiten den Weg zur Seele, und haben sie einmal den Weg kennen gelernt, so kehren sie umso leichter wieder. Darum musst du diesen verderbenbringenden Ort verlassen, musst alles, was deine Seele in die alten Sorgen treiben könnte, mit größter Sorgfalt meiden. Sonst möchtest du wie Orpheus beim Rückweg aus der Unterwelt dein Auge rückwärts wenden und so die wiedergewonnene Eurydike, deine Gesundheit, zum zweiten Male verlieren. Dies ist mein Rat.

FRANCISCUS: Ich nehme ihn an und danke dir dafür. Ich fühle, dass er das beste Mittel gegen meine Krankheit ist. Und schon denke ich an die Flucht; doch weiß ich nicht, wohin ich meine Schritte lenken soll.

AUGUSTINUS: Viele Wege stehen dir nach allen Seiten offen; viele Zufluchtsorte könntest du finden. Ich weiß, dass dir am meisten Italien gefällt. Es ist ja deine Heimat und mit der Heimat verbindet uns ja manches teure Band. Und nicht mit Unrecht liebst du es:

»Denn nicht das Land der Meder, so überreich an Wäldern,
Noch auch der schöne Ganges, der goldbeladene Hermus
Können mit Italien sich messen, noch Baktra, noch Indien,
Noch Arabiens weihrauchreicher, sandiger Boden.«

Was der große Dichter mit diesen Worten nicht weniger wahr als schön gesagt hat, hast du selbst neulich einem Freunde in einem poetischen Briefe länger ausgeführt. Ich rate dir also: Geh nach Italien! Leben und Sitten der Italiener, der herrliche Himmel, die Höhen des Apennin, zu beiden Seiten das weite Meer, die schöne Lage der meisten Städte – dies alles macht es, dass es für deine Sorgen keinen günstigeren Aufenthalt als diesen gibt. Ich mag dich nicht an einen engen Punkt des schönen Landes binden. Geh und sei glücklich, wohin dein Herz dich führt! Aber geh bald und in froher Hoffnung und wende dich nie rückwärts. Strebe vorwärts und vergiss, was hinter dir liegt. Viel zu lange schon hast du als ein Verbannter fern von der Heimat, fern von dir selbst geweilt. Jetzt ist es Zeit zur Heimkehr. Denn es ist Abend geworden, und die Nacht, der Diebe Freundin, ist nahe. Deine eigenen Worte sind es, womit ich dich ermahne. Und eines, was ich schon vergessen wollte: Du weißt, dass du die Einsamkeit so lange fliehen musst, bis du fühlst, dass die letzten Reste deiner Krankheit von dir gewichen sind. Als du vorhin gestandest, dass der Aufenthalt auf dem Lande dir nie genützt habe, wunderte ich mich nicht. Welche Heilmittel glaubtest du denn auf dem Lande in einsamer Abgeschlossenheit finden zu können? Oft, wenn du allein aufs Land flohest und seufzend nach der Stadt zurücksahst, da habe ich droben im Himmel lächelnd zu mir selbst gesagt: »Der Arme! Die Liebe hat ihn verblendet und ihn die Verse vergessen lassen, die jeder Knabe kennt. Er flieht die Krankheit und eilt in den Tod.«

FRANCISCUS: Du hattest recht. Doch sag: Welche Verse meinst du?

AUGUSTINUS: Die des Ovid:
»Liebender, fliehe die Einsamkeit, sie ist dein Verderben.
Ei wo fliehst du nur hin? Im größten Menschengewühle
Wärest du sicherer.«

FRANCISCUS: Ich erinnere mich der Verse; in früher Kindheit waren sie mir wohl vertraut.

AUGUSTINUS: Was nützt dir dein Wissen, wenn du nicht verstehst, es für das Leben nutzbar zu machen? Ich habe mich umso mehr gewundert über deine Torheit, die Einsamkeit aufzusuchen, als du ja die entgegengesetzten Ansichten alter Philosophen kanntest und selbst oft in ihrem Sinne geschrieben hast. Oft hast du darüber geklagt, dass dir das einsame Leben nichts nütze, vor allem in jenem herrlichen Gedichte über deinen Gemütszustand. Ich selbst habe mich an der Lieblichkeit dieser Dichtung erfreut und habe staunend darüber nachgedacht, wie aus dem Munde eines Wahnsinnigen mitten unter den wildesten Stürmen seiner Seele ein so süßklingendes Lied ertönen konnte, oder welch starke Liebe die Musen davon abhalten mochte, ihren altgewohnten, nun durch so viel Hässlichkeit und durch des Gastwirts Entfremdung geschändeten Wohnsitz zu verlassen. Denn wenn Platon sagt: »Wer bei nüchternem Verstande ist, klopft vergebens an die Pforten der Dichtkunst«, und sein Nachfolger Aristoteles: »Kein großes Genie gibt es ohne eine gewisse Mischung von Irrsinn«, so meinen sie damit etwas ganz anderes als deine Torheiten. Doch davon ein andermal.

Franciscus: Ich war mir nicht bewusst, ein so süßes Gedicht geschrieben zu haben, dass es selbst dein Gefallen gefunden hat. Nun fange auch ich an, es zu lieben. – Kennst du aber noch ein anderes Heilmittel, so bitte ich dich, wolle es dem Bedürftigen nicht vorenthalten.

Augustinus: Ich will nicht alles, was ich weiß, vor dir aufzählen. So macht es ein Prahler, nicht ein besorgter Freund. Auch sind nicht alle Mittel gegen innere wie gegen äußere Krankheiten dazu geeignet, alle zugleich bei einem einzigen Kranken angewandt zu werden. Darum sagt auch Seneca: »Nichts hemmt die Genesung mehr als der häufige Wechsel der Heilmittel. Eine Wunde, an der alle möglichen Arzneien erprobt werden, kommt nie zur Vernarbung. Erst wenn ein Mittel wirkungslos bleibt, soll man zu einem anderen greifen.« Wenn es auch für deine Leiden viele und verschiedenartige Arzneien gibt, so werde ich mich darum doch begnügen, nur wenige und vor allem diejenigen anzuwenden, von denen ich die sicherste Wirkung erhoffe. Ich will dich auch damit nicht etwas Neues lehren, sondern dir nur zeigen, welche von den allgemein bekannten Mitteln ich für die wirksamsten erachte. Drei Dinge sind es, wie Cicero sagt, die die Seele von der Tyrannei der Liebe befreien: Übersättigung, Scham und Nachdenken. Man könnte auch mehr oder weniger aufzählen, doch bleiben wir der Autorität dieses großen Mannes wegen bei der Annahme, es seien diese drei. Von der Übersättigung zu reden, ist überflüssig; du hältst es ja für unmöglich, so wie die Dinge liegen, je der Liebe zu ihr satt zu werden.

Und doch, wenn du in deiner Leidenschaft auf die Vernunft hören und von der Vergangenheit auf die Zukunft schließen würdest, müsstest du zugeben, dass der geliebte Gegenstand schließlich nicht nur Übersättigung, sondern selbst Überdruss und Ekel zu erzeugen vermag. Doch weiß ich ja aus Erfahrung, dass du in diesem Punkte unzugänglich bist. Denn würdest du auch zugeben, dass eine Übersättigung möglich sei, und dass eine solche die Liebe ersticken könne, so würdest du doch erklären, dass deine glühende Leidenschaft von einer solchen noch sehr weit entfernt sei. Und ich müsste dir hierin recht geben. Reden wir daher von den beiden anderen Möglichkeiten. Du wirst mir, glaube ich, nicht bestreiten, dass dir die Natur Anstand und edlen Sinn verliehen hat.

Franciscus: Wenn ich mich nicht über mich selbst täusche, so ist dies wirklich wahr. Schon oft habe ich es bitter empfunden, nicht in unsere Zeit noch in unsere Welt zu passen, wo alles, wie du siehst, nur noch den Schamlosesten zuteil wird, Ehre, Aussichten, Reichtum, Dinge, gegen die selbst die persönliche Tüchtigkeit nichts mehr vermag.

Augustinus: Und siehst du nun auch, wie sehr sich Liebe und Scham widerstreiten? Während jene den Geist drängt und reizt, beruhigt ihn diese; während jene ihm die wilden Sporen gibt, hält ihn diese klug im Zaume; während die Liebe auf nichts achtet, überlegt die Scham in weiser Vorsicht.

Franciscus: Ach, ich fühle mit Schmerzen, wie feindliche Leidenschaften in mir sich bekämpfen. Bald beherrscht mich diese, bald jene. Bald hierhin, bald dorthin reißen mich die Stürme meiner Seele, und ich weiß nicht, welcher Regung ich willig folgen soll.

Augustinus: Sage mir, wenn ich dich fragen darf: Hast du dich neulich im Spiegel betrachtet?

Franciscus: Was soll diese Frage? Allerdings pflege ich dies manchmal zu tun.

Augustinus: Hoffentlich geschieht es nicht häufiger und nicht eitler, als es nötig ist. Nun frage ich dich: Siehst du nicht, wie von Tag zu Tag dein Gesicht altert, wie an den Schläfen schon weiße Haare sich zeigen?

FRANCISCUS: Ich glaubte, du wolltest etwas ganz Besonderes sagen. Das ist ja allen Erdgeborenen gemeinsam: man ist jung, man altert, man stirbt. Ich nehme an mir wahr, was ich auch fast an allen meinen Altersgenossen sehe. Ich weiß auch nicht, ob die Menschen heute schneller altern als früher.

AUGUSTINUS: Anderer Leute Alter macht dich nicht jung und ihr Tod dich nicht unsterblich. Doch sag: Hat nicht der Anblick deines alternden Körpers in deiner Seele eine Wandlung hervorgerufen?

FRANCISCUS: Er hat die Seele wohl erschüttert, aber nicht verändert.

AUGUSTINUS: Wie war dir aber dabei zumute? Was dachtest du?

FRANCISCUS: An nichts anderes, als an jenes Wort des Kaisers Domitian: »Ruhigen Herzens trage ich schon in der Jugend mein alterndes Haar.« Mit seinem Beispiel habe ich mich über meine wenigen weißen Haare getröstet. Und neben dem Kaiser dachte ich auch an einen König, an Numa Pompilius, der als Zweiter die römische Königskrone trug: auch dieser soll von früher Jugend an graue Haare gehabt haben. Und auch das Beispiel eines Dichters fehlte mir nicht: So sagt Vergil in seinen bukolischen Liedern, die er bekanntlich im Alter von dreiundzwanzig Jahren geschrieben hat, unter der Person des Hirten von sich selbst: »Immer reichlicher fielen unter der Schere die grauen Haare vom Haupte.«

AUGUSTINUS: Du hast ja eine Menge von Beispielen bereit. Hättest du doch ebenso viele, die dir den Gedanken an den Tod nahelegten! Diese Beispiele, die dich lehren, die grauen Haare nicht als Zeugen des Alters und Boten des nahen Todes zu betrachten, kann ich nicht billigen. Denn sie verführen dich dazu, den raschen Verfall des Lebens zu verkennen und der letzten Dinge zu vergessen. Dass du aber dieser gedenkest, ist ja der Zweck unserer Gespräche. Wenn ich dich nun hinweise auf dein ergrauendes Haar, so nennst du mir eine Reihe von berühmten Männern, deren Haar auch ergraute! Was soll das? Ja, wenn du beweisen könntest, dass jene nicht gestorben seien, dann hättest du Grund, das Ergrauen deiner Haare nicht zu fürchten. Hätte ich von einer Glatze gesprochen, so würdest du mich wohl auf Julius Caesar hingewiesen haben?

Franciscus: Gewiss; ich hätte kein besseres Beispiel gehabt. Und es liegt doch auch, wenn ich mich nicht täusche, ein großer Trost darin, sich in der Gesellschaft so berühmter Männer zu wissen. Darum gestehe ich offen: ich mag solche Beispiele nicht missen.

Es ist doch gut, in den Trübsalen, die uns die Natur oder das Schicksal bereitet und noch bereiten kann, irgendeinen tröstenden Gedanken zu haben. Und ein solcher besteht am besten in dem wirksamen Hinweis auf das Beispiel irgendeines berühmten Mannes. Hättest du mich darob getadelt, dass ich mich vor dem Blitz fürchte – ich kann nicht leugnen, dass dies der Fall ist, und nicht der letzte Grund meiner Liebe zum Lorbeer ist der, dass dieser Baum vom Blitz nicht getroffen werden soll – so würde ich dir geantwortet haben, dass Kaiser Augustus an derselben krankhaften Angst litt. Hättest du mich blind genannt und wäre ich wirklich blind, so hätte ich auf den blinden Appius und auf Homer, den Dichterfürsten, hingewiesen; bei Einäugigkeit hätte ich mich mit Hannibal oder mit König Philipp von Mazedonien getröstet, bei Schwerhörigkeit mit Marcus Crassus; könnte ich die Hitze nicht ertragen, so würde ich mich auf Alexander den Großen berufen – und so könnte ich noch viele weitere Beispiele anführen, doch kannst du ja von dem Gesagten auf das Übrige schließen.

Augustinus: Ich missbillige es durchaus nicht, dass du dir solche Beispiele vor Augen hältst; doch dürfen sie dich nicht lässig und gleichgültig machen, nur Furcht und Schwermut sollen sie dir nehmen. Und ich lobe jeden Gedanken, der dich davon abhält, das nahende Greisenalter zu fürchten oder das schon gegenwärtige zu hassen. Aber ich verwerfe und missbillige durchaus alles, was dir den Gedanken einflößen könnte, dass das Alter nicht das nahende Ende dieses Lebens verkünde, und dass man nicht allzu viel des Todes gedenken solle. Es ist wohl ein Zeichen guten Charakters, das frühzeitige Ergrauen ruhigen Herzens zu ertragen; dagegen nicht glauben zu wollen, dass man alt geworden, und vielleicht selbst einige Jahre zu verleugnen, zu klagen, dass allzu früh die grauen Haare kämen, sie zu verbergen oder auszureißen, das ist eine zwar allgemein verbreitete, doch darum nicht weniger große Torheit. Sehet ihr nicht, ihr Blinden, wie rasch die Sterne eilen, mit deren schnellem Lauf die Tage eures kurzen Lebens entrinnen? Ihr wundert euch, dass das Alter zu euch komme, das doch im schnellen Flug der Tage euch entgegeneilt? Zwei Dinge sind es, die euch zu solcher Torheit verleiten. Erstens teilt ihr die kurze Spanne eures Lebens bald in vier, bald in sechs, bald in noch mehr kleine Abschnitte ein und sucht durch diese Zahlen das kurze Leben, da es in Wirklichkeit nicht möglich ist, wenigstens in eurer Einbildung zu verlängern. Doch was nützt diese Teilung? Mache Abschnitte und Teilchen, so viel du willst, in einem Augenblicke fast sind alle dahin! »Kaum erst geboren, ist er schon bald ein blühender Knabe, Bald ein Jüngling, bald Mann.« Hörst du, wie der geistvolle Dichter durch den Schwung und die Wucht der Worte den raschen Lauf des Lebens zum Ausdruck bringt?

Vergebens also sucht ihr zu erweitern, was die Natur, die Mutter allen Seins, enge geschaffen hat. Das Zweite ist, dass ihr unter Scherzen und falschen Freuden altert. Es ergeht euch wie den Trojanern, die ahnungslos ihre letzte Nacht in Festjubel verbrachten:

»Da schon das schreckliche Pferd in Trojas mächtigen Mauern
Weilte, bergend im finsteren Bauche bewaffnete Krieger.«

So übersteigt das Alter, das den bewaffneten, unüberwindlichen Tod mit sich führt, die Mauern eures unbewachten Körpers, und ihr merkt es erst dann,

»wenn der Feind durch die Mauer gedrungen

Und überfallen die Stadt, die in Wein und Schlummer begraben.«

Nicht weniger seid ihr begraben unter der Last des Leibes und befangen in der süßen Liebe zu irdischen Gütern, als jene, die Maro schildert, begraben lagen unter Schlaf und Trunkenheit. – Wie fein sagt der Dichter in der Satire:
»Ach, wie schnell verblüht die kleine Blume des Lebens, Schwinden die karg bemessenen Tage! Da wir noch trinken, Noch verlangen nach Blumenkränzen und Salben und Mädchen,
Hat uns Ahnungslose schon überfallen das Alter.«

Und du glaubst, das Alter, das so schnell heranschleicht und schon vor der Türe lauert, von dir fernhalten zu können, als sei es wider alle Ordnung der Natur vorzeitig dir entgegengeeilt? Und bist glücklich, wenn dir jemand, der noch nicht allzu alt ist, begegnet und dir versichert, dich noch als ein kleines Kind gekannt zu haben, vor allem, wenn er, wie so die Redensarten sind, hinzufügt, dass dies erst gestern oder vorgestern gewesen sein müsse? Und fühlst nicht, dass man dasselbe jedem altersschwachen Manne sagen kann? Denn wer war gestern oder ist heute nicht noch ein Kind? Neunzigjährige Knaben sehen wir sich zanken über die nichtigsten Dinge und kindischem Treiben sich hingeben. Die Tage sind geflohen, der Leib ist alt und schwach geworden, der Geist aber hat sich nicht verändert. Wenn auch alles faul und morsch wird, der Geist kommt nicht einmal zur Reife. Das alte Sprichwort behält recht: Bis eine Seele reif wird, sind viele Körper aufgebraucht. Das Knabenalter schwindet, die Knabenart bleibt zurück. Aber du, glaube mir, bist nicht so jung, wie du dich vielleicht glauben machen willst! Der größere Teil der Menschen erreicht dein Alter nie. Darum solltest du dich schämen, als Greis noch den Verliebten zu spielen; du solltest dich schämen, solange noch das Gerede des Pöbels zu sein. Und wenn dich die Zierde eines wahren Ruhmes nicht reizt und deine eigene Schande dich nicht abschreckt, so sollte doch die Rücksicht auf fremde Ehre dich veranlassen, dein Leben zu ändern. Schon deshalb, denke ich, bist du verpflichtet, für deinen guten Ruf zu sorgen, damit deine Freunde nicht der schändliche Vorwurf trifft, gelogen zu haben, da sie dich rühmten. Wenn alle anderen dafür sorgen müssen, so musst du es noch vielmehr, da du einer so großen Menge von Lobrednern gerecht werden musst.

»Große Mühe macht es, den großen Ruhm sich zu wahren.« So lässt du in der Africa deinen Scipio von seinem ärgsten Feinde gemahnt werden — nun nimm du selbst denselben Rat aus dem Munde eines liebenden Vaters entgegen: Wirf diese kindischen Torheiten von dir, lösche aus die Flammen eines jugendlichen Feuers, denke nicht immer daran, was du einst warst, sondern daran, was du nun bist. Schaue nicht mehr in den Spiegel, ohne daraus Nutzen zu ziehen. Denke daran, was du einst gelesen hast, dass die Spiegel erfunden sind, damit der Mensch sich selbst kennen lerne. So haben schon viele aus dem Spiegel erst Selbsterkenntnis und dann weisen Rat geschöpft: der Schöne, dass er vor der Schande sich hüten solle; der Hässliche, dass er durch Tugend die Mängel des Leibes ersetze; der Jüngling, dass es Zeit sei, zu lernen und männlich zu handeln; der Greis, dass er in seinen letzten Tagen den irdischen Lüsten entsagen und anfangen solle, an den Tod zu denken.

FRANCISCUS: Oft habe ich an diese Worte gedacht, seit ich sie zum ersten Male gelesen. Es liegt eine beachtenswerte Wahrheit und ein weiser Rat darin.

AUGUSTINUS: Was hat es dir nun genützt, es einst gelesen und oft daran gedacht zu haben? Besser wäre es gewesen, du hättest dich mit der Unwissenheit entschuldigen können. Nun aber, da du es wusstest, schämst du dich nicht, dass deine grauen Haare dich so wenig verändert haben?

FRANCISCUS: Scham und Reue quälen mich. Doch weiter vermag ich nichts. Du weißt, welcher Trost es für mich ist, dass die Geliebte mit mir altert.

AUGUSTINUS: Hältst du es denn für ehrbarer, als ein Greis für ein altes Weib zu erglühen, als ein junges Mädchen zu lieben? Umso schändlicher ist deine Liebe, je weniger Grund du dazu hast. Schäme dich, und höre nicht auf, dich zu schämen, dass du nicht reifer wurdest, während dein Leib beständig alterte.

So viel war von der Scham zu sagen. Sprechen wir nun noch, wie Cicero will, von der letzten Quelle aller Heilmittel, der Vernunft, und flehen wir ihre Hilfe an. Ein angestrengtes, ernstes Nachdenken – das letzte der genannten drei Dinge, die die Seele von der Liebe befreien – wird uns diese Hilfe gewähren. Merk wohl auf! Ich führe dich in jene höchste Burg, in der allein du sicher bist von allen Stürmen deiner Leidenschaften und derentwegen allein du den Namen Mensch verdienst. Denke vor allem an den Adel deiner Seele, der so groß ist, dass ich ein ganzes Buch schreiben müsste, wollte ich davon handeln. Dann denke zugleich an die Hinfälligkeit und Hässlichkeit des Leibes, worüber sich nicht weniger sagen ließe. Dann denke an die Kürze des Lebens, worüber schon so bedeutende Männer große Bücher geschrieben haben. Denke an die schnelle Flucht der Zeit, die kein Mensch mit Worten schildern kann. Denke an den Tod, der so unausbleiblich sicher, und an die Todesstunde, die so ungewiss ist und die zu jeder Zeit und an jedem Orte drohend über dir schwebt. Denke daran, dass sich die Menschen nur darin täuschen, dass sie glauben, in weite Ferne rücken zu können, was sich nicht verschieben lässt. Niemand ist ja so von Sinnen, dass er nicht gestände, einmal sterben zu müssen. Ich beschwöre dich, gib dich nicht der trügerischen Hoffnung auf ein langes Leben hin, die schon so viele Menschen umgarnt und betrogen hat. Denke lieber an jenes herrliche, eines himmlischen Mundes würdige Dichterwort: »Glaube, dass jeder Morgen den letzten Tag dir verkünde!«

Ist denn nicht jeder Tag, der den Sterblichen heraufleuchtet, entweder der letzte oder doch nahe dem letzten? Und dann denke ferner daran, wie schmählich es ist, mit Fingern gezeigt zu werden und im Gerede des Pöbels zu stehen. Denke daran, wie sehr dein Leben deinen Lehren widerspricht. Denke daran, wieviel diese Liebe dir geschadet hat an deiner Seele, deinem Körper, an deinem ganzen Leben. Denke daran, wieviel du nutzlos ihretwegen erduldet hast. Denke daran, wie oft du darob verspottet, missachtet und verachtet wurdest. Denke daran, wie viele Schmeicheleien du in den Wind gesprochen, wie oft du vergebens geklagt und geweint hast. Denke an der Geliebten stolzes, undankbares Wesen: war sie dir je einmal etwas freundlich, so war das so rasch wieder verflogen wie ein kühles Lüftchen im Sommer. Denke daran, wie sehr du für ihren Ruhm gesorgt und wieviel Zeit du ihr gewidmet hast, wie sehr du immer um ihren Namen besorgt warst und wie wenig sie sich um dich kümmerte. Und dann denke daran, wieviel du ihretwegen vom Dienste und von der Liebe Gottes abgezogen wurdest, in welches Seelenelend sie dich gestürzt hat. Ich schweige davon, damit es nicht ein fremdes Ohr vernehme, das vielleicht unseren Gesprächen lauscht. Denke daran, wieviel edlere und nützlichere Geschäfte überall deiner noch harren. Denke daran, wieviel Arbeiten dir unvollendet in den Händen geblieben sind. Besser wäre es, diese zu ihrem Rechte kommen zu lassen, als die kleine Spanne Zeit, die dir zur Verfügung steht, so ungerecht zu verteilen. Und dann denke endlich daran, was es überhaupt ist, das du so glühend begehrst.

Freilich in männlichem Ernste musst du dies letztere bedenken, sonst wirst du vielleicht noch enger an die Liebe gefesselt, während du sie fliehen willst. Denn bei vielen finden dabei die Reize der körperlichen Schönheit irgendwie wieder den Weg zum Herzen, und durch das Heilmittel hat sich so das Übel nur verschlimmert. Nur wenige sind es, die, wenn sie einmal das Gift der fleischlichen Lüste genossen haben, mit männlichem Ernste und standhafter Zurückhaltung die Hässlichkeit des weiblichen Körpers – denn davon rede ich – im Geiste betrachten können. Gar leicht fällt eben der Mensch unter dem Drange des natürlichen Triebes wieder dorthin zurück, wo er so lange verweilte. Davor musst du dich mit allem Eifer hüten. Vergiss, was früher dein Herz fesselte, vertreibe jeden Gedanken, der dich an diese Vergangenheit erinnern könnte. Zerschmettere am Felsen die eigenen Kinder deines Geistes, damit sie nicht, größer geworden, dich in den Schmutz herabziehen. Und bestürme inzwischen den Himmel mit deinen Gebeten. Ermüde mit frommen Bitten das Ohr des ewigen Königs. Kein Tag und keine Nacht vergehe dir ohne tränenreiches Flehen, bis der Allmächtige sich erbarmt und deinem Elend ein Ende macht. – Nun weißt du, was du zu tun und wovor du dich zu hüten hast. Wenn du es sorgfältig und mit Eifer betrachtest, dann hoffe ich, wird dir die göttliche Hilfe nicht fehlen, sondern wird dich die Rechte des unüberwindlichen Erlösers zum Siege führen. Und nun, da wir für dein Bedürfnis zwar fast zu wenig, für die Kürze der Zeit aber genügend von diesem einen Übel gesprochen haben, wollen wir fortfahren und zu der letzten Krankheit übergehen, von der ich dich nun heilen werde.

Franciscus: Tue das, mein mildester Vater. Von den anderen fühle ich mich, wenn auch nicht ganz befreit, so doch schon sehr erleichtert.

Augustinus: Irdischen **Ruhm** und die **Unsterblichkeit** deines Namens erstrebst du über alles erlaubte Maß.

Franciscus: Das gebe ich zu; doch wird nichts imstande sein, mich von diesem Streben abzubringen.

Augustinus: Aber es ist gar sehr zu fürchten, es werde diese allzu leidenschaftlich ersehnte nichtige Unsterblichkeit deine wahre Unsterblichkeit vereiteln können.

Franciscus: Das fürchte auch ich. Darum erbitte ich mir gegen diese drohende Gefahr am besten von dir einen nützlichen Rat. Denn du hast es ja verstanden, mich schon von größeren Krankheiten zu befreien.

Augustinus: Du weißt wohl, dass dies deine schwerste Krankheit ist, wenn auch vielleicht die anderen weniger schön erscheinen mögen. Doch sage mir: Worin glaubst du, dass dieser Ruhm bestehe, den du dir so sehnlichst wünschest?

Franciscus: Soll ich dir eine Definition geben? Niemandem ist ja eine solche bekannter als dir.

Augustinus: Und dir ist wohl das Wort Ruhm bekannt, die Sache selbst aber, wie aus deinem ganzen Tun und Schaffen hervorgeht, scheint dir unbekannt zu sein. Nie hättest du den Ruhm, wenn du sein Wesen gekannt, so eifrig erstrebt. Denn ob du nun darunter das ehrenvolle, unter deinen Mitbürgern oder in deinem Vaterlande oder gar unter der ganzen Menschheit verbreitete Gerücht von deinen verdienstvollen Werken verstehst, wie dies Marcus Tullius an einer Stelle zu meinen scheint, oder ein häufiges lobendes Genanntsein, wie er an einer anderen Stelle sagt: auf jeden Fall wirst du finden, dass der Ruhm in einem Gerücht besteht. Und weißt du vielleicht, was ein Gerücht ist?

FRANCISCUS: Ich bin mir nicht recht klar darüber und fürchte mich, etwas Unrichtiges zu sagen. Darum will ich meine Ansicht hierüber lieber verschweigen.

AUGUSTINUS: Dies ist klug und bescheiden gesprochen. Bei jedem ernsten Gespräche, vor allem wenn es sich um zweifelhafte Fragen handelt, ist es viel besser, darauf zu achten, was verschwiegen, als was gesagt werden soll. Denn viel eher wird ja eine weniger gute Äußerung getadelt als eine gute gelobt. – Wisse also, dass das Gerücht nichts anderes ist, als das durch den Mund vieler Leute gehende Gerede über irgendeine Sache.

FRANCISCUS: Ob du dies nun eine Definition oder eine Erklärung nennen willst, auf jeden Fall ist sie vortrefflich.

AUGUSTINUS: Es ist also nur so viel als ein Hauch, ein bewegliches Lüftchen und, was in deinen Augen noch schlimmer ist, es ist etwas, das von der Menge ausgeht. Ich weiß, wem ich das sage: keinem sind ja Sitte und Art des Pöbels verhasster als dir. Und nun sieh den Widerspruch in deinem Urteil! Du erfreust dich am Klatsche derer, deren ganzes Treiben du sonst verdammst. Und würdest du dich wirklich nur daran erfreuen! Aber hast du nicht vielmehr dein ganzes Lebensglück darauf gebaut? Denn was bezwecktest du mit deiner unermüdlichen Arbeit, den vielen durchwachten Nächten und dem stürmischen Eifer, mit dem du dich auf die Wissenschaften warfst? Vielleicht wirst du antworten, du wolltest Dinge lernen, die für das Leben nützlich seien. Aber schon lange hast du gelernt, so viel du für das Leben und den Tod bedurftest. Besser wäre es, nun endlich zu versuchen, ob du das Gelernte ins Leben umzusetzen vermögest, als immer weiter voranzuschreiten in diesem mühevollen Erlernen, wo immer Neues zu erfahren und Unbekanntes zu erfragen und wo des Suchens und Forschens kein Ende ist. Auch hast du ja am eifrigsten gearbeitet in dem, was dem Pöbel gefiel, und hast dir Mühe gegeben, denen zu gefallen, die selbst nie dein Gefallen finden konnten, und hast überall, bei Dichtern und bei Gelehrten die Blümlein der Wohlredenheit gepflückt, mit denen du der Hörer Ohren schmeicheltest.

FRANCISCUS: Höre auf, ich bitte dich; dies kann ich nicht stillschweigend hinnehmen. Nie mehr seit meinen Knabenjahren habe ich mich an den Blümlein der Wissenschaft ergötzt. Ich habe nie vergessen, was Cicero so schön von dem »Zerpflücken« der Wissenschaft sagt, noch das bekannte Wort Senecas: »Es ist eine Schande für einen Mann, immer nur Blümlein zu pflücken, von bekannten schönen Worten zu leben und ganz auf sein Gedächtnis sich zu verlassen.«

AUGUSTINUS: Ich wollte dir damit weder den Vorwurf der Trägheit noch den einer beschränkten Gedächtnisarbeit machen; ich wollte nur sagen, dass du aus dem, was du gelesen, die glänzenderen Stellen dir gemerkt hast, um damit gelegentlich im Kreise von Bekannten zu prahlen, und dass du aus den ungeheuren Schätzen der Wissenschaft deinen Freunden nur einige Geistreichigkeiten geboten hast. Und das tatest du doch nur aus lächerlicher Eitelkeit. Endlich warst du nicht zufrieden mit deinen täglichen Beschäftigungen, weil sie dir trotz des großen Aufwandes an Zeit doch nur Ruhm und Ansehen in der Gegenwart versprachen, sondern hast deine Gedanken nach höheren Zielen gerichtet und nach Ruhm auch bei den späteren Geschlechtern getrachtet. Darum versuchtest du dich an größeren Werken und wolltest ein Buch der Geschichte von König Romulus bis auf Kaiser Titus schreiben, ein ganz unermessliches Werk, das alle Zeit und Arbeit verschlang. Und ehe du es noch vollendet, hast du, von Ruhmsucht angestachelt, das Schifflein deiner Dichtkunst nach den Gestaden Africas gelenkt und beschäftigst dich nun mit solchem Eifer an der Abfassung deiner »Africa«, dass dir keine Zeit zu anderen Arbeiten übrigbleibt. So hast du, ein Verschwender des kostbarsten, unwiederbringlichen Gutes, dein ganzes Leben diesen beiden Arbeiten – um von den unzähligen Nebenbeschäftigungen ganz zu schweigen – hingegeben und hast dich selbst vergessen, während du über andere schriebst. Und weißt du denn, ob nicht der Tod, noch ehe das Werk vollendet, die müde Feder dir aus den Händen nimmt? Und ob du nicht so, während du auf zwei Wegen zum leidenschaftlich ersehnten Ruhme eilen willst, auf keinem Wege ihn zu erreichen vermagst?

Franciscus: Ich gestehe, dass auch ich diese Furcht hegte, vor allem als ich, von einer schweren Krankheit befallen, vor dem nahen Tode erzitterte. Damals war mein größter Schmerz der Gedanke, die »Africa« nur halb vollendet zurücklassen zu müssen und ich hatte beschlossen, die Dichtung mit eigenen Händen ins Feuer zu werfen, denn ich wollte die letzte Feilung des Werkes keinem anderen überlassen und hatte auch zu keinem meiner Freunde, die mir nach meinem Ableben diesen Dienst hätten erweisen können, das nötige Vertrauen. Wusste ich doch, dass einst auch Vergil in dieser Sache von Kaiser Augustus die Erfüllung seiner Bitte nicht erlangte. Doch wozu so viel Worte? Kurz, wenig fehlte und Africa, das so viel unter den Gluten der nahen Sonne, die ewig auf ihm lasten, zu leiden hat und das einst dreimal von den Brandfackeln der Römer weit und breit versengt wurde, wäre nun auch noch durch meine Schuld in Flammen aufgegangen. Doch hierüber ein andermal. Es ist mir das eine gar bittere Erinnerung.

Augustinus: Was du da erzähltest, rechtfertigt meine Auffassung; es verschiebt nur die Stunde der Abrechnung, aber hebt sie nicht auf. Gibt es eine größere Torheit, als auf eine Sache von so zweifelhaftem Ausgang so große Mühe zu verwenden? Ich weiß, was dich davon abhält, das Werk aufzugeben: einzig und allein die Hoffnung, es doch noch vollenden zu können. Es wird mir, wenn ich mich nicht täusche, schwerfallen, dir diese Hoffnung auszureden; darum will ich wenigstens versuchen, durch längere Ausführungen dir nachzuweisen, dass sie so großen Mühen nicht entspricht. Setze einmal den Fall, du hättest Zeit, Muße und Ruhe in Überfluss und alle Trägheit deines Geistes, alle Müdigkeit des Körpers, alle Tücke des Schicksals, kurz alles, was im Eifer des Schreibens den schnellen Griffel stören könnte, sei verschwunden, es gelänge dir alle Arbeit über alles Erwarten gut – was glaubst du dann Großes schaffen zu können?

FRANCISCUS: Ein hervorragendes, ein seltenes, ein ganz herrliches Werk!

AUGUSTINUS: Ein herrliches Werk – gut, das sei zugegeben. Aber du würdest erschrecken, wenn du wüsstest, von wie vielen noch viel herrlicheren Werken dich dies so heiß Erstrebte abhält. Und dann denke noch daran, dass dieses herrliche Werk nicht weit verbreitet werden und nicht lange in Ansehen stehen kann: an die Enge des Raumes und an die Kürze der Zeit ist es gebunden.

FRANCISCUS: Ach, ich kenne das alte Philosophenmärchen, die ganze Welt sei gleich einem einzigen, verschwindenden Punkte, eine einzige Seele umspanne viele Jahrtausende, und doch vermöge der irdische Ruhm weder diesen Punkt noch eine Seele ganz auszufüllen und dergleichen mehr, wodurch man die Seele von der Ruhmsucht fernzuhalten sich müht. Ich bitte dich, führe wirksamere Gründe ins Feld, wenn du sie hast. Von diesen weiß ich längst aus eigener Erfahrung, dass sie weniger wirksam als schön zu erzählen sind. Ich denke ja nicht daran, ein Gott zu werden, der ich weder von Ewigkeit bin noch Himmel und Erde erfülle. Irdischer Ruhm genügt mir, und nach ihm geht mein Sehnen: als ein sterblicher Mensch verlange ich nur nach sterblichen Gütern.

AUGUSTINUS: Unseliger! Wenn du wahr redest, wenn du wirklich nach unsterblichem Leben dich nicht sehnst, wenn du das Ewige nicht achtest, dann bist du freilich ein irdischer Mensch im wahren Sinne des Wortes, dann ist es um dich getan und nichts ist mehr für dich zu hoffen.

FRANCISCUS: Bewahre mich Gott vor solcher Torheit! Dass ich immer erglühte in Liebe zum ewigen Leben, dessen ist mir meine Seele Zeuge, die alle meine Sorgen kennt. Ich habe gesagt oder – wenn ich mich vielleicht mangelhaft ausgedrückt habe – wollte wenigstens sagen: Zu irdischen Zwecken gebrauche ich irdische Mittel und will nicht durch übertriebene, grenzenlose Wünsche der Natur der Dinge Gewalt antun. Wenn ich irdischen Ruhm erstrebe, so vergesse ich dabei nicht, dass ich und er vergänglich sind.

AUGUSTINUS: So klug dies ist, so töricht ist es, eines nichtigen und wie du selbst zugibst, vergänglichen Hauches wegen das Ewigwährende aufzugeben.

FRANCISCUS: Ich gebe es durchaus nicht auf; ich schiebe es vielleicht nur einige Zeit auf.

AUGUSTINUS: Aber wie gefährlich ist dieser Aufschub bei dem raschen Laufe des ungewissen Lebens! Sage mir: Wenn von dem, der allein über Leben und Tod bestimmt, dir jetzt nur noch ein einziges Jahr zugemessen wäre, und wenn du dies über allen Zweifel sicher wüsstest, wie würdest du dann diese Zeit einteilen und verwenden?

FRANCISCUS: Höchst sparsam und vorsichtig; mit dem größten Eifer würde ich dafür sorgen, dass nur noch ernste Dinge mich beschäftigen. Ich glaube, dass es kaum einen so törichten und übermütigen Menschen gibt, der nicht dasselbe antwortete.

AUGUSTINUS: Die Antwort lobe ich; aber das Staunen, in das mich der Wahnsinn der Menschen in dieser Sache versetzt, vermag weder ich, noch wer sonst je mit Beredsamkeit sich abgegeben, zu schildern. Und wenn sich auch aller Geist und Arbeit zu diesem einen Zweck vereinigten, ermüdet müsste die Beredsamkeit innehalten, lange bevor ihre Schilderung die Wahrheit erreichte.

FRANCISCUS: Worüber dieses Erstaunen?

AUGUSTINUS: Äußerst geizig seid ihr mit eurem gewissen Besitz, verschwenderisch dagegen mit eurem ungewissen. Und doch müsste das Gegenteil der Fall sein, wenn ihr nicht ganz von Sinnen wäret. Fürwahr, ist auch ein Jahr eine kurze

Spanne Zeit, so kann man darüber doch, wenn es von dem versprochen ist, der nicht täuschen noch getäuscht werden kann, und wenn man es klug in einzelne Teile zerlegt, freier verfügen, solange man nur die letzten Tage der Sorge für das Seelenheil zu widmen gedenkt. Aber das ist euer aller unüberwindliche, fürchterliche Torheit: ihr wisst nicht, ob euch die Zeit zur Erfüllung eurer letzten, wichtigsten Pflichten hinreicht, und doch verschwendet ihr sie in lächerlicher Eitelkeit, als sei sie euch im Überflüsse zuerteilt. Wem ein Jahr Lebensfrist zugewiesen ist, der hat wenn auch wenig, so doch etwas Sicheres. Wer aber unter der Herrschaft des stets ungewissen Todes steht – und ihr Sterblichen alle befindet euch in dieser Lage – der ist nicht eines Jahres, nicht eines Tages, ja nicht einmal einer ganzen Stunde sicher.

Wer ein Jahr zu leben hat, der kann davon sechs Monate verlieren, es bleibt ihm immer noch ein halbes Jahr. Wenn dir aber dieser eine Tag verloren geht, wer bürgt dir für den morgigen? Es ist ein Wort Ciceros: »Dass wir sterben müssen, ist uns gewiss; aber ungewiss ist uns schon, ob wir noch an diesem Tage sterben werden. Es gibt keinen Menschen, und mag er noch so jung sein, der sicher wüsste, dass er den Abend noch erleben wird.« Ich frage also dich und mit dir alle Menschen, die auf kommende Zeiten hoffen und die gegenwärtigen verscherzen: »Wer weiß, ob die himmlischen Götter zum heutigen Tage Noch einen morgigen schenken?«

FRANCISCUS: Niemand weiß das, antworte ich für mich und alle Menschen. Aber ein Jahr wenigstens dürfen wir doch immer noch erhoffen. Denn wie Cicero sagt, ist niemand so alt, dass er nicht hoffen dürfte, noch ein Jahr zu leben.

AUGUSTINUS: Aber wie derselbe Cicero glaubt, ist nicht nur die Hoffnung der Greise, sondern auch die der Jünglinge töricht, wenn sie sich Ungewisses als gewiss versprechen. Aber geben wir einmal das Unmögliche zu und setzen den Fall, es sei dir eine hinreichend große, sichere Spanne Zeit noch zugemessen. Wie sinnlos wäre es auch dann, die schönsten Jahre und die beste Zeit des Lebens dazu zu verwenden, fremden Augen zu gefallen und fremden Ohren zu schmeicheln? Und nur die letzten und schlechtesten und fast zu allem unnützen Zeiten, die mit dem Lebensende auch den Lebensüberdruss dir bringen werden, für Gott und dich selbst aufzubewahren, als sei die Freiheit deiner Seele die letzte aller deiner Sorgen? Gesetzt auch den Fall, die Zeit wäre dir sicher, schiene es dir dann nicht wider alle natürliche Ordnung, das Bessere hintanzusetzen?

FRANCISCUS: Für meine Ansicht spricht doch einiger Grund. Ich denke so: Den Ruhm, den wir auf Erden erhoffen dürfen, den müssen wir auch, solange wir auf Erden sind, erstreben. Den höheren Ruhm und die größere Ehre werden wir dann einst im Himmel genießen, und wer dorthin kommt, wird des irdischen nicht einmal mehr gedenken wollen. Es ist wohl die natürliche Ordnung, dass der Mensch auf Erden zuerst für die irdischen Dinge sich müht; geht er dann hinüber, so mögen die Sorgen für das Ewige folgen. Das ist doch der naturgemäßeste Fortschritt vom einen zum anderen, während es umgekehrt keinen Rückschritt mehr geben kann.

AUGUSTINUS: Du törichtes Menschenkind! Was Himmel und Erde an Freuden umfassen, das glaubst du, werde auf deinen Wink dir zuteil, und erhoffst dir das glücklichste Schicksal? Aber Tausende von Menschen hat schon tausendmal diese Hoffnung bitter getäuscht, zahllose Seelen hat sie schon in der Hölle begraben. Denn die da glaubten, den einen Fuß auf die Erde, den anderen in den Himmel setzen zu können, die konnten weder hier stehen bleiben, noch dorthin aufsteigen. Die Bejammernswerten stürzten in die Tiefe; das flüchtige Leben verließ sie plötzlich mitten in der Blüte ihrer Jahre und mitten im Drange der Geschäfte. Und du glaubst, was so vielen geschehen, könne nicht auch dir einst werden? Wie, wenn auch du – was Gott verhüten möge – vielleicht mitten in deinen vielen Geschäften zusammenbrechen würdest? Welcher Schmerz, welche Schmach! Zu spät käme die Reue. Weil du zwei Dinge erstrebt, hast du beide verloren.

FRANCISCUS: Es erbarme sich der Allerhöchste, dass mir dies nicht geschehe!

AUGUSTINUS: Ja, möge Gottes Barmherzigkeit dich davor bewahren! Deine Torheit freilich ist damit noch nicht entschuldigt. Doch sollst du nicht allzu viel von der göttlichen Barmherzigkeit erhoffen. Denn wie Gott die Verzweifelnden hasst, so spottet er der vermessentlich Hoffenden. – Es schmerzt mich, aus deinem Munde hören zu müssen, dass die Ansicht der Philosophen in diesem Punkte als ein Märchen, wie du es nanntest, verachtet werden dürfe. Ich frage dich: Ist es ein Märchen, wenn mit geometrischen Messungen der enge Raum der ganzen Erde bestimmt und nachgewiesen wird, dass sie nur ein schmales, kleines Inselchen ist? Oder wenn bewiesen wird, dass von den sogenannten Zonen der Erde die mittlere und größte infolge der Gluten der Sonne die beiden äußersten zur Rechten und zur Linken wegen der fürchterlichen Kälte und des ewigen Eises für die Menschen unbewohnbar seien, dass nur die beiden übrigen, dazwischenliegenden den Menschen eine Wohnstätte bieten können? Oder wenn festgestellt wird, dass die andere Hälfte der bewohnbaren Erde unter euren Füßen durch ein unzugängliches Meer euch verschlossen bleibt? – Du weißt, welch großer Streit einst unter den Gelehrten darüber entbrannte, ob dieser Teil der Erde von Menschen bewohnt sein könne. Meine Ansicht hierüber habe ich in den Büchern über den Gottesstaat niedergelegt, die du ja zweifellos gelesen hast. – Oder wenn bewiesen wird, dass nicht einmal der den Menschen zugemessene Teil der Erde in seinem ganzen Umfang bewohnbar ist, dass vielmehr, wie einige wollen, der Zugang zu der einen Hälfte euch durch die Fluten des nördlichen Ozeans verwehrt bleibt? Oder ist es ein Märchen, wenn die Wissenschaft nachweist, wie klein der von euch bewohnte Teil der Erde ist? Wie er durch Meere, Sümpfe, unwirtliche Wälder und sandige Wüsten immer kleiner wird, wie es fast in ein Nichts zusammenschrumpft, das winzige Stückchen Erde, auf das ihr so stolz seid? Wenn sie ferner beweist, dass es selbst auf diesem engen Raum, wo Menschen wohnen, die mannigfaltige Verschiedenheit der

Sitten, Lebensart, Religionen und Sprachen dem einzelnen fast unmöglich macht, seinen Ruhm weithin zu verbreiten? Wenn dir das alles Märchen sind, so ist auch alles ein Märchen, was ich mir von dir versprochen. Ich glaubte, keinem Menschen sei dies bekannter als dir. Denn ganz zu schweigen von den Lehren eines Cicero und Maro und von anderen Büchern naturwissenschaftlichen, philosophischen und dichterischen Inhaltes, aus denen dir doch diese Anschauungen vertraut sein müssten, wusste ich doch, dass du selbst erst neulich in deiner »Africa« diesen Gedanken in so schönen Versen ausgedrückt hast, da du schriebst:

»Ist doch die Erde, von engen Grenzen umschlossen,
Nur eine ärmliche Insel, die rings des gewaltigen Meeres
Fluten umrauschen «

Und noch andere Worte fügtest du hinzu. Wenn du dies alles für falsch hältst, wundere ich mich, dass du es so fest behaupten konntest. Was soll ich noch von der Flüchtigkeit des menschlichen Ruhmes und von den engen Grenzen der Zeit reden? Du weißt ja selbst, wie kurz, wie wenig weit zurückreichend selbst das Gedächtnis an die urältesten Zeiten ist im Vergleiche mit der Ewigkeit. Ich will dich auch nicht erinnern an die Ansichten alter Philosophen, welche von der häufigen Veränderung der Erde durch Feuer und Wasser reden, wovon Platons Timaios und des Cicero sechstes Buch vom Staate handeln. Denn solche Gedanken sind der wahren Religion, die du bekennst, fremd. Aber wieviel Dinge gibt es außerdem noch, die eine lange Dauer, um nicht zu sagen die Ewigkeit des Ruhmes unmöglich machen: der Tod der Menschen, unter denen du dein Leben verbracht, das Vergessen, der alten Leute natürliches Übel; das Emporblühen des Ruhmes anderer Menschen, deren neuer Glanz so oft das Ansehen ihrer Vorgänger in Schatten stellt; denn je mehr man frühere Größen herabsetzt, umso mehr glaubt man sich selbst zu erhöhen. Dazu kommt der Neid, der alle diejenigen ohne Unterlass verfolgt, die nach ruhmreichen Taten streben; der Hass der Wahrheit und das mangelhafte Verständnis, das der Pöbel dem Leben großer Geister entgegenbringt; die Wankelmütigkeit des öffentlichen Urteils, der Untergang alter Grabdenkmale, die zu zerstören, wie Juvenal sagt: »hinreicht die schwache Kraft eines morschen Feigenbaumes«, was du selbst in deiner »Africa« nicht unfein den »zweiten Tod« nennst. So rede nun ich dich mit denselben Worten an, die du dort einem anderen in den Mund legst: »Bald stürzt dein Grab und mit ihm dein Name in Marmor gegraben – So wirst du, Sohn, den Tod zum zweiten Male erdulden.«

Ist das nicht ein herrlicher, unsterblicher Ruhm, der mit dem Sturze eines Marmorblockes zugrunde geht? Und dann denke an die Vernichtung der Bücher, in denen dein Name, von eigener oder fremder Hand geschrieben, zu lesen ist. Wohl scheint deren Untergang erst spät zu erfolgen, denn ein Buch pflegt von längerer Dauer zu sein als ein steinernes Grabmal; aber unausbleiblich ist auch ihre Vernichtung bei den unzähligen Tücken der Natur und des Schicksals, denen wie alles andere so auch die Bücher unterworfen sind. Und wäre dies auch nicht der Fall, so werden doch endlich auch Alter und Tod über sie kommen. Denn sterblich ist alles, was je des Menschen Geist in eitlem Fleiße geschaffen. Auch hier kann ich deinen kindischen Irrtum am besten mit deinen eigenen Worten widerlegen und ich werde nicht aufhören, dir deine eigenen Verse immer wieder ins Gedächtnis zurückzurufen:

»Gehn dann die Bücher zugrunde, so schwindest mit
ihnen du auch. Und dies ist der dritte Tod, der deiner
noch wartet.«

Nun kennst du mein Urteil über den Ruhm. Ich musste mehr Worte machen, als es bei dir hätte bedürfen sollen; noch immer zu wenig aber ist gesagt für die Wichtigkeit des Gegenstandes. Doch vielleicht scheint dir auch dies alles nur ein Märchen zu sein?

FRANCISCUS: Durchaus nicht; auch hat es meine Seele nicht berührt wie ein Märchen, sondern hat in mir von neuem das Verlangen geweckt, die alten Sünden von mir zu werfen. Zwar war mir alles schon längst bekannt, was du mir sagtest – denn wie Terenz sagt: »wird nichts gesagt, was nicht längst ein andrer gesagt hat«, doch machte auf mich die Würde deiner

Rede, die Reihenfolge der Erzählung und das Ansehen des Redenden selbst einen tiefen Eindruck. Nun möchte ich aber in dieser Sache noch deinen letzten Rat hören: Willst du, dass ich alle meine Arbeiten aufgebe und fortan ein ruhmloses Leben führe, oder weißt du einen Mittelweg?

Augustinus: Ich werde dir nie raten, ruhmlos zu leben, aber immer und immer wieder werde ich dich ermahnen, den Ruhm nicht der Tugend vorzuziehen. Du weißt, dass der Ruhm gleichsam der Schatten der Tugend ist. Denn wie bei euch Menschen der Körper, wenn er von der Sonne beschienen wird, einen Schatten werfen muss, so muss auch die Tugend, von Gott beleuchtet, den Schatten des Ruhmes erzeugen. Wer also den wahren Ruhm aufgeben wollte, der müsste zugleich die Tugend aufgeben, und ohne diese ist ja das menschliche Leben öde und leer und dem Leben der unvernünftigen Tiere ähnlich, völlig unterworfen den lockenden Begierden, worin allein das Leben der Tiere aufgeht. Dies sei dir ein immer gültiges Gesetz: »Pflege die Tugend und verachte den Ruhm.« Der Ruhm wird dir dann, wie Marcus Cato gesagt haben soll, umso eher zuteil werden, je weniger du ihn erstrebst. Es treibt mich wieder, mit deinen eigenen Worten dich zu belehren: »Ob du ihn fliehst und verachtest, der Ruhm wird immer dir folgen.«

Kennst du den Vers? Er ist von dir. Töricht fürwahr wäre, wer in der Glut der Mittagsonne unter vielen Mühsalen umherliefe, um seinen Schatten zu sehen und ihn anderen zu zeigen. Um nichts vernünftiger ist aber jener, der am heißen Mittag des Lebens unter noch viel größeren Mühsalen umherliefe, um seinen Ruhm in alle Weiten zu verbreiten. Warum sollte er laufen, um sein Ziel zu erreichen, da doch sein Schatten stets mit ihm geht? Arbeiten soll er, um in der Tugend fortzuschreiten, und seiner Arbeit wird als Lohn der Ruhm nicht fehlen. So viel von dem Ruhm, der der wahren Tugend Gefährte ist. Jene andere Art von Ruhm, der verdient wird durch Fertigkeiten des Leibes oder Geistes, wie sie zu Tausenden der Menschen Eitelkeit ersonnen, ist ja seines Namens nicht würdig. Darum – verzeihe, wenn ich es dir offen sage – bist du auch in einem großen Irrtum befangen, der du dich in diesem Alter so mit Bücherschreiben abquälst: dich selbst hast du vergessen und widmest dich nun ganz fremden Dingen. So zerrinnt dir, ohne dass du es fühlst, die kurze Lebenszeit unter eitlem Hoffen auf Ruhm.

Franciscus: Was soll ich also tun? Soll ich meine Arbeiten unvollendet liegen lassen? Oder ist es besser, sie zu beschleunigen und mit Gottes Hilfe zu vollenden, um dann, frei von allen Sorgen mich unbehindert Höherem zu widmen? Es wird mir schwerfallen, von einem so großen und wichtigen Werk mitten in der Arbeit mich zu trennen.

Augustinus: Ach, ich sehe, woran es fehlt. Lieber willst du dich selbst verlassen als deine Büchlein. Aber ich werde meine Aufgabe durchführen – ob mit Erfolg, das liegt an dir – auf jeden Fall in treuer Pflichterfüllung. Wirf die Lasten von dir, die du dir mit der Geschichtsschreibung aufgebürdet hast. Zur Genüge schon ist die römische Geschichte beleuchtet, sie erstrahlt in eigenem Glanz und in der Geistesarbeit anderer. Lass deine »Africa« ruhen. Nicht deinem Scipio noch dir wirst du den Ruhm vermehren; er kann nicht höher erhoben werden und dir ist es schwer, neben ihm zu glänzen. Sage dich von allem los und gib dich endlich dir selbst wieder und dann – um wieder auf meine erste Mahnung zurückzukommen – fange an, an deinen Tod zu denken, dem du, auch wenn du es nicht merken willst, allmählich immer näher kommst. Zerreiße den Schleier, zerstreue alle Finsternis und blicke ihm unverwandt ins Auge. Lass keinen Tag und keine Nacht vergehen, ohne deiner letzten Stunde zu gedenken. Was dir vor die Augen und in den Sinn kommt, das bringe zu jenem Gedanken in Beziehung. Himmel und Erde und Meere vergehen, was will der Mensch, das schwächste Geschöpf, Besseres erhoffen? Ruhelos vollbringt der Wechsel der Zeiten seinen Lauf. Du irrst dich, wenn du allein glaubst wandellos bleiben zu können, oder wie Flaccus so schön sagt:

»Was am Himmel vergeht, der schnelle Wechsel des Mondes
Bringt es zurück. Doch wir vergehen auf immer.«

Sooft du siehst, wie auf die Frühlingsblumen die Sommersaaten, auf die Sommerhitze die Kühle des gesunden Herbstes, auf die Weinlese der Winterschnee folgt, sollst du bei dir denken: Sie gehen vorüber, aber noch oft werden sie wiederkehren; ich aber werde gehen ohne Wiederkehr. Sooft du bei Sonnenuntergang der Berge Schatten wachsen siehst, sage bei dir selbst: Nun da das Leben fliehen will, verbreiten sich die Todesschatten. Die Sonne wird freilich morgen wiederkehren, dieser Tag aber ist mir unwiederbringlich dahin. Wer vermag sie zu schildern, die Schönheit einer heiteren Nacht? – den Verbrechern die günstigste, den Frommen die heiligste Zeit. Dann mache es wie der Meister der phrygischen Flotte bei Vergil, denn nicht sicherer durchfährst du das Meer als er:

»Mitten zur Nacht steh auf und betrachte die glänzenden Sterne,
Wie sie am schweigenden Himmel gleiten.«

Wenn du dann siehst, wie sie gen Westen sich neigen, dann wisse, dass du mit ihnen sinkst, und dass dir keine Hoffnung mehr bleibt als in dem ewig Unbeweglichen, der keinen Untergang kennt. Und wenn du siehst, wie die, die du eben noch als Knaben gesehen hast, die Stufen des Alters emporsteigen, dann denke daran, dass du auf der anderen Seite hinabsteigst und zwar immer schneller, wie es in der Natur eines fallenden Körpers liegt. Siehst du die Mauern eines alten Hauses, so frage dich: Wo sind die, deren Hände sie aufgerichtet? Siehst du ein neues Haus, so frage dich: Wo werden sie in Bälde sein, die es gebaut? Ähnlich denke bei Bäumen, von deren Zweigen ja oft sich der die Früchte nicht pflücken darf, der sie gepflanzt und gepflegt. Wie vielen Menschen schon hat der Vers Vergils gegolten: »Seinen Schatten spendet er erst des Pflanzenden Enkeln.« Siehst du bewundernd den schnellen Lauf eines Flusses, so denke deiner eigenen Verse – ich brauche dich an keine fremden zu erinnern –:

»Fließt doch kein eilender Fluss in schnellerem Laufe zu Tale
Als unser Leben ...«

Lass dich nicht täuschen durch die Menge der Tage und aller der Teile, in die man sorgsam die Zeit zerlegt. Des Menschen ganzes Leben, währe es auch noch solange, ist gleich einem einzigen, vielleicht nicht einmal vollen Tage. Denke an jenes Gleichnis aus Aristoteles, das dir, wie ich schon wahrnahm, so sehr gefällt und das du nie ohne tiefen Eindruck zu lesen pflegst. Du findest es bei Cicero in den Tuskulanen, vielleicht etwas klarer und redegewandter, aber ungefähr in folgendem Wortlaut: »Bei dem Fluss Hypanis, der an der Küste von Europa in den Pontus fließt, werden, wie Aristoteles beschreibt, gewisse Tierchen geboren, die nur einen einzigen Tag leben. Die schon bei Sonnenaufgang sterben, sterben als Jünglinge, die um die Mittagszeit, als Erwachsene, und die am späten Abend, besonders zu der Zeit der längsten Tage sterben, als abgelebte Greise. Vergleiche damit unser ganzes Leben – ist es nicht ebenso kurz?« So Jener. Dieser Gedanke ist so wahr, dass er aus dem Munde der Philosophen schon längst den Weg zum Volk gefunden hat. Hast du noch nicht gehört, wie es selbst bei unwissenden und ungebildeten Leuten eine stehende Redensart geworden ist, von einem Knaben zu sagen: »Dem geht die Sonne auf –«, von einem erwachsenen Manne: »Der steht auf seiner Mittagshöhe – bei dem ist's um die neunte Stunde –«, von einem müden, greisen Menschen: »Bei dem wird's Abend, Sonnenuntergang«? Dies also, mein lieber Sohn, und was dir sonst dergleichen in den Sinn kommt, erwäge stets bei dir. Denn viele ähnlichen Gedanken gibt es; hier habe ich nur angeführt, was mir eben ins Gedächtnis kam. Und eine wichtige Bitte habe ich noch: Betrachte häufig und aufmerksam die Gräber Verstorbener, die noch mit dir gelebt, und mache dir klar, dass dir derselbe Platz, dieselbe ewige Wohnung schon bereitet sei. Dorthin gehen wir ja alle; das ist unser letztes Haus. Der du jetzt, stolz auf dein blühendes Leben, über fremde Gräber schreitest, wie bald wird man auch über dein Grab schreiten! Solche Gedanken lass in dir lebendig sein Tag und Nacht, nicht nur wie ein vernünftiger Mensch, der sich seiner selbst und seiner Grenzen bewusst ist, sondern wie es einem Philosophen ziemt. So wirst du selbst die Wahrheit des Satzes erweisen, dass das ganze Leben des Philosophen ein Gedanke an den Tod sei. Dieser Gedanke wird dich lehren, alles Irdische zu verachten, und dir einen neuen Lebensweg zeigen, den du gehen sollst. Du fragst: Welches ist dieser Weg? Wie gelange ich zu ihm? Und ich antworte dir: Langer Ermahnungen bedarfst du nicht; höre nur auf den Geist, der dich ruft und dir mahnend sagt: »Dies ist der Weg ins Vaterland.« Du weißt, was er dir sagen will, welche Wege und Abwege er dir zeigt, die du gehen oder meiden sollst. Ihm folge, wenn du gerettet und frei sein willst. Da braucht es nicht langer Erwägungen, eine frische Tat verlangt die drohende Gefahr. Der Feind droht dir im Rücken und greift dich vorne an, die Mauern, die dich umgeben, wanken – nicht länger darfst du zögern. Was nützt es dir, anderen süße Lieder zu singen, wenn du auf dich selbst nicht hörst? Noch einmal zum Schluss: Fliehe die gefährlichen Klippen und bringe dich in Sicherheit, folge den Mahnungen deiner eigenen Seele; so niedrig sie sind, wenn sie dich zum Laster rufen, so herrlich sind sie, wenn sie dich den Weg der Tugend führen.

FRANCISCUS: O, hättest du mir dies alles früher gesagt, ehe mein Geist sich durch diese Arbeiten fesseln ließ!

AUGUSTINUS: Ich habe es dir oft gesagt und habe dir damals, als ich dich zum ersten Male zur Feder greifen sah, vorausgesagt, dass das Leben kurz und ungewiss sei, die Mühe aber lang und gewiss, dass das Werk groß, der Erfolg aber klein sein werde. Deine Ohren aber waren voll vom Gerede des Pöbels, das du gehasst und auf das du doch, wie ich staunend sah, gehört hast. Doch wir haben genug geredet. Ich bitte dich nun, wenn du etwas Wertvolles von mir erfahren hast, so lass es nicht träge und ungenutzt in dir verkümmern; was ich dir aber Hartes sagen musste, das verzeihe mir.

FRANCISCUS: Und ich danke dir von Herzen wie für vieles andere, so besonders für dieses dreitägige Gespräch. Du hast die Blindheit von meinen Augen genommen und die dichten Nebel meines Irrtums zerstreut. Wie soll ich aber jener danken, die sich nicht ermüden ließ durch unser langes Reden, sondern bei uns ausgeharrt hat bis zum Ende? Hätte sie einmal ihr Antlitz von uns weggewandt, so wären wir, von Finsternis bedeckt, auf Irrwege geraten, keine Wahrheit hätte deine Rede dann enthalten, noch wäre mein Geist imstande gewesen, sie zu erfassen. Und nun, da eure Wohnung der Himmel, mein Aufenthalt aber noch immer auf Erden ist – mit Angst denke ich daran, wie lange er noch währen werde – so bitte und beschwöre ich euch: Verlasst mich nicht, so große Klüfte uns auch trennen mögen! Ohne dich, mein Vater, wäre mein Leben öde und traurig, ohne jene aber völlig wertlos.

AUGUSTINUS: Sei überzeugt, dass dir die Bitte gewährt ist. Doch verlasse dich selber nicht, sonst würden mit gutem Rechte auch alle anderen dich verlassen.

FRANCISCUS: Ich will bei mir selbst bleiben, soviel ich kann, will die Trümmer meiner Seele sammeln und mit allem Ernste Einkehr halten bei mir selbst. Freilich jetzt, da wir reden, warten meiner noch viele und große, wenn auch nur irdische Geschäfte.

AUGUSTINUS: Groß und wichtig mögen sie vielleicht der Menge erscheinen. Aber wahrlich, es gibt nichts Nützlicheres und Fruchtbareres für dich als jene innere Einkehr. Alle anderen Gedanken können überflüssig sein; dieser eine aber ist notwendig, das beweist das unausbleibliche Ende.

FRANCISCUS: Gewiss und gerade deshalb werde ich mich mit solchem Eifer auf diese Arbeiten werfen, um dann, wenn diese erledigt sind, mich ganz meiner großen Aufgabe zuzuwenden. Ich sehe ja wohl ein, dass es für mich, wie du vorhin sagtest, viel sicherer wäre, dem einen großen Gedanken mich hinzugeben und ohne alle Abschweifungen den geraden Weg des Heiles zu gehen – aber ich vermag diese meine Begierden nicht zu zügeln.

AUGUSTINUS: Wir fallen zurück in den alten Streit; du sprichst von Unmöglichkeit, wo nur dein guter Wille fehlt. Doch mag es so sein, da es nicht anders sein kann. Demütig will ich Gott bitten, dass er dich auf deinen Wegen geleite und deine Schritte trotz aller Irrwege zum Heile lenke.

Franciscus: Oh, dass es mir geschehe, was du mir erbittest: dass ich an Gottes Hand den Weg aus diesem Wirrsal finde, dass ich gehe, wohin mich seine Stimme ruft, und nicht mir selbst den Weg verdunkle! Es mögen sich die Stürme meiner Seele legen, es schweige rings um mich die Welt, und mein Geschick sei meinem Heile nicht entgegen.

Francesko Petrarca
Abb. aus einem Manuskript seiner Schrift »De Viris«

Des Francesco Petrarca Büchlein
von seiner und vieler Leute Unwissenheit

Widmungsbrief an Donato Apennigena

Mein Freund,
   hier erhältst du endlich das längst versprochene und erwartete Buch. Ist es auch klein, so handelt es doch von einem sehr großen Gegenstand, nämlich von meiner und vieler Leute Unwissenheit. Und wäre es erlaubt gewesen, diesen Gegenstand auf dem Amboss des Geistes mit dem Hammer der Wissenschaft breitzuschlagen, glaube mir, das Buch wäre angewachsen zu einer Last, an der ein Kamel zu tragen hätte. Denn gibt es für eine Abhandlung einen größeren und reicheren Stoff als die menschliche Unwissenheit, vor allem meine eigene?
   Du sollst in dem Buche lesen, als hörtest du mir zu wie sonst, da ich in Winternächten am Kamin vor dir zu fabulieren pflegte – ziellos, was dir beim Blättern gerade in die Augen fällt. Denn ob es auch Buch heißt, ist es doch nur eine Plauderei. Es hat nichts von einem Buche als den Namen, nicht den Umfang noch die Anordnung, weder den Ernst der Darstellung noch auch den ganzen Stil, sondern ist nur eilfertig hingeworfen, wie man eben auf Reisen zu schreiben pflegt. Aber trotzdem nenne ich es ein Buch, damit dir das kleine Geschenk seines großen Namens wegen wertvoller erscheinen möge. Wenn ich auch überzeugt bin, dass dir alles gefällt, was aus meiner Feder kommt, so wollte ich doch auch dir gegenüber diesen kleinen Betrug versuchen. Pflegen doch auch Freunde, wenn sie sich billiges Obst oder einfache Leckereien zum Geschenke machen, die kleine Gabe in einer silbernen Schale und mit weißem Linnen bedeckt zu übersenden. Auf diese Weise ist das Geschenk nicht größer und nicht besser, und doch macht es dem Empfänger mehr

Freude und ehrt den Geber. So habe nun auch ich das kleine Geschenk mit einem schönen Schleier verhüllt, indem ich ein Buch nannte, was ich einen Brief nennen könnte.

Es wird dir auch deshalb nicht weniger wert sein, weil es durch viele Korrekturen und Einschiebsel entstellt und auch auf dem Rande ganz vollgeschrieben ist. Denn wenn dies auch seiner äußeren Schönheit Eintrag tut, so muss es dir doch umso lieber sein, als du daraus siehst, wie vertraut ich mit dir stehe, dass ich dir so zu schreiben wage. Sieh also diese durchstrichenen und eingeschobenen Stellen für ebenso viele Zeichen meiner Freundschaft und Liebe an. Auch kannst du nun nicht mehr daran zweifeln, dass das Buch, das du erhältst, von mir stammt, da es von meiner dir längst bekannten Hand geschrieben und durch so viele Narben absichtlich entstellt ist. Ich erinnere mich, dass Sueton etwas Ähnliches von Nero berichtet. »Es kamen mir«, schreibt er, »schöne Schreibtafeln zu Gesicht mit einigen bekannten Versen, von derselben Hand geschrieben, so dass deutlich zu ersehen war, dass sie nicht abgeschrieben oder nach Diktat nachgeschrieben, sondern vom Verfasser selbst gleichsam noch mitten in ihrem Entstehen hingeworfen waren. So gab es darin auch eine Reihe von durchstrichenen, eingeschalteten und überschriebenen Stellen.« So Sueton.

Doch ich will nun schließen. Denke meiner und lebe wohl!

>   Zu Padua an den Iden des Januar
>   Auf meinem Krankenlager zur elften Stunde der
>   Nacht

Des Francesco Petrarca Büchlein von seiner und vieler Leute Unwissenheit

I

Werden wir denn nie schweigen dürfen? Muss unsere Feder immer wieder in Streit verwickelt werden? Und wird uns nie der Tag der Ruhe kommen? Werden wir immer wieder unseren Widersachern antworten müssen? So konnte mich also nicht mein zurückgezogenes Leben vor dem Neide bewahren, noch hat die Zeit vermocht, ihn auszutilgen? Und nicht einmal die Flucht vor allen jenen Dingen, womit die Menschheit sich abzuquälen pflegt, hat mich vor ihm beschützt? Und selbst nicht das sinkende, müde Alter durfte mir die ersehnte Ruhe bringen? O das hartnäckige Missgeschick! Was mich vor der Öffentlichkeit längst entschuldigt hätte, entschuldigt mich nicht bei dem Neide, und während jene, der ich so viel schulde, mich freispricht, belästigt mich dieser, dem ich nichts schulde.

Längst, ich gestehe es, wäre es für mich an der Zeit, in freundlicherem Tone zu schreiben; meiner ganzen Natur und nunmehr auch meinem Alter ziemte eine ruhigere Rede. Verzeiht mir darum, meine Freunde; verzeihe mir du, mein Leser, wer du auch seiest, ich bitte dich; und du vor allen, mein liebster Donato, dem ich dies schreibe, sollst mir verzeihen! Ich muss reden, nicht weil dies besser wäre, sondern weil mir das Gegenteil zu schwer fiele. Denn wenn mir auch die Vernunft Schweigen rät, so erpressen mir doch eine ehrliche Entrüstung und ein gerechter Zorn die Worte. Meiner glühenden Friedensliebe zum Trotz zwingt man mich zum Kampfe. Schon wieder drängt man mich wider meinen Willen und schleppt mich vor den Stuhl der Richter.

Sonderbar, ich weiß nicht, soll ich es eine neidische Freundschaft nennen oder einen befreundeten Neid? Ach, was vermagst du nicht, niedrige Missgunst, wenn du selbst Freundesherzen gegeneinander aufzureizen vermagst!

Ich habe viel erfahren, aber diese Art von Schlechtigkeit kannte ich bislang noch nicht; jetzt erst wirft mir mein böses Schicksal das schwerste und schlimmste aller Übel in den Weg. Wenn es schon, wie man sagt, etwas Süßes ist, mit einem Feinde sich zu messen, so ist auch fürwahr süß der Sieg; für den aber, der mit einem Freunde kämpfen muss, ist Sieg und Niederlage gleich beklagenswert. Ich freilich habe nicht mit Freunden allein, noch mit Feinden, sondern mit dem Neide zu kämpfen. Ein alter Feind, wenn auch eine ungewohnte Kampfesart: mit vollem Köcher steigt er herab ins Schlachtfeld, greift mit Pfeilen an und trifft aus der Ferne. Das eine Gute hat dieser Feind: er ist blind, und wenn man sich seiner vorsieht, vermag man ihm leicht auszuweichen. Ziellos schleudert er sein Geschoß und trifft so seine eigenen Reihen.

Dies Ungeheuer habe ich nun zu töten, ohne die Freundschaft zu verletzen. Fürwahr, eine schwierige und gefährliche Aufgabe, von zweien, die sich fest umschlungen halten, den einen zu schonen und den anderen zu treffen. Du erinnerst dich vielleicht, dass einst Caesar vor Alexandria, als das Kriegsglück sich von ihm wandte, den König Ptolomäus mit sich mitten in das Getümmel der Schlacht führte, um wenigstens nicht ohne diesen zugrunde zu gehen. Dem hatte er, wie man glaubt, seine Rettung zu verdanken; denn die den einen hassten und den anderen liebten, erachteten es für schwer, ihn niederzumachen und zugleich den König zu schonen. Und auch daran denkst du vielleicht, wie damals, als durch des Ortanis Klugheit und die Tapferkeit von sieben Männern das Perserreich von schmählicher Knechtschaft befreit wurde, Gophyrus, der Verschworenen einer, in der nächtlichen Dunkelheit einen der Tyrannen festhielt und seine Freunde aufforderte, durch seinen eigenen Leib hindurch jenen zu treffen, damit nicht, wenn er verschont würde, jener entrinnen möge. So ruft auch mir jetzt die heilige Freundschaft zu, ich solle durch sie hindurch mit des Griffels Schärfe den schamlosen Neid zu töten suchen, den sie so ungern im Busen berge. Und es ist schwer, in solcher Finsternis unter zwei eng Verschlungenen zu unterscheiden. Doch ich will mir Mühe geben, dass, wie damals Gophyrus heil blieb und der Feind fiel, so jetzt der schlimme Neid getroffen und vernichtet werde und die süße Freundschaft unverletzt bleibe. Und ist die Freundschaft echt, wie jede wahre Tugend, so wird sie lieber, wo es nicht anders sein kann, selbst verletzt werden wollen, damit der Neid zugrunde gehe, als unversehrt bleiben, während auch der Neid weiterlebt und sie beherrscht.

II

Doch ich will zur Sache selbst übergehen. Schon nach meinen ersten Worten oder, wenn ich mich nicht täusche, noch ehe ich zu reden anfange, ist dir die Sache so bekannt wie mir, vielleicht noch bekannter, da ja der Freund auf des Freundes Ruf eifriger sieht als auf den eigenen. Und rascher und edler ist unser Zorn, wenn gegen unseren Freund Übles gesagt wird, als wenn wir selbst verunglimpft würden. So haben auch schon viele persönliche Kränkungen missachtet und wurden darob gelobt; aber noch keiner hat es vermocht, Unrecht, das einem Freunde zugefügt wird, ruhig mit anzusehen oder anzuhören. Auch bekundet es nicht dieselbe Seelengröße, unbewegt zu bleiben gegenüber fremden, wie gegenüber persönlichen Beleidigungen.

Wie sollte dir auch die ganze Sache unbekannt sein, da doch du es warst, der mich davon in Kenntnis setzte, und der darüber trauerte, wo ich verachtete und lachte? Ich rede also Dinge, die dir bekannt sind, nicht deshalb, dass sie dir noch geläufiger werden, sondern dass du sehest, wie ich über den Neid denke, und selbst anfangest, so darüber zu denken, und nicht tiefer seufzest über die fremde Wunde als über eine eigene. Endlich, dass du auch sehest, welche Waffen ich dagegen führe, und wie ich durch lange Übung und eifrigen Fleiß taub geworden bin gegenüber solcher Leute wüstem Gekläff und unempfindlich gegen die giftigen Zähne ihres Neides.

Worum es sich handelt, ist Folgendes: Es kamen zu mir wie gewöhnlich jene vier Freunde, deren Namen ich dir nicht nenne, da du alle kennst, und weil es das unverletzliche Gesetz der Freundschaft nicht zulässt, dass ich gegen die Freunde, obwohl dies eine nicht freundschaftlich von ihnen getan war, mit Nennung ihres Namens vorgehe. Sie kamen zwei und zwei, wie sie gerade die Verwandtschaft ihres Charakters oder irgendein Zufall zusammenführte, zuweilen auch alle zugleich, und sie kamen in so wunderbarer Heiterkeit mit fröhlichen Mienen und in süßen Gesprächen und, woran ich nicht zweifeln will, in bester Absicht. Doch in ihre Seelen, die eines besseren Gastes würdig gewesen wären, hatte sich auf irgendwelchen dunkeln Pfaden die unglückselige Missgunst eingeschlichen. Unglaublich und doch wahr – o, dass es nicht so wahr wäre! Dem sie Gesundheit und Glück wünschen, den sie nicht nur lieben, sondern verehren und hochachten, den sie besuchen, dem sie nicht bloß höflich, sondern gefällig und freundlich entgegenzukommen sich alle Mühe geben – o menschliche Natur, wie bist du voll von offenen und geheimen Schwächen! – den beneiden sie! Und um was beneiden sie mich? Ich muss gestehen, ich weiß es nicht und wundere mich, wenn ich daran denke. Gewiss nicht um meine Reichtümer, an denen mich andere so weit übertreffen als: »Größer als der Delphin ist der nordische Walfisch«, die sie mir außerdem noch viel größer wünschen, und die ich, wie sie wohl wissen, trotz ihrer bescheidenen Größe nicht als mein Eigentum, sondern als meinen Freunden gemeinsam betrachte, und das nicht hochmütig, sondern in aller Demut, ohne Prahlerei und ohne irgendwelche Sprödigkeit, und die überhaupt des Neides gar nicht würdig sind. Nicht um meine Freunde, deren größten Teil mir schon der Tod geraubt, und die ich wie alles übrige gern mit meinen Freunden zu teilen pflege. Nicht um des Körpers Schönheit, denn die, wenn sie je einmal bestand, ist mit den alles überwindenden Jahren erbleicht, und so gewandt für dieses Alter mit Gottes Gnade und Hilfe mein Körper noch ist, so hat er doch gewiss schon längst aufgehört, Neid zu erregen. Und wenn er auch heute noch wäre, wie er früher war, könnte ich dann vergessen, oder hätte ich damals vergessen können, was ich als Knabe einst gelernt hatte: »Schönheit ist ein zerbrechliches Gut« oder jenes Wort Salomos in dem Buche, wo die Mutter den Kleinen belehrt: »Trügerisch ist die Anmut und eitel die Schönheit«? Wie also sollten mich jene beneiden um etwas, das ich gar nicht habe, das ich selbst verachtete, solange ich es besaß, und das ich, wenn ich es wieder erhielte, jetzt noch viel mehr verachten würde, da ich seine Unbeständigkeit erkannt und erfahren habe? Auch beneiden sie mich wohl nicht um mein Wissen und meine Beredsamkeit, denn ersteres sprechen sie mir beinahe vollständig ab und letztere, sofern ich sie überhaupt besitze, wird von ihnen nach Art der modernen Philosophen nur verachtet und als eines wissenschaftlichen Mannes unwürdig zurückgewiesen. Bei ihnen ist ja nur noch eine Philosophie, die nicht zu reden, sondern nur kindisch zu stammeln versteht, und eine Weisheit, die, wie Cicero sagt, Augen und Mund aufreißt, in Ehren. Sie denken nicht an Platon, den beredtesten aller Menschen, und um von den anderen ganz zu schweigen, nicht an Aristoteles mit seiner weichen, wohlklingenden, von ihnen erst so hart und rau gemachten Sprache. So verlassen und vergessen sie diesen ihren Führer, dass sie die Beredsamkeit für eine Schande und ein Hindernis der Philosophie halten, während jener sie für deren überaus wertvollen Schmuck hielt und, wie man sagt, bewogen durch den Rednerruhm des Isokrates, bestrebt war, beide zu vereinen.

Auch beneiden sie mich endlich nicht um die Tugend, die als das höchste Gut zweifellos am meisten verdiente, Neid zu erregen, die aber von jenen, wie ich glaube, für verächtlich erachtet wird, weil sie nicht stolz und aufgeblasen erscheint. Ich wollte, ich besäße in Wirklichkeit die Tugend, und fürwahr – einstimmig und mit Freuden gestehen sie mir dieselbe zu! Dem sie das winzige Geschenk eines kleinen Lobes verweigern, den überhäufen sie mit dem allergrößten: sie nennen mich »einen guten, ja einen sehr guten Menschen«, der ich mir wünschen möchte, im Urteil Gottes nicht ein schlechter, nicht ein sehr schlechter Mensch zu sein. Dann freilich nennen sie mich weiter einen unwissenschaftlichen und ungebildeten Mann, während doch längst durch das Urteil gebildeter Menschen das Gegenteil feststeht. Ob sie damit recht haben, weiß ich nicht; ich würde auch nicht viele Worte machen über das, was sie mir nehmen wollen, wenn nur das wahr wäre, was sie mir zugestehen. Recht gerne würde ich mit diesen meinen Brüdern das väterliche Erbe der göttlichen Gnade so teilen, dass sie alle gebildet, ich aber gut wäre und von der Wissenschaft nichts oder nur so viel wüsste, als nötig wäre, um Gott täglich lobzusingen. Doch ach, ich fürchte, umsonst ist mein demütiger Wunsch und falsch ihre stolze Meinung.

Auch nennen sie mich freundlich und gesittet und rühmen meine große freundschaftliche Treue. Und in diesem letzteren Punkte werden sie nicht getäuscht werden, wenn ich nicht mich selbst täusche. Dies ist ja auch der Grund, warum sie mir Freunde sind, nicht um meines Geistes willen oder meines Fleißes, nicht wegen meiner Gelehrsamkeit oder meiner wissenschaftlichen Tätigkeit oder in der Hoffnung, etwas Wertvolles von mir zu hören oder zu lernen. Es trifft bei uns völlig das zu, was Augustinus von seinem Ambrosius sagte: »Ich fing an, ihn zu lieben, nicht wie einen Lehrer der Wahrheit, sondern wie einen Menschen, der gegen mich gütig ist« oder was Cicero über Epikur dachte, dessen Charakter und Geist er an vielen Stellen lobt, dessen Anschauungen und Lehren er aber überall verdammt und zurückweist.

So ist es also noch immer zweifelhaft, um was sie mich beneiden, während es durchaus klar ist, dass sie mich um irgend etwas beneiden. Denn sie verstellen sich nicht genügend und vermögen es auch nicht immer, ihre von so vielen Gedanken gereizte Zunge im Zaume zu halten, und das ist doch bei sonst so wohlgeordneten und verständigen Leuten das deutliche Zeichen einer schlecht verhaltenen Leidenschaft. Und wie die Tatsache ihres Neides, so ist auch der Gegenstand desselben nicht ganz verborgen geblieben, wie ja jeder widrige Gestank sich von selbst verbreitet. Um dieses eine – wie man es nun nennen will – Kleine und Erbärmliche beneiden sie mich, um den Ruhm, der mir zu meinen Lebzeiten schon zuteil wurde, vielleicht mehr als ich verdiente, und mehr als es sonst die Sitte will, die nur sehr selten die Lebenden verherrlicht. Auf meinen Ruhm also haben sie ihre scheelen Augen geworfen. Wäre er mir doch jetzt und immer ferngeblieben! Denn soweit ich denken kann, ist er mir viel häufiger zum Schaden als zum Nutzen geworden, da er mir sehr viele Feinde, aber nur wenig Freunde gebracht hat. So geht es mir nun wie denen, die mit großem glänzenden Helm, aber mit geringen Kräften zur Schlacht ziehen: des Helmes strahlender Glanz hat nur zur Folge, dass sie von mehr Feinden getroffen werden. Schon in meinen jüngeren Jahren war mir diese Pest des Neides gar sehr vertraut, aber nie war sie mir lästiger als jetzt, da ich zu schwach und zu verweichlicht bin, um mit Jünglingen zu kämpfen und solche Mühen auf mich zu nehmen, und nun jene, derentwegen ich mich nicht fürchte und nie fürchtete, die aber schon meine Lebensführung und mein hohes Alter längst hätten vertreiben sollen, plötzlich wider Erwarten sich wieder vor mir erhebt. Doch fahren wir fort.

Sie halten sich für groß und sind auch beinahe alle reich, worin ja heutzutage bei den Menschen die einzige Größe besteht. Sie fühlen, wenn sie sich auch hierin vielleicht täuschen mögen, dass sie sich noch keinen Namen gemacht haben und dass sie, soweit sie voraussehen können, auch keinen erhoffen dürfen. Unter solch qualvollen Sorgen vergehen sie vor Angst. Und welch große Verführung zum Bösen liegt darin! Wie wütende Hunde zeigen sie selbst ihren Freunden die Zunge, fletschen die Zähne und verwunden die, die sie lieben! Welche Blindheit! Welch wahnsinnige Leidenschaft! Hat nicht so den Pentheus die rasende Mutter und Hercules seine kleinen Söhne zerrissen? Sie lieben mich und mein Alles, nur nicht meinen Namen, den zu ändern ich mich nicht weigern will; sie mögen mich Thersites nennen oder Chaerilus oder wie sie wollen, wenn ich damit nur erreiche, dass ihre so edle Liebe gegen mich keine Ausnahme mehr kennt. Aber nur deshalb sind sie so erregt und glühen in wilder Wut, weil sie alle so unermüdlich fleißig bei Tag und Nacht hinter ihren Büchern sitzen, so zwar, dass der eine von Wissenschaft gar nichts versteht – ich rede Dinge, die dir ganz bekannt sind – der zweite wenig und der dritte nicht viel; der vierte freilich, muss ich gestehen, hat nicht wenig Kenntnisse, aber so verworrene und zusammenhanglose und ist dabei, wie Cicero einmal sagt, von solcher Seichtheit und Unbeholfenheit, dass es vielleicht besser wäre, er besäße gar keine. Denn für viele sind die Wissenschaften nur Werkzeuge der Torheit, für fast alle Menschen aber solche des Stolzes, wenn sie nicht, was selten der Fall ist, in eine Seele fallen, die gut von Natur und gut erzogen ist.

Da wissen sie nun viele Dinge über Tiere, Vögel und Fische: Wie viele Haare der Löwe im Scheitel trägt und wieviel Federn der Falke im Schwanz, und mit wieviel Windungen die Meerschlange den Schiffbrüchigen umschlingt. Sie wissen, wie die Elefanten sich begatten, und dass sie zwei Jahre lang im Mutterschoße bleiben, dass sie gelehrige und lebhafte Tiere sind, dem Menschen an Geist sehr nahe stehen und zwei- bis dreihundert Jahre leben können; dass der Phoenix in wohlriechendem Feuer verbrannt wird und aus seiner Asche sich wieder erhebt; dass der Seeigel bei jedem Angriff das nahe Wasser zu erreichen sucht, weil er, von diesem getrennt, nichts vermöge; dass der Jäger mit einem Spiegel den Tiger in die Falle lockt, dass der Greif von dem einäugigen Skythen mit dem Messer angegriffen wird und der Haifisch den Seemann auf dem Rücken liegend belauert. Sie wissen, dass das Junge der Bärin ganz unförmig zur Welt kommt, dass das Maultier nur selten, die Viper gar nur einmal und dann oft unglücklich Junge zur Welt bringt; dass der Maulwurf blind und die Biene taub ist und dass das Krokodil allein von allen Tieren die obere Kinnlade zu bewegen vermag – was alles gewiss zu einem großen Teile falsch ist, wie es sich schon oft erwiesen hat in ähnlichen Fällen, wo es sich um Dinge handelte, die auch in unseren Gegenden vorkommen, oder was doch von den Erzählern selbst sicher nicht gesehen und erfahren, sondern der weiten Ferne wegen leichter geglaubt und erfunden wurde. Und wenn es auch schließlich wahr wäre, so würde es doch nichts zu einem seligen Leben vermögen. Denn ich bitte dich, was nützt es, die Natur der Tiere, Vögel, Fische und Schlangen zu kennen und dafür die Natur des Menschen, seinen Zweck, seine Herkunft und sein Endziel nicht zu kennen oder gar zu missachten?

Dieses und Ähnliches habe ich diesen Schriftgelehrten, die nicht im mosaischen oder christlichen, sondern, wie sie wenigstens glauben, im aristotelischen Gesetze sehr belesen sind, entgegengehalten, freimütiger, als sie es zu hören gewohnt waren, und vielleicht auch etwas zu unvorsichtig; denn da ich mit Freunden sprach, glaubte ich, keine Gefahr fürchten zu müssen. Sie aber wunderten sich zuerst, dann zürnten sie, und da sie fühlten, dass dies gegen das heilige väterliche Gesetz ihrer Ketzerei gesagt sei, versammelten sie sich zu einem Rate, um mich, den sie doch wahrhaftig lieben, und meinen Ruhm, den sie so hassen, des Verbrechens der Unwissenheit schuldig zu erklären. Hätten sie doch noch andere Leute beigezogen! Vielleicht wäre dann im Rate dem Urteil widersprochen worden. Sie kamen aber nur zu vieren zusammen, damit das Urteil einmütig und einstimmig gefällt werden könne. Hier brachten sie nun gegen den Abwesenden und Wehrlosen viele und sich widersprechende Dinge vor, nicht als ob sie unter sich uneins gewesen wären – hatten sie ja alle doch dieselbe Ansicht und waren zusammengekommen, um alle dasselbe zu sagen – sondern um nach Art erfahrener Richter die Wahrheit, durch die enge Presse der Widersprüche gereinigt und geläutert, umso glänzender hervorleuchten zu lassen.

Sie sagten zuerst, die öffentliche Meinung sei auf meiner Seite; aber sie fügten hinzu, dass diese wenig Glauben verdiene. Und darin hatten sie recht, denn der Pöbel sieht selten das Wahre. Dann sagten sie, meine Freundschaft mit großen und gelehrten Männern, womit mein Leben – was ich im Herrn rühme – geschmückt ist, stehe ihrer Ansicht entgegen; ebenso mein vertrautes Verhältnis zu vielen Königen, namentlich zu König Robert von Sizilien, der mir sogar in meiner Jugend schon häufig und rühmlichst das Zeugnis des Geistes und der Wissenschaftlichkeit ausgestellt habe. Darauf aber antworteten sie – und hierin hat ihre Bosheit, doch ich will nicht sagen ihre Bosheit, sondern ihre Windbeutelei durchaus gelogen – ‚dieser König habe wohl den Ruf eines wissenschaftlich gebildeten Mannes gehabt, sei es aber in Wirklichkeit gar nicht gewesen. Und meine anderen Freunde seien zwar sehr gelehrte Männer, seien aber mir gegenüber, ob nun aus Liebe oder aus Nachlässigkeit, nicht scharfsichtig genug gewesen. Auch daran stießen sie sich, dass die drei letzten römischen Päpste nacheinander um die Wette, freilich vergebens, mich auf eine hohe Vertrauensstelle in ihrer nächsten Nähe berufen haben und dass der eben jetzt regierende Papst Urban sehr gut von mir zu sprechen pflege und mich schon mit den höflichsten Briefen beehrt habe. Außerdem zähle auch der jetzige römische Kaiser, der einzige rechtmäßige Kaiser unserer Zeit, mich unter seine lieben Freunde und bitte mich unaufhörlich durch tägliche Boten und Briefe, zu ihm zu kommen, was ja weit und breit bekannt und über allen Zweifel erhaben sei. Sie fühlten nun wohl, dass darin ein Beweis meines Wertes liege. Aber auch diesen Einwurf widerlegten sie und erklärten, die Päpste seien eben auf das allgemeine Gerücht gegangen und hätten sich mit diesem getäuscht, weil sie sich wie die anderen mehr durch meinen Charakter als durch mein Wissen gewinnen ließen und der Kaiser sei eben dazu geführt worden durch sein Interesse an Geschichte und historischer Forschung, worin sie mir gewisse Kenntnisse nicht abzusprechen wagten.

Auch meinten sie, meine Beredsamkeit, von der ich selbst weiß Gott gar nichts weiß, stehe ihrem Urteil entgegen. Sie nennen mich einen ganz wirkungsvollen Redner, sagen aber, es sei zwar Sache eines Rhetors oder Redners, durch eine geeignete Redeweise den Zuhörer zu überzeugen, das sei aber auch schon vielen Ungebildeten gelungen. So schieben sie einfach, was Sache der Kunst ist, dem Glücke zu und zitieren das alte Sprichwort: »Viel Geschwätz, wenig Weisheit« – und denken nicht an das bekannte Wort Catos, das einer solchen Herabsetzung des Redners entgegen ist. Endlich fanden sie, dass ihrer Ansicht auch mein schriftstellerischer Stil widerspreche, und da sie sich fürchteten, diesen zu tadeln oder auch nur zu wenig zu loben, erklärten sie, er sei sehr fein und von seltener Schönheit, habe aber gar nichts mit der Wissenschaft zu tun. Aber ich sehe nicht ein, wie dies möglich sein soll, und glaube auch, dass jene es nicht einsehen, und bin vielmehr der Ansicht, dass sie sich, wenn sie zu sich selbst kämen und über ihre Worte nachdächten, einer solch billigen Dummheit schämen würden. Denn wenn das erstere wahr wäre, was ich nicht behaupten will und auch nicht glaube, so müsste doch zweifellos das letztere falsch sein. Denn wie sollte einer, der gar nichts weiß, einen hervorragend schönen Stil haben können, während sie, die alles wissen, gar keinen haben? Welche Stelle räumen wir denn dann dem Verstande ein, wenn wir alle solche Dinge vom Zufall abhängig glauben?

Und willst du wissen, welches Urteil die Richter fällten? Nachdem sie also alles geprüft, wobei sie ich weiß nicht welchen Gott vor Augen hatten – denn Gott will ja keine Bosheit und ist kein Gott des Neides und der Unwissenheit, die ich die zwei Wolken vor der Wahrheit nennen möchte –, fällten sie dieses kurze, endgültige Urteil: »Ich sei ein guter Mann, aber ohne jede wissenschaftliche Bildung.«

O, wenn doch dies eine wahr wäre von allem, was sie gesagt haben und je noch sagen werden! Und du Jesu, mein gütiger Erlöser, du wahrer Gott und Spender aller Wissenschaft und allen Geistes, König der Herrlichkeit und Herr der Tugend, auf meinen Knien flehe ich dich demütig an, dass, wenn du mir auch weiter nichts geben wolltest, wenigstens dies mein Anteil sein möge, dass ich ein guter Mann sei. Und das kann ich ja nicht sein, wenn ich nicht dich aus vollem Herzen liebe und fromm verehre. Denn dazu und nicht für die Wissenschaften bin ich geboren. Sie machen stolz, wenn sie allein den Menschen erfüllen, zerstören und erbauen nicht, sind glänzende Ketten, eine mühevolle Arbeit und eine schwere Last der Seele. Du, o Herr, der du all mein Verlangen und meine Sehnsucht kennst, weißt, dass ich aus den Wissenschaften, solange ich sie besonnen betrieb, nichts suchte als die Mittel, gut zu werden. Nicht als ob ich dies der Wissenschaft – obwohl dies Aristoteles und viele andere versprechen – und nicht dir allein zugetraut hätte, sondern weil ich glaubte, der Weg, den ich unter keiner anderen Führung als der deinigen gehen wollte, werde durch die Wissenschaften ehrenvoller, sicherer und angenehmer. Du, der du Herzen und Nieren erforschest, weißt, dass es ist, wie ich sage. Nie war ich in dem Maße jung und ehrgeizig – ich bestreite nicht, dass ich es bisweilen war – dass ich wünschte, lieber gelehrt als gut zu sein. Ich gestehe, ich habe beides gewünscht; denn grenzenlos und unersättlich ist die menschliche Begierde, bis sie in dir ruht, über dem es nichts Höheres gibt, wohin sie sich erheben könnte. Beides habe ich gewünscht; aber nun mir eines davon genommen oder bestritten werden soll, danke ich meinen Richtern, dass sie mir von zweien das Bessere gelassen – wenn sie nur nicht auch hierin gelogen haben! Um mir zu entreißen, was sie selbst sich wünschten, gestanden sie mir zu, was sie nicht hatten, damit ich über meinen Verlust mich tröste – ein eitler Trost! Sie aber haben gegen mich gehandelt wie ein neidisches Weib. Denn fragt man ein Weib nach der Schönheit der Nachbarin, so sagt sie, sie sei gut und wohlgesittet. Alle Ehrentitel der Welt weist sie ihr zu Unrecht zu, nur um ihr das eine, vielleicht wahre Lob der Schönheit zu entziehen.

Aber du, mein Gott, außer dem es keinen Gott mehr gibt, du, den ich auch dem Aristoteles und allen Philosophen und Dichtern und allem, was jene so unermüdlich mit Lob überhäufen, den ich allen Weisheiten und Wissenschaften und allen Dingen der Welt vorziehen muss und will, du kannst mir in Wahrheit den Namen »gut« erteilen, den jene mir zu Unrecht gaben, und ich bitte dich, dass du ihn mir verleihen wollest. Und ich bitte dich nicht nur um den Namen »gut«, den Salomo allen köstlichen Salben vorzieht, sondern um die Sache selbst, dass ich wirklich gut sei, dass ich dich liebe und gewürdigt werde, von dir geliebt zu werden – niemand vergilt ja denen, die ihn lieben, so reich wie du – dass ich immer deiner gedenke, dir gehorche, auf dich hoffe und von dir rede. Die alten eitlen Dinge sollen meinen Mund verlassen und alle meine Gedanken fortan dir geweiht sein. Denn wahrlich: »Der Starken Kraft ist überwältigt, und mit Stärke sind umgürtet die Schwachen.« Viel glücklicher ist einer von den Kleinen, die an dich glauben, als ein Platon, Aristoteles, Varro oder Cicero, die bei allen ihren Wissenschaften dich nicht kannten. Die an dich sich wandten und an dich, der du Fels bist, sich anschlossen und ganz sich hingaben, die sind ihre Richter, und ihre gebildete Unwissenheit ist geoffenbart. Die Wissenschaft möge denen gehören, die sie mir abgestritten haben, oder da sie diesen, wenn ich mich nicht täusche, nicht gehören kann, mag sie gehören, wem sie will; jenen überlassen wir ihre ungeheure Selbstüberhebung und den nackten Namen Aristoteles, der mit seinen fünf Silben schon so viele Unwissende ergötzt hat; wir lassen ihnen auch ihre eitle Freude und ihre stolze Erhebung, die keinen Grund hat und dem Sturze nahe ist, und jede süße Frucht, die die Unwissenden und von ihren Irrtümern Aufgeblasenen in eitler, hohler Gläubigkeit sich brechen. Ich aber begnüge mich mit der Demut, mit dem Bewusstsein meiner Unwissenheit und Schwäche, mit der Verachtung der Welt, meiner selbst und der Unverschämtheit derer, die mich verachten, mit dem Misstrauen gegen mich und der Hoffnung auf dich. Mein Los seist du, o Gott, und – was sie mir nicht neiden werden – die Tugendhaftigkeit des Ungebildeten.

Nun werden sie lachen, wenn sie mich hören, und sagen: »Wie ein altes, unwissendes Großmütterlein plappert er fromme Gebete.« Denn für diese auf den Schein der Wissenschaft stolzen Leute gibt es ja nichts Verächtlicheres als Frömmigkeit, die doch das Höchste ist für alle wahren Weisen und ernsten Gelehrten, von denen das Wort gilt, das geschrieben steht: »Frömmigkeit ist wahre Weisheit.« – Und diese meine Worte befestigen sie wohl immer mehr in ihrer Ansicht, dass ich »ein guter Mann ohne Bildung« sei.

III

Was sollen wir nun sagen, mein teuerster Donato? Dich frage ich, den der Stachel des Neides dieser Leute noch mehr als mich selbst, den Angegriffenen, getroffen hat – was, mein Freund, soll ich tun? Soll ich gerechtere Richter anrufen? Soll ich schweigen und durch das Schweigen das Urteil bestätigen? Dies wäre mir das Liebste, ja, dass du wissest, wie wenig ich mich dagegen sträube, versichere ich dir sogar, dass ich dem Urteil dieser Richter, wie sie mir auch gesinnt sein mögen, beipflichte und dich und die anderen Freunde, die die Sache angeht, die ihr von mir eine andere Ansicht hattet, beschwöre, dass auch ihr gleicherweise die Hand zum Frieden reicht und durch euer Schweigen die Wahrheit des Urteils bestätigt. O, dass es wahr wäre, wenigstens in dem, was sie mir zuerkennen! Denn bezüglich dessen, was sie mir bestreiten, gestehe und bekenne ich, dass es wirklich wahr ist. Ich könnte ja auch erklären, dass ihnen die nötigen Eigenschaften eines Richters fehlten. Aber vielleicht stützen sie sich auf das Wort ihres Abgottes Aristoteles: »Jeder vermag darüber zu urteilen, was er selbst versteht und ist hierin der geeignete Richter –« und meinen nun, dass der Richter am besten Einsicht haben könne in eine Sache, woran er selbst Überfluss hat, so dass nach dessen Auffassung die allerunwissendsten Leute am besten über Unwissenheit urteilen könnten. Dem ist aber nicht so. Denn in Fragen der Unwissenheit und Weisheit und dergleichen steht ein Urteil nur dem zu, der sich in dem auskennt, worüber er urteilt. Die Sache liegt nicht so, dass, wie der Musiker über Musik oder der Grammatiker über Grammatik urteilen kann, so der Unwissende über Unwissenheit zu urteilen vermöge. Es gibt eben Dinge, an denen Überfluss haben so viel ist, wie die größte Not leiden. Die Hässlichkeit sieht keiner weniger als der Hässliche, dem sie etwas so Vertrautes ist, dass er das Hässliche an einer Sache, das die Augen eines schönen Menschen verletzen würde, gar nicht sieht. Ebenso ist es bei allen anderen Fehlern. Niemand urteilt also verfehlter über Unwissenheit als der Unwissende selbst.

Ich sage das durchaus nicht, um jenes richterliche Urteil zurückzuweisen, sondern nur damit jene, wenn sie überhaupt noch ein Schamgefühl haben, sich schämen, geurteilt zu haben ohne das geringste Verständnis. Denn in dieser Sache nehme ich nicht nur das Urteil neidischer Freunde, sondern selbst das eines gehässigen Feindes an: wer mich unwissend bis zum äußersten nennt, teilt nur meine eigene Ansicht. Ich selbst denke oft daran, wieviel mir noch fehlt zu dem, was zu wissen der gierige Geist sich sehnt, betraure meine Unwissenheit und prüfe sie schweigend. Aber bis das Ende unserer irdischen Verbannung kommt, mit dem auch die Unvollkommenheit unseres Wissens ein Ende nehmen wird, tröste ich mich mit dem Gedanken, dass die Unwissenheit allen Menschen gemeinsam ist. Und ich glaube, dass sich mit demselben Gedanken auch alle guten und bescheidenen Geister, die sich selbst kennen gelernt haben, trösten, auch die, die ein ungeheures Wissen haben – nach menschlichen Begriffen gesprochen; denn an sich ist unser Wissen immer gering, nur wegen der Mühsale, womit es erlernt und gesammelt wird, kann es groß genannt werden. Denn wie wenig ist es, so viel es auch sein mag, das zu wissen einem menschlichen Geiste gegeben ist? Wahrlich, so viel wie nichts ist das menschliche Wissen, und wäre es auch noch so groß, wenn es verglichen wird nicht mit dem Wissen Gottes, sondern auch nur mit des Menschen eigener Unwissenheit. Und diese Selbstkenntnis, dieses Bewusstsein der eigenen Unvollkommenheit und auch diesen tröstlichen Gedanken, von dem ich gesprochen, besitzen meiner Meinung nach auch die, die mehr wissen und mehr verstehen als ich. Glücklich in ihrem Irrtum sind meine Richter, da sie eines solchen Trostes nicht zu bedürfen glauben, glücklich sage ich, nicht wegen ihres Wissens, sondern ihres Irrtums und ihrer anmaßenden Unwissenheit wegen, da sie glauben, es fehle ihnen nichts zum Wissen eines Engels, während doch schon zum menschlichen Wissen allen vieles und vielen alles fehlt.

Doch reden wir von mir. Ach Freund, wieviel Unglück birgt nicht ein langes Leben! Denn wessen Glück ist je so fest, dass es sich einmal nicht geändert hätte und lebend alt geworden wäre? Es altern die Menschen, es altert ihr Glück, es altert der Menschen Ruhm, es altert alles Menschliche und – was ich nie geglaubt hätte – es altert schließlich selbst, ob sie auch unsterblich ist, des Menschen Seele und wahr wird das Wort des Philosophen aus Cordoba: »Ein zu langes Leben zerstört selbst große Geister.« Nicht als ob dem Alter der Seele ihr Tod folgen würde, es ist ja nur ein Scheiden vom Körper, jene Auflösung, die wir sehen und die wir im gewöhnlichen Leben Tod zu nennen pflegen – und es ist ja auch wirklich der Tod des Körpers, doch nicht der der Seele. So ist nun auch mein Geist alt und schwach geworden, und ich erfahre als Greis an mir selbst, was ich einst als unerfahrener Jüngling in frohem Liede gesungen: »Was nützt es dem Menschen, lange zu leben?« Wie hätte ich solchen Vorwurf früher, noch vor wenigen Jahren, ertragen können? Mit welchem Eifer hätte ich mich gewehrt! Glaube mir, es wäre ein schwerer Krieg zwischen Unwissenheit und Unwissenheit gewesen. Nun aber ist es von ihnen umso schmählicher, einen alten Mann anzugreifen, der sich nicht wehren will. Meine Unwissenheit weicht der ihrigen.

Wie in einer dunklen Ahnung dessen, was mir bevorstand, habe ich nie ohne tiefes Mitleid die Geschichte des Laberius gelesen, der sein ganzes Leben in ehrenvollem Kriegsdienst verbracht hatte und dann schließlich als sechzigjähriger Mann durch des Julius Caesar Schmeicheln und Bitten – die ja im Munde eines Fürsten bewaffnete Befehle sind – sich bewegen ließ, die Bühne zu betreten und so aus einem römischen Ritter ein Schauspieler zu werden, ein Unrecht, das er nicht schweigend ertrug, sondern mit vielen Worten, so auch in folgenden Versen, beklagte:

»Vor zweimal dreißig makellos verbrachten Jahren
Verließ als römischer Ritter ich mein stolzes Haus.
Nun kehre ich zurück als Mime – wahrlich,
Den einen Tag hab ich zu lang gelebt!«

Und ich – dir gegenüber darf ich mich ja rühmen – bin selbst als Greis noch nicht nach Hause zurückgekehrt, das ich einst verlassen habe als junger Mann, der für gebildet galt, ohne es zu sein. Mein ganzes Leben habe ich wissenschaftlicher Arbeit gewidmet; selten verging mir ein Tag, da ich nicht las oder schrieb oder mit wissenschaftlichen Dingen mich beschäftigte oder mir vorlesen ließ oder stillschweigend über irgendetwas nachdachte. Ich besuchte nicht nur gelehrte Männer, sondern selbst gelehrte Städte, um von dort gelehrter und besser zurückzukehren. Zuerst war ich in Montpellier, da ich in den Jahren meiner Kindheit in der Nähe dieser Stadt wohnte, dann ging ich nach Bologna, später nach Toulouse, nach Paris, nach Padua und nach Neapel, wo damals die Wissenschaften blühten – ich weiß, dass ich mit dieser Behauptung vieler Leute Ohren verletze. Ich war bei Robert, dem größten König und Philosophen unserer Zeit, der nicht weniger glänzte im Ruhme des Gelehrten als im Herrscherruhme. Meine Richter freilich sprechen auch ihm alle Kenntnisse ab. Eine Schande, die ich gemeinsam mit einem solchen Könige und mit vielen anderen trage, die zu groß sind, als dass ich mich ihnen gleichstellen dürfte, sollte ich mir fast zur

Ehre anrechnen. Doch davon später. Über diesen König sind die ganze Welt und die Wahrheit selber anderer Ansicht als meine Richter. Und ich habe als Jüngling den greisen Fürsten verehrt, nicht als einen König – Könige gibt es ja viele – sondern als ein seltenes Wunder von Geist und einen verehrungswürdigen Tempel der Wissenschaften. Und ich, der ich an Stand und Jahren ihm so ungleich war, war ihm, wie das noch vielen bekannt ist, vor allen anderen in jener Stadt lieb und teuer, nicht wegen irgendwelcher Verdienste meiner selbst oder meiner Angehörigen, nicht wegen kriegerischer oder höfischer Künste, die mir fast gänzlich fehlten, sondern, wie er selbst sagte, meines Geistes und meiner wissenschaftlichen Bedeutung wegen. Also musste entweder er ein schlechter Richter gewesen oder ich ein sehr schlechter Hüter meiner Kenntnisse sein, der ich immer lernte und arbeitete und dabei alles wieder verlernte.

Den größten und für die wissenschaftlichen Studien wertvollsten Teil meines Lebens verbrachte ich an der Kurie, die man sonderbarerweise noch immer die römische nennt, am linken Ufer der Rhone, wo sie fünfzig Jahre und darüber weilte, und von wo sie neulich in ebendiesem Jahre – o, wäre es auf Nimmerwiedersehen – wegzog auf Anregung und unter Führung Urbans V. – eines Heiligen, wenn er aushalten wird! – und zurückkehrte nach der heiligen Stadt und dem hochgeweihten Sitze Petri – gebe Gott, auf immer! Und dann lebte ich nicht fern von Avignon auf meinem Helikon jenseits der Alpen, wo die Sorgue entspringt, die Königin der Quellen. Und während jene Stadt ein ständiger Sammelplatz für beinahe alle Gelehrten der Welt war, fand ich dort in meiner Einsiedelei die Einsamkeit, Stille und Ruhe, die dem denkenden Geist so nötig sind. Dort widmete ich alle meine Zeit den Studien; bald besuchte ich Schulen und hörte Lehrer, bald las ich meinen Freunden vor, was ich gelernt oder selbst verfasst hatte, bald streifte ich umher und dachte und – bin ich auch ein sündiger Mensch – betete oft und viel; immer war ich mit mir selbst und selten anders als mit den schönen Wissenschaften beschäftigt. Und während ich so ganz der Arbeit lebte, wurde ich inzwischen bei Tausenden von gelehrten und erprobten alten Männern bekannt und beliebt – wollte ich sie alle aufzählen, so wäre das wohl eine süße Erinnerung, aber eine viel zu lange, mühevolle Liste.

Allen diesen gefiel ich allein oder doch hauptsächlich aus dem Grunde, weil ich schon als Jüngling in Gelehrtenstädten den Ruf eines gebildeten Mannes hatte, den mir nun, da ich alt geworden, in einer Seestadt vier junge Leute durch einen Richterspruch entreißen. So geht es nun auch mir wie Laberius: nach sechzig Jahren muss auch ich meinen Stand verlassen, freilich nicht um Schauspieler zu werden, eine Kunst, die einen genialen Künstler erfordert und unter den Künsten eine hohe Stellung einnimmt, sondern um – der Künste niedrigste – ein Ignorant zu werden.

So geht es auf der Welt! So weit haben mich nun meine Studien und Arbeiten und durchwachten Nächte gebracht: als Jüngling pflegte ich einst gelehrt genannt zu werden, als Greis werde ich durch ein tieferes Urteil als Stümper befunden. Das ist vielleicht traurig, aber immerhin zu ertragen; vielleicht nicht einmal traurig, jedenfalls aber zu ertragen wie alles andere, was den Menschen zustößt: Verlust, Armut, Mühe und Not, Schmerzen, Überdruss, Tod, Verbannung und Schande; welch letztere wir verachten dürfen, wenn sie ungerecht ist, denn dann wird sie von selbst Widerspruch finden und allmählich von uns genommen werden. Und wenn auch die Schande, die uns zu Recht trifft, nicht entschuldigt werden kann, wie auch jede andere Strafe, die für der Menschen Sünden erfunden ist, so werde ich doch lachen, wenn man mir das gerechte Lob der Wissenschaft durch Worte entreißen will; und beraubt man mich einer falschen Zierde, so werde ich das nicht nur zu ertragen wissen, sondern mich selbst darüber freuen, befreit zu sein von einer mir nicht einmal zukommenden Last und von der mühevollen Obhut eines unverdienten Ruhmes. Besser ist es, wenn ein Dieb dem anderen das gestohlene Gut wieder stiehlt, als wenn der Diebstahl straflos genossen wird. So ungerecht dabei der Räuber handeln mag, so gerecht ist doch an sich für den Besitzer der Verlust seines unrechtmäßig erworbenen Gutes.

Was mich betrifft, so billige ich, wie schon gesagt, nicht nur den gerechten, sondern auch den ungerechten Urteilsspruch und weise weder den Richter noch den Räuber zurück. Eine mühevolle und schwierige Sache ist es um den Ruhm, vor allem um den wissenschaftlichen. Alle sind gegen ihn angriffsbereit auf der Lauer; auch die ihn selbst nicht erhoffen können, suchen ihn wenigstens denen zu entreißen, die ihn besitzen. Immer muss man die Feder in der Hand behalten und mit angespanntem Geist und aufmerksamem Ohr zum Kampfe bereit stehen. Wer unter irgendeinem Vorwand diese Sorge und diese Last von mir nimmt, dem danke ich als meinem Befreier, und gerne lege ich den Namen eines Gebildeten nieder – trage ich ihn nun zu Recht oder zu Unrecht, jedenfalls ist er mühevoll und sorgenreich –, und gierig nach Ruhe und Mühe denke ich an des Annaeus Seneca Wort: »Nur bei großem Aufwand an Zeit und zum großen Ärger für fremde Ohren dürfen wir das Lob vernehmen: ›Du großer und gelehrter Mann‹. Seien wir zufrieden mit einem bäuerischeren Titel als diesem: ›Du guter Mann‹ – damit wollen wir es halten!« Ja, du bester Sittenlehrer, ich will zufrieden sein mit einem bäuerischeren, wie du sagst, und wie ich glaube, besseren und heiligeren und darum auch edleren Titel, da mir ja diesen meine Richter zugestehen wollen. Dies eine freilich fürchte ich, der Titel möchte mich trügen; doch ich arbeite daran, dass er wahr werde. Und ich werde mit dieser Arbeit nicht aufhören und nicht nachlassen bis zu meinem letzten Atemzug und Todesröcheln. Und wenn, wie du selbst anderswo gesagt hast, der Wille, gut zu sein, schon die vollendete Tat ist, so wird es gut um mich stehen; und ist der gute Wille auch erst der Anfang dazu, so ist es doch schon in etwas gut, und in diesem Sinne wenigstens, hoffe ich, wird der Titel wahr sein.

IV

Doch nun zu meinen Richtern! Zwar habe ich schon vieles über sie gesagt; doch da ich will, dass du alles wissest, wird noch einiges zu sagen sein. Denn ich möchte nicht wie ungebildet, so nun auch noch töricht und verrückt genannt werden. Wissenschaftliche Kenntnisse sind ja nur ein äußerer Schmuck, die Vernunft aber ist angeboren und ein Teil des Menschen selbst. Nicht so leicht wie jene möchte ich also auch diese missen. Auch fehlte mir die Vernunft nicht, die mich jener Leute Schlingen hätte entgehen lassen können. Nicht leicht wäre es ihnen geworden, mich mit ihren Künsten zu hintergehen. Doch meine eigene Herzensreinheit und der ehrenvolle Schleier einer, wie ich glaubte, treuen Freundschaft haben mich überrumpeln lassen. Und es ist sehr leicht, einen Vertrauenden zu täuschen.

Ich sagte und wiederhole es: Wie viele andere Bürger dieser herrlichen und großen Stadt waren sie gewohnt, mich zu besuchen, meist zwei und zwei, bisweilen auch alle vier zugleich. Und ich war voll Freude und glaubte, ebenso viele Engel aufzunehmen, vergaß alle Welt ihretwegen, denen mein ganzes Herz gehörte, und die es auf ganz wunderbare Weise erheiterten. Sofort entspannen sich auch, wie es unter Freunden Sitte, viele und mannigfaltige Gespräche. Ich aber legte gar keinen Wert darauf, wie und was ich sprach, sondern gab mir nur alle Mühe, beim Kommen solcher Gäste eine heitere Stirn und ein noch heitereres Gemüt zu zeigen. So ließ mich bisweilen die Freude gar keine Worte finden, mitunter sprach ich auch aus Höflichkeit, um die Redeeifrigen nicht zu unterbrechen, gar nichts oder nur wenige Worte in ganz populärem Tone. Ich habe nie gelernt, Freunden gegenüber schöne Worte zu machen, zu heucheln und mich zu verstellen; ich war immer gewohnt, mein Herz auf der Stirne und Zunge zu tragen und mit meinen Freunden nicht anders als mit mir selbst zu reden. Es gibt ja, wie Cicero sagt, nichts Süßeres als dies. Und was hat es denn für einen Sinn, Freunden seine Redefertigkeit und sein Wissen zu zeigen, ihnen, denen doch die Seele selbst mit ihren Neigungen und Fähigkeiten offen liegt? Nur in einem Falle hätte es einen Sinn, wenn nämlich die Freunde selbst es verlangten, nicht um zu prüfen, sondern um zu lernen. Aber dann handelt es sich nicht um irgendeine Prahlerei mit glänzendem Flitter, sondern nur um das treue Teilnehmenlassen der Freunde wie an allen Dingen, so auch an der Wissenschaft, fern von Widerspruch und Neid. So wundere ich mich oft, wie Kaiser Augustus, ein so großer Fürst, mitten unter seinen vielerlei großen Sorgen auch noch die kleine Sorge kannte, dass er nicht nur vor dem Volke oder Heere oder im Senat, sondern auch vor Gattin und Freunden fast immer nur nach reiflicher Überlegung, oft sogar nach schriftlicher Vorlage zu sprechen pflegte. Er tat dies vielleicht, um sich nicht zufällig etwas Überflüssiges oder Ungeschicktes entschlüpfen zu lassen, das seiner himmlischen Rede zu Tadel oder Verachtung hätte gereichen können. Ihm mag es erlaubt gewesen sein, vom hohen Thron herab seine Untergebenen aus dem schriftlichen Konzept wie mit Orakelsprüchen anzureden, mir aber ziemt unter Freunden die freie Rede in unausgearbeiteten Sätzen. Die Beredsamkeit in allen Ehren; wenn ich sie aber nur mit Mühe und Not erreichen kann, dann will ich lieber unberedt erscheinen als immer ängstlich besorgt, unruhig und dabei trocken sein.

Diesem Grundsatz, den ich immer befolge gegenüber lieben, vertrauten Menschen, vor allem gegenüber solchen, die meine Fähigkeiten kennen, blieb ich auch neulich treu unseren Freunden gegenüber, und, voll Vertrauen auf die Freundschaft, fiel ich ahnungslos der Feinde schlimmen Ränken zum Opfer. Denn nicht ängstlich darauf bedacht, schöne Worte zu machen, sagte ich eben gerade heraus, was mir in den Sinn kam. Sie aber legten von ihrer Voreingenommenheit aus alle meine Worte auf die strengste Waagschale und fassten, was immer ich sagte, so auf, als könnte ich weder etwas Besseres noch das Gesagte in besseren Worten sagen. Und da sich dies immer wiederholte, wurden sie in ihrem Urteil, das sie gern für wahr halten wollten, leicht bestärkt. Nichts ist ja leichter, als einen zu überzeugen, der überzeugt sein will und deshalb dem anderen umso lieber Glauben schenkt. So ward ich, der Einzelne, in meiner Unvorsichtigkeit überlistet von den Vieren und, ohne es zu wissen, unter die Herden der Unwissenden gerechnet.

Sie brachten gewöhnlich irgendein aristotelisches Problem oder irgendetwas über die Tiere zur Sprache, ich aber pflegte zu schweigen oder zu scherzen oder irgendetwas anderes zu berühren, fragte auch mitunter lächelnd, wie denn das Aristoteles habe wissen können, da er doch gar keine Gründe dafür gehabt habe und es unmöglich habe erproben können. Da wurden sie stutzig und zürnten mir im geheimen und betrachteten es als eine Lästerung, dass mir zum Glauben etwas anderes als die Autorität dieses Mannes nötig sei – gerade als wären wir schon aus Philosophen und eifrigen Freunden der Wahrheit blinde Anhänger eines Aristoteles oder Pythagoras geworden und wäre die alte, lächerliche Sitte wieder aufgelebt, wonach es nicht erlaubt war, etwas anderes zu fragen, als ob »Er« dies so gesagt habe. Dieser »Er« aber war, wie Cicero sagt, Pythagoras.

Ich halte den Aristoteles für einen großen und vielgebildeten Mann, aber eben doch für einen Menschen, und ich glaube, dass er als Mensch vielleicht auch vieles nicht wissen konnte. Ja, ich möchte noch mehr sagen, wenn jene, weniger meine Freunde als Anhänger seiner Schule, es mir erlauben wollten: Bei Gott, ich glaube unzweifelhaft, dass Aristoteles nicht nur in kleinen Dingen, wo der Irrtum klein und wenig gefährlich ist, sondern auch in sehr wichtigen, das menschliche Heil betreffenden Fragen fehlgegangen ist, und zwar völlig. Und wenn er auch am Anfang und am Schluss seiner Bücher über Ethik viel vom Glücke handelt, wage ich doch zu sagen – mögen meine Richter dagegen schreien, wie es ihnen beliebt –, dass er das wahre Glück so völlig verkannt hat, dass in dessen Kenntnis ein frommes Mütterlein, ein einfacher Fischer, ein gutmütiger Hirte oder Bauer vielleicht nicht so spitzfindig, aber jedenfalls glücklicher eingedrungen ist.

Darum wundere ich mich auch so sehr darüber, dass gewisse Leute jene Abhandlung des Aristoteles so verehren, dass sie es für eine Sünde halten – und diese Ansicht auch schon in Schriften vertreten haben –, wenn nach ihm noch jemand über das Glück zu schreiben wage. Ich habe bei mir selbst oft den vielleicht kühnen, aber gewiss wahren Gedanken ausgesprochen, dass, wie eine Nachteule die Sonne, so jener die Sonne des wahren Glückes, nämlich nur ihr strahlendes Licht, nicht aber sie selbst gesehen habe. Denn wer sein Glück nicht aufgebaut hat auf dessen eigenen festen

Grund und Boden, sondern fern auf schwankendem Boden im Feindeslande es sich errichten will, der hat es nie erkannt oder, wenn er es erkannte, nur missachtet. Und dieser feste Grund, ohne den ein wahres Glück nicht bestehen kann, ist der christliche Glaube an die Unsterblichkeit. Es reut mich gesagt zu haben, dass Aristoteles diesen Glauben entweder nicht erfasst oder aber missachtet habe. Denn nur das eine durfte ich sagen, dass er den Glauben nicht erfasst hat. Denn er konnte ihn ja nicht erfassen, nicht einmal erhoffen. Denn noch nicht strahlte damals auf Erden »das wahre Licht, das jeden Menschen erleuchtet, der in diese Welt kommt«. Er und die anderen bildeten sich eben ein, was sie sich wünschten, was alle Menschen von Natur sich wünschen, und dessen Gegenteil sich niemand wünschen kann, nämlich das Glück. Das wahre Glück aber kannten sie nicht, wenn sie auch schöne Worte darüber machten und es wie eine ferne Freundin besangen; in ihren Träumen selig freuten sie sich über ein Nichts, in Wahrheit aber waren sie unglücklich, und erst als der Donner des Todes sie zu ihrem Elend erweckte, sahen sie mit klaren Augen, worin das Glück bestehe, von dem sie träumend gedacht.

Man glaube nicht, dass ich dies alles aus mir selbst sage, und wem es zu keck erscheint, der lese des Augustinus dreizehntes Buch vom Gottesstaat, und er wird dort noch viel ernstere und schärfere Worte finden, die Augustinus gegen die Philosophen gebraucht, die sich – ich rede in seinen eigenen Worten – ein glückliches Leben machen, wie es eben gerade jedem gefällt.

Solches, gestehe ich, habe ich öfters gesagt und werde es auch fernerhin noch sagen, solange ich reden kann, denn ich bin überzeugt, damit die Wahrheit zu reden. Wenn sie das für Gotteslästerung halten, so mögen sie mich des Religionsverbrechens anklagen, aber mit mir auch den heiligen Hieronymus, der sich auch nicht um das kümmerte, was Aristoteles, sondern um das, was Christus sagte. Ich umgekehrt zweifle nicht, dass jene, wenn sie anders denken, gottlos und gotteslästerlich sind, und lieber nehme mir Gott mein Leben und was ich Teures habe, als dass ich diese fromme, wahre und heilsame Ansicht aufgebe und aus Liebe zu Aristoteles Christum verleugne. Sie mögen Philosophen oder Aristoteliker sein, obwohl sie zweifellos keines von beiden sind, aber sie mögen meinethalben beides sein – ich neide ihnen den schönen Namen nicht, worauf sie so zu Unrecht stolz sind; dann mögen sie aber auch mir den demütigen und wahren Namen eines Christen und Katholiken nicht neiden. Aber was bitte ich, da ich doch weiß, dass sie es mir gerne gewähren! Denn sie beneiden mich ja nicht um diesen Namen, sie verachten ihn vielmehr als einfältig und niedrig, als etwas, das ihrem Geiste unangemessen und seiner unwürdig ist. Die Rätsel der Natur und die hohen Geheimnisse Gottes, die wir in demütigem Glauben hinnehmen, suchen sie in hochnäsiger Prahlerei zu ergründen; aber sie ergründen sie nicht, kommen ihnen nicht einmal nahe, nur wähnen sie in ihrer Torheit, den ganzen Himmel in der Hand zu halten, und dabei sind sie doch nur zufrieden mit ihrer eigenen Meinung und freuen sich eines Irrtums. Und es bringt sie nicht von ihrer Torheit ab – um ganz zu schweigen von der Unmöglichkeit der Sache selbst – das Wort des Apostels an die Römer: »Wer erkannte den Sinn des Herrn? Oder wer war sein Ratgeber?« – noch jener göttliche Rat im Ecclesiasticus: »Trachte nicht nach dem, was zu hoch für dich ist, und suche nicht zu ergründen, was über deine Kräfte geht; sondern was dir Gott geboten, darauf sei allezeit bedacht und denke nicht vorwitzig über seine vielen Werke. Denn du hast nicht nötig, mit deinen Augen das Verborgene zu schauen.« Doch ich will von solchen Gründen schweigen; sie verachten ja alles Heilige und alles, was irgendwie katholisch klingt. Aber vielleicht hören sie auf das treffende witzige Wort des Demokrit: »Was vor den Füßen liegt, beachtet niemand. Alle suchen des Himmels Höhen zu ergründen.« Oder auf den geistvollen Spott, mit dem Cicero die Leute überschüttet, die kühn über alle Dinge disputieren und alles zu wissen glauben, als seien sie selbst vom Himmel herabgestiegen, wo sie im Rate der Götter gesessen und mit eigenen Ohren gehört haben, was dort verhandelt wurde – oder auf jenes noch ältere und schärfere Wort bei Homer, wo Jupiter nicht einen sterblichen Menschen oder einen aus der gewöhnlichen Herde der Götter, sondern seine eigene Frau und Schwester Juno, die Königin des Himmels, mit schwerer Drohung erschreckt, dass sie es ja nicht wage, sein tiefes Geheimnis zu erforschen, oder gar glaube, es erfahren zu können.

Doch kehren wir zu Aristoteles zurück, dessen Glanz ihre blöden, schwachen Augen geblendet und schon viele in die Grube des Irrtums gelockt hat. Zwar weiß ich wohl, dass Aristoteles die Herrschaft eines einzigen gefordert hat, wie sie schon vor ihm Homer verlangt hatte, da er – so ist es uns wenigstens in lateinischer Prosa übersetzt – sagte: »Nicht gut ist eine vielgeteilte Herrschaft; einer sei Herr, einer sei Fürst.« Und dachte Homer dabei nur an die irdische Herrschaft über die Griechen, so meinte Aristoteles damit die göttliche Herrschaft über die ganze Welt, und verlangte jener einen Atriden, so dieser Gott zum alleinigen Fürsten. Soweit hat der Glanz des Wahren seinen Geist erleuchtet; wer aber dieser Herrscher sei, welches sein Wesen und wie groß seine Macht, dies Eine und Wichtigste, glaube ich, konnte er nicht erfassen, der er in seiner Wissbegierde so vielerlei über göttliche Dinge geschwatzt hat. Und doch haben viele es erfasst, die ungebildet waren, nicht weil ein anderes Licht sie führte, sondern weil dasselbe Licht sie auf andere Weise erleuchtete als ihn. Dass dies so ist, sehen meine Freunde nicht; ich aber sehe, dass sie völlig blind und umnebelt sind, und dass alle, die gesunde Augen haben, sie so sehen, daran zweifle ich nicht mehr, als dass der Smaragd grün, der Schnee weiß und der Rabe schwarz ist.

Und damit unsere Aristoteliker meine Kühnheit leichter ertragen, sage ich ihnen, dass ich nicht nur über Aristoteles so denke, wenn ich auch ihn allein genannt habe. Ich lese nämlich – obwohl ich zwar ungebildet bin, schien ich doch lange schon, bevor jene meine Unwissenheit tadelten, etwas davon zu verstehen – ich lese, sagte ich – und in jüngeren Jahren habe ich noch viel mehr und eifriger gelesen – ich lese noch immer Bücher von Dichtern und Philosophen, unter anderen die des Cicero, dessen Geist und Stil vor allen anderen mich immer, von früher Jugend an, entzückte; denn ich fand bei ihm sehr viel Beredsamkeit und in seinen feinen Redewendungen eine ungeheure Überzeugungskraft. Wo er aber von den Göttern, über deren Natur er ein eigenes Werk schrieb, und von dem Wesen der Religion überhaupt handelt, sind seine Irrtümer umso lächerlicher, je gewandter sie vorgetragen sind, und ich sage Gott im stillen Dank, dass er mir diese meine einfältige und bescheidene Veranlagung gegeben und einen Geist, der nicht ins Ungemessene schweift und nicht nach Dingen strebt, die über seine Kraft gehen, und der nicht neugierig ist, Dinge zu erforschen, die schwer zu suchen und verderblich sind, wenn sie gefunden werden.

Je mehr ich gegen den Glauben Christi reden höre, desto mehr liebe ich Christus, und desto unerschütterlicher wird mein christlicher Glaube. Es geht mir wie dem Sohn, in dem die Liebe zum Vater schon zu erlöschen droht und der nun Übles über diesen reden hört: da erglüht in ihm die erkaltende Liebe wieder von neuem. So muss es ja auch einem wahren Sohne ergehen. Und ich rufe Christum selbst zum Zeugen, dass mich oft ketzerische Lästerungen aus einem Christen zum allerchristlichsten Menschen gemacht haben. Jene alten Heiden freilich, wenn sie auch viel Irriges schwatzten, lästerten deshalb noch nicht, weil sie ja den wahren Gott nicht kannten und Christi Namen nie gehört hatten. »Der Glaube aber ist vom Hören.« Und als der Apostel Worte und Lehren auf der ganzen Erde ertönten und über alle Länder bis ans Ende der Welt drangen, da waren sie längst tot und begraben, und sie sind eher zu bedauern als zu verdammen, da die neidische Erde ihre Ohren bedeckte, mit denen sie den erlösenden Glauben hätten vernehmen können.

Am meisten reizen mich jene obenerwähnten drei Bücher Ciceros über die Natur der Götter, worin jener große Geist über den Gegenstand der Abhandlung, über die Götter, immer nur mit Hohn und Verachtung spricht, nicht in ernsthaftem Tone freilich – vielleicht fürchtete er die Strafe, die ja vor der Herabkunft des Heiligen Geistes auch die Apostel fürchteten –, sondern mit jenen äußerst wirksamen Scherzworten, an denen er so reich ist. So zeigte er allen, die ihn verstanden, deutlich, was seine innere Ansicht über den behandelten Gegenstand war. Ich habe beim Lesen oft sein Geschick bedauert und trauerte und seufzte im Stillen bei mir selbst, weil dieser große Mann den wahren Gott nicht kannte. Er war gestorben wenige Jahre vor Christi Geburt, und der Tod hatte die Augen geschlossen, denen ach so nahe schon heraufleuchten sollten das Ende der Nacht des finstern Irrtums und der Anfang der Wahrheit, die Morgenröte des wahren Lichtes und die Sonne der Gerechtigkeit.

Und wenn auch Cicero in seinen Büchern, deren er unzählige schrieb, dem allgemeinen Irrtum verfiel und von Göttern sprach, diese aber dabei, wie ich schon sagte, selbst verlachte, so hatte er doch schon in seiner Jugend, in seinen Inventionen, die Behauptung aufgestellt, wer Philosophie ernstlich betreibe, glaube nicht an das Dasein von Göttern. Freilich, den einen Gott kennen und nicht mehrere Götter, das erst ist wahre und höchste Philosophie, wenn – so fügen wir hinzu – mit der Kenntnis Frömmigkeit und gläubige Verehrung sich paaren. Und auch in seinem Alter, eben in diesen Büchern, die er über die Götter und nicht über den einen Gott schrieb, tragen ihn die Schwingen seines Geistes so hoch, dass man mitunter glauben möchte, es rede nicht ein heidnischer Philosoph, sondern ein christlicher Apostel. Dort führt er im ersten Buche gegen Vellejus, den Verteidiger der Epikureischen Philosophie, aus: »Du tadeltest die, die aus einer Betrachtung der herrlichen, wunderbaren Schöpfung, wenn sie das Weltall und alle seine Teile, Himmel, Erde, Meer, Sonne, Mond und Sterne, wenn sie das Wachsen und Werden und den Wechsel der Zeiten sehen, zum Glauben gelangen, es gebe ein herrliches, überragendes Wesen, das dies alles geschaffen hat, bewegt, regiert und leitet.«

Und im zweiten Buche sagt er: »Wenn wir den Himmel betrachten und der himmlischen Dinge gedenken, gibt es dann für uns etwas Klareres, Gewisseres, als dass es eine Gottheit von herrlichstem Geiste geben muss, die alles leitet?« Und in demselben Buche: »So scharfsinnig Chrysippus ist, so scheint mir doch, er habe diese seine Ansicht nicht aus sich selbst gefunden, sondern eher der Natur abgelernt. Er sagt nämlich: Wenn es etwas in der Welt gibt, was Vernunft und

Geist eines Menschen, was menschliche Kraft und Macht nicht schaffen können, so ist es doch sicher, dass es etwas Besseres als den Menschen geben muss, das diese Dinge schaffen kann. Da nun wirklich die himmlischen Dinge und alles, was ewiger Art ist, nicht von Menschen geschaffen sein können, so muss also dasjenige, durch das diese Dinge geschaffen sind, wirklich etwas Größeres sein als der Mensch. Und wie sollte ich dies besser nennen können als eben ›Gott‹?« Und nach einigen Zwischenbemerkungen fährt er fort: »Wenn alle Teile der Welt so geschaffen sind, dass sie weder besser zum Gebrauch noch schöner zum Schauen sein könnten, so ist es doch fraglich, ob dies nur zufällig so geschehen ist oder nicht vielmehr in so klarer, geordneter Folge, dass wir notwendig einen ordnenden Geist, eine göttliche Vorsicht annehmen müssen? Sind also die natürlichen Dinge besser als die künstlich geschaffenen, und schafft andrerseits die Kunst nie etwas ohne Vernunft, so kann auch die Natur nicht ohne Vernunft wirksam gedacht werden.

Wenn du ein Bild oder eine Statue ansiehst, so weißt du, dass menschliche Kunst sie geschaffen hat; siehst du in der Ferne ein Schiff auf seiner Fahrt, so weißt du, dass menschlicher Geist es künstlich fortbewegt; und betrachtest du eine Sonnen- oder Wasseruhr, so ist es dir klar, dass sie nicht zufällig, sondern gemäß ihrer Einrichtung die Stunden anzeigt – ist es dir dann erlaubt, die Welt, die diese Künste und ihre Meister und alle Dinge umfasst, zu betrachten als etwas, das keine ordnende Vernunft über sich kennt? Wenn jemand zu den Skythen oder Briten einen Himmelsglobus bringen würde, ähnlich dem, den neulich unser Freund Posidonius geschaffen hat, dessen Drehungen den Lauf der Sonne, des Mondes und der fünf Planeten nachahmt, wie er Tag und Nacht sich vollzieht, würden die Barbaren zweifeln, dass dieses Werk mit Vernunft erdacht und geschaffen ist? Und doch gibt es Leute, die glauben, die Welt, aus der alle Dinge werden, sei entstanden durch Zufall oder innere Notwendigkeit und nicht geschaffen durch die göttliche Vernunft und Vorsicht. Sie glauben, Archimedes habe ein größeres Werk geschaffen, da er die Drehungen der Himmelskugel nachahmte, als die Natur, da sie dieselbe schuf; denn das nachgeahmte Werk sei in allen seinen Teilen kunstvoller als das von der Natur hervorgebrachte Vorbild.« So steht es, wie du hörst, bei Tullius geschrieben. Und dann nimmt er weiter als belehrendes Beispiel jenen ungelehrten Hirten aus der Dichtung, der hoch vom Berg herab in der Ferne das Schiff sieht, das die Argonauten nach Kolchis führt. Er hat noch nie ein Schiff gesehen, und erschrocken über das neue Wunder, denkt er erzitternd bei sich selbst, was es sein möge, ob ein Berg oder Fels, den, herausgerissen aus den Eingeweiden der Erde, die Winde über das Meer hintreiben, oder vielleicht eine dunkle, vom Sturm zusammengeballte Meereswoge oder anderes dergleichen. Als er aber dann die Jünglinge sieht, deren kräftige Arme das Schiff bewegten, als er ihr Ruderlied hört und der Helden Antlitz erblickt, da kommt er zu sich und legt Angst und Irrtum ab und fängt an, zu erkennen, was dies für ein Ding sei.

Cicero fährt fort: »Wie diesem Hirten, der beim ersten Anblick glaubte, etwas Totes, Unbelebtes vor sich zu sehen, wie er aber dann, als die deutlichen Zeichen sich mehrten, anfing zu vermuten, was das fragliche Ding sei, so ging es auch den Philosophen. Vielleicht hatte sie der erste Anblick der Welt verwirrt, dann aber, als sie ihr unendliches Leben, ihre unwandelbare Ordnung und Gesetzmäßigkeit beobachteten, da fingen sie an einzusehen, dass es etwas geben müsse, das die herrlichen Räume der Welt nicht nur bewohnt, sondern auch alles lenkt und leitet als eine Art Baumeister dieses unendlich großen Werkes.« Und dasselbe sagt er mit fast denselben Worten an einer anderen Stelle, im ersten Buche der Tuskulanen: »Wenn wir die unendliche Welt betrachten, so zweifeln wir nicht, dass über ihr jemand steht als Schöpfer, wenn sie, wie Platon meint, geschaffen, oder als Herr und Lenker, wenn sie, wie Aristoteles will, von Ewigkeit ist.« Du siehst, wie er immer nicht bloß in philosophischem, sondern fast in theologischem Sinne von dem einen Gott als dem Schöpfer und Lenker aller Dinge redet. Deshalb sind mir diese Stellen lieber als das, was er weiter in diesem Buche über das Wesen der Götter unter dem Einfluss des Aristoteles geschrieben hat. Seine Ansicht ist ja wohl immer dieselbe, doch ist im weiteren Verlauf die Rede von Göttern, ein Wort, das verdächtig ist, wenn es sich um ein ernstliches Forschen nach Wahrheit handelt.

So sagt Aristoteles: »Nehmen wir an, es wohne ein Mensch tief drunten in der Erde in schönen, herrlichen Räumen, die geschmückt mit Statuen und Gemälden und ausgestattet wären mit all den Dingen, an denen die Überfluss haben, die wir glücklich nennen, und dieser Mensch sei noch nie auf die Erde heraufgekommen, habe aber vom Hörensagen vernommen, dass es eine gewisse mächtige Gottheit gebe. Und wenn nun nach einiger Zeit die Tiefen der Erde sich öffneten und er aus seiner dunklen Wohnung herauf entrinnen könnte zu den Ländern, wo wir wohnen, wenn er plötzlich Erde und Meere und Himmel sähe und die großen, schönen Wolken, wenn er des Sturmes Gewalt fühlte, wenn er in den strahlenden Glanz der Sonne blickte, deren Wirkung er schon im hellen Tageslicht genossen, oder wenn er in den Stunden der Nacht den ganzen Himmel bedeckt und geschmückt sähe mit Sternen, und den Wechsel des Mondlichtes, bald wachsend, bald abnehmend, und aller Gestirne Aufgang und Untergang, wie er in alle Ewigkeit in unwandelbarem Laufe sich vollzieht – wenn er dies sähe, fürwahr er würde glauben, dass es Götter gebe, und dass dies alles der Götter Werk sei.« So Aristoteles. Ein Beispiel freilich, das etwas gezwungen ist und der Wirklichkeit allzu ferne liegt. Cicero dagegen führt ein Beispiel an, das geschehen, nicht erdichtet, dem Gedächtnis nahestand. Er sagt: »Stellen wir uns einmal eine solche Finsternis vor, wie sie einst beim Ausbruch des feuerspeienden Ätna die ganze umliegende Gegend bedeckt haben soll, so dass zwei Tage lang kein Mensch den anderen sah, und am dritten Tage, als die Sonne wieder schien, jedermann glaubte, wieder zum Leben erweckt zu sein. Wäre so auch für uns das Licht etwas Außergewöhnliches und würden wir es plötzlich schauen, erschiene es dann nicht auch uns als eine Schöpfertat des Himmels? Aber die tägliche Wiederholung gewöhnt mit den Augen auch die Seele daran; sie bewundert nicht mehr und fragt nicht nach den Gründen von Dingen, die sie täglich sieht.

Und doch, wenn ein Mensch die Bewegungen des Himmels und den geordneten Lauf der Sterne sieht, wenn er sieht, wie das alles miteinander in Zusammenhang und geordneter Beziehung steht, kann er dann noch sagen, dass es ohne jede leitende Vernunft aus reinem Zufall so geworden sei? Diese Dinge, die so weise eingerichtet sind, dass wir mit aller Arbeit nichts Ähnliches schaffen können? Wenn wir sehen, wie etwas, z.B. ein Himmelsglobus oder eine Uhr oder anderes dergleichen, durch eine Art von Maschine bewegt wird, zweifeln wir dann daran, dass es sich um ein Werk der menschlichen Vernunft handelt? Wenn wir nun aber sehen, wie der Himmel mit wunderbarer Schnelligkeit sich dreht und im jährlichen Wechsel seinen Lauf vollzieht zum Segen aller Dinge, können wir dann noch zweifeln, dass dies mit Vernunft, ja mit einer ganz herrlichen, göttlichen Vernunft geschieht?«

Du hörst, mein Freund, wie ich schon vorhin sagte, nicht einen Philosophen reden, sondern einen Apostel. Denn klingt dies alles nicht ähnlich wie des Apostels Wort an die Römer: »Gott hat sich ihnen geoffenbart. Denn das Unsichtbare an ihm wird seit der Schöpfung der Welt durch das Erschaffene erkannt und geschaut, seine ewige Kraft und Herrlichkeit, so dass sie keine Entschuldigung haben. Denn obwohl sie Gott erkannt hatten, ehrten sie ihn doch nicht als Gott, noch dankten sie ihm, sondern wurden eitel in ihren Gedanken.« Und wenn Cicero so oft wiederholt, dass die Welt durch Gottes Geist geschaffen ist und durch Gottes Vorsicht geleitet wird, und wenn er dies so unermüdlich versucht den Menschen zum Bewusstsein zu bringen, will er denn damit etwas anderes sagen, als dass vernünftige Menschen, die Gott einmal als Schöpfer aller Dinge erkannt haben, sich schämen sollten, von der Quelle des wahren Glückes sich abzuwenden und im Irrtum sich eitlen und unfruchtbaren Gedanken hinzugeben?

Wenn du mich nicht kenntest, würdest du dich vielleicht darüber wundern, dass ich nicht aufhören kann, Cicero zu zitieren. So lieb und teuer ist er mir. Und von der mir so wohl vertrauten Schönheit seiner Gedanken und seines Stiles gefesselt, tue ich, was ich sonst nicht zu tun pflegte: ich fülle mein Werkchen mit fremden Worten. Ich erbitte mir darob deine und des Lesers Geduld. Früher, da ich glaubte, etwas Eigenes zu haben, schmückte ich mich mit eigenem Gute; nun aber, da mich unsere vier Freunde des Ruhmes der Wissenschaft beraubt haben, da ich kein eigenes Wissensgut mehr habe, sondern nur noch ein armer Krämer mit fremden Wissenschaften bin, da wird meine Armut die Unverschämtheit entschuldigen, bei fremden Leuten betteln zu gehen. Und gibt es eine größere Armut des Geistes als Unwissenheit? Nach dem Laster ist sie die größte.

Doch um nicht jene drei Bücher Ciceros in dies kleine Büchlein zusammenzudrängen, will ich heute kein weiteres Zitat von ihm herübernehmen, obwohl er gerade hier, mehr als anderswo, so scharf und schlagend nachgewiesen hat, dass wir aus der sichtbaren Welt das Dasein eines Gottes als des Schöpfers und Leiters aller Dinge erkennen. Denn dies ungefähr ist der Hauptgedanke jenes großen Werkes. Er behandelt darin fast alle himmlischen und irdischen Dinge, die Gestirne und Himmelskugeln, die Festigkeit und Fruchtbarkeit der Erde, die günstige Lage der Meere und Flüsse, den Wechsel der Jahreszeiten und der Winde, Kräuter, Pflanzen, Bäume und alle Tiere, die Natur der Vögel, Vierfüßer und Fische und alle deren einzelne Zweckmäßigkeiten; er spricht von Ernährung, von Arbeit, Handel und Verkehr, von der Heilung der Krankheiten, von Jagd und Vogelfang, Baukunst und Schifffahrt und von all den unzähligen Künsten, die Natur und Menschengeist erfunden, von dem wunderbaren Organismus des menschlichen Körpers, von seinen Gliedern und Sinnen, von Verstand und Fleiß – und dies alles so sorgfältig und eingehend und peinlich genau, wie es wohl noch nie ein Schriftsteller vor ihm behandelt hat. Und immer wieder kommt er zu dem Schlüsse: Alles, was wir mit dem Auge sehen und mit dem Verstand aufnehmen, ist zum Heile der Menschen von Gott geschaffen und wird durch Gottes Vorsicht und Rat geleitet. Ja, er spricht selbst von einzelnen Persönlichkeiten, und nachdem er die vierzehn bedeutendsten römischen Feldherren genannt hat, fügt er bei, es sei zu glauben, dass keiner von diesen seine große Bedeutung erreicht haben würde ohne Gottes Beistand. Und bald darauf sagt er: »Kein großer Mann ward jemals ohne eines göttlichen Hauches Wirkung.« Und kann er mit diesem Hauche etwas anderes meinen als das, was wir den Heiligen Geist nennen? Könnte überhaupt ein Katholik, ganz abgesehen von der Beredsamkeit, worin Cicero unübertrefflich ist, besser ausdrücken, was in diesen Sätzen gemeint und gesagt ist?

So nenne ich also den Cicero einen Katholiken? Ach, dass ich es könnte und dürfte! Dass der, der ihm einen solchen Geist gab, ihm auch verliehen hätte, ihn zu erkennen, so wie er ihm die Gnade verlieh, ihn zu suchen! Dann würden wir jetzt, wenn auch der wahre Gott unserer Lobsprüche und der menschlichen Beredsamkeit nicht bedarf, in unseres Gottes Tempeln zwar keine wahreren und heiligeren – denn das ist nicht möglich und darf auch nicht erhofft werden –, wohl aber süßere und wohlklingendere Predigten vernehmen.

Aber ferne sei von mir, einem Menschen in allen seinen Ansichten zuzustimmen, weil er das eine oder andere schöne Wort gesagt hat. Denn ein Philosoph darf nicht beurteilt werden nach einzelnen Äußerungen, sondern nur nach seinen allgemeinen Anschauungen, wie sie in seinen Werken immer wiederkehren. Das sagt mir derselbe Cicero oder besser, schon der bloße gesunde Menschenverstand. Denn wer ist so ungeschlacht, dass er nicht doch wenigstens einmal etwas Schönes sagen könnte? Darf uns aber das genügen? Oft verdeckt ein zu rechter Zeit gesprochenes Wort eine große Unkenntnis; oft lassen uns schöne Augen oder goldblondes Haar die Gebrechen eines hässlichen Körpers übersehen. Wer einem Menschen volles Lob spenden will, der muss den ganzen Menschen sehen, den ganzen Menschen prüfen und wägen. Es kann geschehen, dass neben dem, was ihn ergötzt, etwas anderes verborgen ist, das ihn ebenso sehr oder noch viel mehr verletzt. So kehrt derselbe Cicero, der eben erst so ernste, fromme Worte gesprochen, bald darauf zu seinen Göttern, wie zu seinem eigenen Auswurf, zurück und zählt ihre Namen und Eigenschaften auf, um dann von der Vorsehung, nicht des einen Gottes, sondern der Götter zu handeln. Höre, ich bitte dich, welche Worte ihm dabei entschlüpfen: »Diese Götter sollen wir verehren und anbeten. Der beste, keuscheste und frömmste Kult der Götter ist, dass wir sie immer mit unverdorbenen Herzen und reinen Lippen verehren.«

Ach, mein Cicero, was sagst du da? So schnell hast du des einen Gottes und deiner selbst vergessen? Wo bleibt das »herrliche und überragende Wesen«, »die Gottheit von herrlichstem Geiste«, »der Gott, der besser als die Menschen ist«, »der die himmlischen Dinge geschaffen hat, die menschliche Vernunft und Macht nicht schaffen kann«? Wo der Schöpfer der ewigen Ordnung, die wir beobachten? Wo der Bewohner der himmlischen Räume? Der Lenker und Leiter und Baumeister dieses unendlich großen Werkes? Aus seinem himmlischen Hause, das du ihm durch dein schönes Bekenntnis zugewiesen hattest, hast du ihn wieder vertrieben, da du ihm so hässliche und unwürdige Genossen gabst, die der verabscheut, der einst aus dem Munde seines Propheten verkündete: »Sehet, ich bin allein, und es ist kein Gott außer mir.« Wer sind denn diese neuen, verruchten Götter, die du versuchst einzuführen in das Haus des Herrn? Sind es nicht die, von denen ein anderer Prophet sagte: »Alle Götter der Heiden sind böse Teufel; Gott aber hat die Himmel geschaffen«? Da du vom Schöpfer des Himmels und der Erde sprachst, hast du mit Recht des frommen Hörers Ohr und Herz erfreut, nun aber, da du ihm seine rebellischen Kreaturen, die unreinen Geister zur Seite stellst, hast du mit einem Worte ausgetilgt, was du so klug und weise gesagt zu haben schienst.

Doch was sage ich: Mit einem Worte? Nein, mit vielen! Denn oft, an unzähligen Stellen, bist du gleichsam schlafend abgewichen vom engen Pfade der Wahrheit und verehrst die Götter, die du eben noch verlachtest, und machst Sonne, Mond und Sterne und selbst die Erde, die wir sehen, berühren und mit Füßen treten, zu belebten, vernunftbegabten Wesen und – welche Torheit – selbst zu Göttern! Und wenn du dies auch nicht dir selbst, sondern dem Balbus in den Mund legst, der in deinem Buche auftritt, so ist das doch nur eine von der Vorsicht eingegebene schriftstellerische Einkleidung. Und aus derselben Vorsicht wagst du auch nicht am Schlüsse des Buches die Ausführungen deines Balbus wahr zu nennen; du nennst sie aber die wahrscheinlicheren und scheinst so zu billigen, was dieser gesagt. Nach Art der Dialoge des Platon weisest du eben, was deine eigene Ansicht ist, dem Munde einer erdichteten Person zu. Und doch scheinst du an einer Stelle des genannten Werkes, wo du Balbus sagen lässt, es gebe nur einen Gott mit verschiedenen Namen, dich selbst schützen zu wollen mit dem Schilde, womit sich die Stoiker zu decken pflegen gegen den Vorwurf des Irrtums und zur Entschuldigung des törichten Glaubens an einen ganzen Haufen von Göttern. Sie wollen mit den verschiedenen Namen immer dieselbe Sache bezeichnen und verstanden wissen und sagen, es gebe freilich nur einen Gott, dieser aber werde in seiner Beziehung zur Erde Ceres genannt, im Wasser Neptun, in der Luft Jupiter, im Feuer Vulcan. Doch wer sieht nicht ein, wie abgeschmackt diese Entschuldigung und Verhüllung der Wahrheit ist, wenn er bedenkt – um von anderen Dingen ganz zu schweigen – wie oft bei den heidnischen Schriftstellern die Rede ist von der Eifersucht, von Streit und Zwist der Götter und ihrer verschiedenen Heiligtümer?

Es kann nur einen einzigen wahren Gott geben, und dieser kann nicht einmal größer und dann wieder weniger groß sein; denn Gott ist immer und überall derselbe und konnte und kann nie mit sich selbst uneins sein. Er ist ein Gott, der nicht an dem Opfer von Stieren, sondern einzig und allein an dem des Lobes und der Gerechtigkeit und eines zerknirschten Herzens und reuevoller Tränen sein Wohlgefallen hat; er ist ein und derselbe Gott im Himmel und auf Erden, und überall hat er dasselbe Wesen und denselben Namen.

Nicht besser sind die anderen Ausflüchte der Philosophen in dieser Sache. Sie sehen ein, dass das, was sie von Jupiter sagen, nicht auf Gott passe, und nehmen deshalb, wie Lactantius sagt, zwei Jupiter an, einen wirklichen und einen fabelhaften, oder gar drei, wie Cicero von den sogenannten Theologen berichtet. Wie wertlos diese Ansichten der Theologen der Götter, nicht des einen Gottes sind, das mag, wer will, bei Lactantius Firmianus im ersten Buche seiner Institutionen nachlesen. Denn ich mag nicht allzu weit vom Thema abschweifen. Es tut mir schon leid, den Gedanken auch nur berührt zu haben, es gebe fünf Sonnengötter, fünf Götter des Namens Mercur, ebenso viel Minerven, vier Götter, die Vulcan, vier, die Apollo, und vier, die Venus heißen, drei Aesculape, drei Cupidos und drei Dianen und sechs Herculesse oder meinetwegen, wie andere wollen, dreiundvierzig – diese Leute schämten sich nicht, Dinge zu sagen, die wir uns auch nur zu hören, geschweige denn zu glauben, schämen möchten. Wen ekeln solche Dummheiten nicht an? Wer vermag solche Widersprüche zu ertragen? All dies ist so übervoll nicht bloß von Irrtümern, sondern von nutzlosen Phantastereien, dass ich mitunter Mitleid bekomme und tief bedaure, dass dieses schöne Buch in einem solchen Gegenstand sich erschöpft. Was sollen denn diese Spielereien? Diese lächerlichen Märchen? Von fünf Sonnen zu reden, wo sie doch gerade deshalb Sonne genannt wird, weil sie allein leuchtet! Noch nie hat man mehr als eine Sonne gesehen, und war dies doch der Fall, so nahm man an, dass es sich um einen Fehler des Auges oder eine Verwirrung des Geistes handle, oder betrachtete es als ein übles Vorzeichen. Dies sage ich bei aller Verehrung der Alten, besonders des Cicero. Und ich glaube, nur ein Gut entspringt aus der Lektüre dieser Dinge, die zu schreiben jener Mann sich solche Mühe gab: der Lesende erkennt die Torheit des Götterglaubens und wächst in der Liebe zum einen, wahren Gott, in der Verehrung unserer Religion und in der Verachtung des fremden Aberglaubens. Denn auf keine Weise kann eine Sache klarer erkannt werden, als wenn man sie ihrem Gegenteil gegenüberstellt. Nichts macht das Licht uns liebenswerter als die verhasste Finsternis.

Wenn ich das über meinen Cicero sage, den ich so sehr bewundere, was glaubst du, werde ich dann über andere Heiden sagen? Viele von ihnen haben schöne Dinge geschrieben, mitunter auch wundervoll, süß und beredt, aber in dieser Frage haben sie alle Gift in ihren Honig gemischt, gewisse lächerliche und doch gefährliche Irrtümer, von denen weiter zu handeln hier nicht der Platz ist. Ich habe auch ihnen gegenüber nicht denselben Grund dazu wie bei Cicero. Sie fesseln mich nicht so sehr; denn wenn auch der Gegenstand gleich wichtig ist, so ist doch ihre Beredsamkeit nicht so süß. Dasselbe Lied aber kann je nach der Art des Vortrags bald angenehm, bald widerlich klingen, so sehr ändert die Musik ihren Charakter entsprechend der Stimme des Singenden.

Nur ein einziges Beispiel will ich noch anführen. Wer weiß nicht, dass Pythagoras ein Mann von höchster Begabung war? Und doch stammt von ihm die bekannte Lehre von der Seelenwanderung, die so töricht ist, dass ich über alle Maßen staune, wie sie in den Kopf eines Menschen, vollends eines Philosophen kommen konnte! Und doch war es der Fall, und von einem großen Geiste ausgehend, hat die Lehre, wie man sagt, auch andere große Geister angesteckt.

Ich wage nicht, mein Urteil hierüber auszusprechen; darum soll es für mich in noch kühneren Worten Lactantius Firmianus tun, der in seinen Institutionen diesen selben Pythagoras, von dem wir reden, einen hohlen und blöden Greis, einen leichtsinnigen Menschen von allerlächerlichster Eitelkeit zu nennen sich nicht scheut, und der in edlem Freimut des Stiles und Geistes seine ganze Lehre als eine fabelhafte und leere Lüge verachtet und zurückweist, vor allem jene freche Behauptung, dass er in seinem ersten Dasein ein gewisser Euphorbus gewesen sei. Und diese Lehre ist das hervorragendste unter den Dogmen der Pythagoräer. Ihretwegen hat sich Pythagoras bei den Metapontinern, obwohl er als Fremdling unter ihnen lebte und starb, einen solchen Namen erworben, dass sein Haus als Tempel und er selbst als Gott galt und gefeiert wurde. Und wenn er diese Lehre auch nicht selbst niedergeschrieben hat – er soll nämlich gar nichts geschrieben haben – so haben es nach ihm doch seine Schüler geschrieben.

Und wer sollte noch nichts gehört haben von der Annahme unendlich vieler Atome, aus deren zufälligem Zusammenstoßen Himmel und Erde entstanden sein sollen? So sagen Demokrit und nach ihm Epikur, welch letzterer, um die Torheit vollzumachen, auch noch die Existenz unzähliger Welten annahm, worüber, als er es hörte, der Makedonier Alexander geseufzt haben soll: von den unzähligen habe er noch nicht einmal die eine Welt sich unterworfen. Der Seufzer eines eitlen und unersättlichen Geistes! Sicherlich hatten die beiden Urheber dieser philosophischen Ketzerei noch nicht einmal den tausendsten Teil dieser Welt kennen gelernt und träumten schon von unzähligen Welten!

Und nun leugne man, dass sie gelehrte Männer und tiefsinnige und scharfe Köpfe und wissenschaftlich gebildet gewesen seien, da sie doch so viel Muße hatten, solche Dinge auszuklügeln! Und was soll ich von den anderen sagen, die nicht nur, wie die beiden letzteren, eine unendliche Zahl von Welten, sondern auch die Ewigkeit der Welt annahmen, eine Ansicht, zu der außer Platon und den Platonikern fast alle Philosophen und mit diesen natürlich auch meine Richter neigen, die lieber als Philosophen denn als Christen erscheinen möchten und den berüchtigten, oder besser ruchlosen Vers des Persius verteidigen: »Aus dem Nichts entsteht nur ein Nichts, und das Nichts kann nur werden Wieder zum Nichts.«

Sie scheuten sich nicht, nicht nur die Schöpfung der Welt, wie sie Platon im Timaeus annimmt, sondern auch den mosaischen Schöpfungsbericht und den katholischen Glauben und das ganze allerheiligste, segensreiche christliche Dogma, das von himmlischer Gnade überfließt, zu bekämpfen, wenn sie nicht mehr durch die drohende menschliche als durch die göttliche Strafe davon abgeschreckt würden. Sind aber keine Zeugen zugegen, so haben sie auch nichts zu fürchten und bekämpfen offen Wahrheit und Frömmigkeit und verlachen insgeheim in ihren Winkeln Christum und beten den Aristoteles an, den sie gar nicht kennen, und verdammen mich, weil ich nicht mit ihnen die Knie beuge, und nennen Unwissenheit meinen Glauben. Denn da sie sich fürchten, den Glauben anzuklagen, klagen sie die Anhänger des Glaubens an und nennen sie borniert und unwissend. Sie achten überhaupt nicht darauf, was andere Leute wissen oder nicht wissen, sondern nur darauf, ob sie mit ihnen denken oder nicht, und halten jede von der ihren abweichende Meinung gleich für Unwissenheit, während es doch die höchste Weisheit ist, anderer Ansicht zu sein als Irrende.

Ihre feste Überzeugung ist die: da es von Natur unmöglich ist, dass aus nichts etwas werde, so ist es auch für Gott eine Unmöglichkeit. Die Blinden und Tauben, die nicht einmal auf den ältesten der Naturphilosophen, auf Pythagoras, hören, der eben diese Macht dem Wesen Gottes zuschreibt und betont: was die Natur nicht vermöge, das vermöge Gott; er sei der Inbegriff aller Macht und Fähigkeiten, und die Natur selbst entnehme ihre Kräfte nur von ihm. Dass sie Christum, die Apostel und die katholischen Kirchenlehrer nicht hören, darüber wundere ich mich nicht. Dass sie aber diesen Philosophen verachten und nicht auf ihn hören, darüber wundere ich mich. Ich möchte glauben, sie haben noch gar nichts von ihm gelesen, wenn es erlaubt wäre, etwas Derartiges von solchen Richtern zu argwöhnen. Wenn sie aber vielleicht wirklich nichts darüber gelesen haben, so mögen sie, wenn sie überhaupt noch ein Schamgefühl haben, darüber lesen bei Chalcidius im zweiten Kommentar zu Platons Timaeus. Doch ich will ihnen keine Ratschläge geben, denn alles, was irgend auf Frömmigkeit abzielt, verachten sie, von wem es auch gesagt sein mag, mit der gleichen Frechheit und Gottlosigkeit und sind lieber verrückt, um gelehrt zu scheinen, und wähnen, es sei auch dem allmächtigen Herrn versagt, was irgendeiner armseligen Magd versagt ist.

Du selbst konntest schon das Geschrei hören, das sie erhoben, wenn es zu einer öffentlichen Disputation kam. Weil sie ihre Irrtümer nicht offen zu vertreten wagen, pflegen sie dann zu versichern, sie redeten nun »ganz abgesehen vom Glauben«. Ist dies, frage ich, nicht dasselbe, wie die Wahrheit suchen nach Beiseitesetzung der Wahrheit oder nach Verlassen des Sonnenlichtes in die tiefsten Abgründe der Erde steigen, um dort in der Finsternis das Licht zu finden? Und gibt es etwas Wahnsinnigeres? Damit du aber nicht glaubst, diese Leute seien ganz unschuldig und wissen nicht, was sie tun, will ich dir sagen, dass sie das, was sie im offenen Geständnis nicht wagen, doch in geheimem Widerspruch tun: sie leugnen den Glauben, bald in ernsten sophistischen Lästerungen, bald in Scherzen und übelriechenden, unfrommen Witzen, und zwar unter großem Beifall der Zuhörer. Balbus sagt bei Cicero darüber: »Es ist eine schlimme und gottlose Gewohnheit, gegen die Götter zu reden.« Mag dies nun seine aufrichtige Ansicht oder nur Heuchelei sein, jedenfalls spricht er als frommer Verehrer der Götter, wenn schon diese Frömmigkeit unfromm und verdammenswert ist.

Wie schlimm und gottlos muss dann den Verehrern des wahren Gottes die Gewohnheit erscheinen, gegen Gott, gegen den einen, wahren, lebendigen Gott zu reden! Denn wenn es im Ernste geschieht, so ist es ein ungeheurer Frevel und eine Lästerung, wenn aber im Scherze, so ist es ein höchst unpassendes Spiel und würdig der richterlichen Rüge.

Doch darauf achten meine Richter nicht, in deren Augen ich nicht so sehr unwissend wäre, wenn ich kein gläubiger Christ wäre. Denn wie soll ihnen ein Christ gebildet sein können, ihnen, die selbst Christum, unseren Meister und Herrn, einen ungebildeten Menschen nennen? Nicht leicht kann ja eines ungebildeten Lehrers Schüler gebildet werden, wenn er nicht von des Lehrers Pfaden abweicht. Voll Eifer, Kühnheit und Frechheit schreien, kläffen und höhnen sie gegen Meister und Jünger. Und dabei rühmen sie sich schon, wenn sie auch nur etwas Unklares und Verworrenes gesagt haben, das weder sie noch andere verstehen. Denn wie soll jemand den verstehen, der selbst sich nicht versteht? Sie hören nicht auf Kaiser Augustus, der neben vielen anderen glücklichen Eigenschaften des Kopfes und Herzens ein sehr beredter Fürst war, und der, wie von ihm geschrieben steht, eine sehr elegante und ruhige Redeweise besaß und sich vor allem darum kümmerte, seine Gedanken möglichst deutlich auszudrücken, und der über seine Freunde spottete, wenn sie sich ungebräuchlicher und dunkler Worte bedienten, und seinen Gegner einen Narren schalt, weil er Dinge schrieb, die mehr Bewunderung als Verständnis erzielten.

Fürwahr, es sind sonderbare Menschen, die den Ruhm der Wissenschaftlichkeit auf eine Weise erstreben, die sie bei Gelehrten in den Ruf der Unwissenheit bringt. Denn der beste Beweis für Geist und Wissen ist die Klarheit. Was einer selber klar einsieht, kann er auch klar ausdrücken, und was einer geistig wirklich zu eigen hat, vermag er auch einem anderen zu übermitteln. Es ist durchaus wahr, was der bei diesen so beliebte und nicht verstandene Aristoteles im ersten Buche seiner Metaphysik sagt: »Das Merkmal des Wissenden ist, lehren zu können.« Dazu gehört freilich ein gewisses Geschick. Denn wie Cicero einmal sagt: »Nicht nur zu wissen ist eine Kunst; es gehört auch eine gewisse Kunst dazu, lehren zu können.« Diese Kunst aber kann sich nur aufbauen auf Klarheit des Verstandes und Wissens: so wichtig und notwendig neben der Wissenschaft die Kunst ist, sich ausdrücken zu können und anderen seine Gedanken mitzuteilen, so wird es doch nie eine Kunst geben, die aus einem unklaren Geiste eine klare Rede zu entlocken vermöchte.

Unsere Freunde aber sehen auf uns von oben herab, die wir uns im Lichte freuen und nicht mit ihnen im Finstern tappen, und halten uns für unwissend, weil wir unserem Wissen misstrauen und nicht auf allen Straßen über alle möglichen Dinge sprechen; sie selbst aber sind stolz auf ihre dunklen Rätselworte und gefallen sich darin, während sie doch gar nichts wissen, über alle Dinge zu sprechen und abzuurteilen. Und davon hält sie weder irgendwelche Scham oder Bescheidenheit noch auch das Bewusstsein ihrer offenkundigen Unwissenheit ab, um ganz zu schweigen von dem Lustspielvers des Publilius: »Bei allzu viel Geschwätz verliert die Wahrheit nur.« Auch hören sie nicht auf Salomos Wort: »Der Worte gibt es viel, und viel Eitelkeit bergen sie im Streite.« Oder auf das des Apostels: »Wenn aber einer glaubt, streiten zu dürfen: eine solche Gewohnheit haben wir nicht, noch auch die Kirche Gottes.« Oder wie er anderswo sagt: »Sehet zu, dass euch niemand verführe durch Philosophie und eitlen Trug nach den Überlieferungen der Menschen und nach irdischer Weisheit und nicht nach Christus.«

Doch was rede ich? Wie kann ich hoffen, dass sie auf Paulus hören? Ist nicht auch er ein Jünger Christi und je lieber dem Meister, desto verhasster und verächtlicher ihnen? Und wer hat je sein Ohr einem verhassten Ratgeber geliehen? Sie werden nicht ruhen, wenn auch ein Freund, wenn selbst Aristoteles ihnen einen Zaum anlegen wollte. So groß ist ihre Wut, so groß die Verwegenheit ihrer Seele, so groß ihre stolze Prahlerei mit dem bloßen Namen der Philosophie, so groß endlich ihr hartnäckiges Beharren auf ihren eigenen Ansichten und auf fremden Glaubenssätzen und die Gottlosigkeit ihrer windigen Wortfechtereien – huldigen doch auch sie der so überaus verdammenswerten Ansicht, dass die Welt gleich ewig sei wie Gott. Und dabei musste ich so oft nicht ohne großen Ärger das alte boshafte Liedlein hören, das bei Cicero Velleius, jener Verteidiger Epikurs, vorbringt, und das nun diese an allen Ecken und Enden singen: »Mit welchen Geistesaugen konnte denn Platon den großen Schöpfungsakt sehen, durch den er von Gott die Welt erbaut und geschaffen sein lässt?« Diese Frage ist zu ertragen, denn sie enthält ja schon die Antwort. Mit welchen Augen Platon die Schöpfung gesehen? Gewiss, mit den Augen des Geistes, womit man Unsichtbares sieht, und mit denen auch er als gläubiger, scharfsinniger und klar denkender Philosoph viele Dinge sah. Wir freilich sind diesem Schauen noch näher gekommen, nicht durch das Gesicht, sondern durch ein viel klareres inneres Licht.

Doch wer kann es ertragen, was er noch weiter fragt? Er fährt nämlich fort: »Wer hat bei diesem Bau die Erde aufgegraben, wer die Werkzeuge, Hebel und Maschinen beigeschleppt? Wie konnten dem Erbauer Luft, Feuer, Wasser und Erde gehorsam zu Willen sein?« So fragt eine zweifelsüchtige, ungläubige Seele! So fragt man einen Schreiner oder Schmied, nicht den, von dem geschrieben steht: »Er hat gesprochen und sie waren geschaffen.« Er sprach freilich nicht ein äußerliches Wort – gibt es doch Leute, die meinen, das Befehlen habe ihm Mühe gemacht – sondern ein innerliches, gleich ihm ewiges Wort »das von Anfang an bei Gott war«, »wahrer Gott vom wahren Gotte«, »wesensgleich dem Vater: durch das alles geschaffen ist«. Dies Wort fürwahr hat die Welt aus dem Nichts geschaffen, es sei denn, dass sie, wie einige Philosophen wollen, geschaffen ist aus einer gestaltlosen Materie, die die Griechen υλη, die Lateiner silva nennen. Dann aber muss doch, wie Augustinus sagt, auch diese Materie aus dem Nichts geschaffen sein. Gott hat also, sage ich, die Welt geschaffen durch das Wort, das Epikur und die Seinen nicht kennen konnten, und das unsere Philosophen kennen und nicht achten. Darum sind sie weniger zu entschuldigen als die Alten. Es ist möglich, in der Finsternis das Licht nicht zu sehen; wer aber am hellen Tag mit offenen Augen das Licht nicht sieht, der ist völlig blind.

Auch könnte man mit Recht einwenden: Wie kann der die Welt ewig nennen, der annimmt, dass sie einmal entstanden oder geschaffen ist? Wir aber sagen, dass die Erde einen Anfang gehabt hat und ein Ende nehmen wird.

Wie töricht vollends ist die so beliebte Frage, was denn die Schöpfer der Welt so plötzlich aufgeweckt habe, nachdem sie unzählige Jahrhunderte geschlafen. Wer so fragt, denkt nicht daran, dass dieselbe Frage noch immer berechtigt ist, auch wenn die Welt vor hunderttausend oder meinethalben, wie die babylonische Zeitrechnung will, vor vierhundertundsiebzigtausend Jahren geschaffen wurde. Denn im Vergleich zur Ewigkeit sind tausend Jahrtausende nicht mehr als ebenso viele Tage – sagt doch schon der Psalmist: »Tausend Jahre sind vor deinem Auge wie der gestrige Tag, der vorüberging« – oder noch viel weniger, oder in Wahrheit überhaupt nichts. Sie sind wie ein Tag oder eine Stunde im Vergleich zu tausend Jahren oder zu tausend Jahrtausenden, wie ein kleinwinziger Tropfen, der im leichten Regenschauer niederfällt, im Vergleich zum unendlichen Ozean und zu allen Meeren. Und nicht einmal dieser Vergleich trifft das richtige Verhältnis. Denn so viele Jahrtausende, als du nehmen willst, bis die Zahlwörter dir ausgehen, sind im Vergleich zur Ewigkeit so viel wie nichts. Denn alles auf Erden, ob groß oder klein, findet sein Ende; die Ewigkeit aber ist unendlich, und selbst das Größte, was man ihr gegenüberstellt, ist noch nicht einmal für klein zu erachten, sondern für gar nichts, wie der große Augustinus so schön im zwölften Buche vom Gottesstaat ausführt.

Aber gerade diese unklare Vorstellung von dem so lange untätigen Gott zwingt die Philosophen zu der Annahme einer Ewigkeit der Welt. Theodosius Macrobius fasst diese vielvertretene Ansicht mit wenigen Worten zusammen im zweiten Kommentar zum sechsten Buche Ciceros über den Staat. Er sagt dort: »Die Philosophie will beweisen, dass die Welt ewig sei. Sie sei wohl von Gott geschaffen, aber nicht in der Zeit. Es konnte ja vor Existenz der Welt gar keine Zeit geben, da die Zeit durch nichts anderes bewirkt werde als durch den

Umlauf der Sonne. Cicero aber widerlegt diese Ansicht schlagend mit den Worten: »Es ist nicht wahr, dass es keine Zeit gegeben habe, ehe die Erde war. Denn unter Zeit verstehe ich nicht die Zeiträume, die sich ergeben durch Zusammenrechnen der Tage und Nächte im Laufe eines Jahres; denn die, das gebe ich zu, konnte es nicht geben ohne die Drehungen der Weltkugel. Aber es gab früher eine Art von ewiger, unendlicher Zeit, die durch keinerlei Zeitmaß sich messen ließ.« Und Augustinus nahm diese Ausführungen fast wörtlich in seinen Text herüber. – Wenn aber diese mehr geistvollen als frommen Heiden von der Ewigkeit der Welt reden, so denken sie dabei namentlich an den unendlichen Wechsel der Dinge, an die Feuerbrände und Wasserfluten, die die Erde immer wieder zerstörend und umbildend heimgesucht haben sollen, so dass sie in der Zeit geschaffen erschien, während sie doch ewig sei.

In allen diesen Fragen – um endlich einmal, spät freilich, dahin zurückzukehren, wovon ich ausging; denn allzu weit schon hat mich die Kette der logisch zusammenhängenden Dinge vom Thema entfernt – in diesen Fragen ist vor allem Aristoteles zu meiden, nicht als enthielte er die meisten Irrtümer, sondern deshalb, weil er eben im allgemeinen bei seinen Anhängern so großes Ansehen genießt. Sie werden vielleicht zugeben, ehrlich oder nur unter dem Druck der Furcht, dass Aristoteles die ewigen und göttlichen Dinge, die eben der reinen Vernunft entrückt sind, nicht genügend erklärt habe, werden aber bestreiten, dass er im Bereiche der irdischen und vergänglichen Dinge nicht alles durchaus verstanden habe. Und wir sind dann wieder so weit wie Macrobius, der im Eifer der Rede gegen ebendiesen Philosophen scherzend oder im Ernst gesagt hat: »Mir scheint, dass ein so großer Mann eben alles gewusst haben muss.« Mir aber scheint umgekehrt gerade das Gegenteil wahr zu sein, und ich werde nie zugeben, dass irgendein Mensch durch menschliche Geistesarbeit sich je ein vollkommenes Wissen bezüglich der irdischen Dinge erworben habe.

Und darum werde ich von ihnen so wütend angegriffen, und wenn auch der wahre Grund ihrer Feindschaft im Neide liegt, so behaupten sie doch, der Grund sei der, dass ich nicht mit ihnen den Aristoteles anbete. Ich aber habe einen anderen, den ich anbete, der mir nicht eitle, haltlose und trügerische Vermutungen über Dinge, die zu nichts gut sind, sondern das Erkennen seiner selbst versprochen hat. Und wenn er dies mir verleiht, so bedarf ich aller anderen Dinge, die seiner Hände Werk sind, nicht mehr; ich werde sie leicht erwerben können, und ein Streben danach wird mir lächerlich erscheinen.

Ihn also habe ich, auf den ich hoffe, und den ich anbete, und den auch meine Richter frömmer verehren sollten. Wenn sie das tun, werden sie einsehen, dass die Philosophen viel gelogen haben, die nämlich, die man Philosophen zu nennen pflegt. Denn die wahren Philosophen reden immer nur die Wahrheit. Zu ihnen aber gehört weder Aristoteles noch Platon, welch letzterer aber, wie unsere Philosophen sagen, von allen Alten der Wahrheit am nächsten kam. Diese Leutchen aber sind, wie ich schon sagte, so befangen in der Liebe zu seinem Namen, dass sie es einer Lästerung gleich erachten, wenn einer über irgendetwas anders denkt als Aristoteles. Und darin sehen sie den größten Beweis für meine Unwissenheit, dass ich einmal irgendetwas über die Tugend nicht ganz im Wortlaut des Aristoteles gesagt habe – ein Verbrechen, des Galgens würdig! Leicht kann es geschehen, dass ich einmal nicht nur etwas anderes als Aristoteles, sondern das gerade Gegenteil behaupte, dass ich vielleicht sogar das böse Wort des Flaccus zitiere: »Auf keines Lehrers Worte bin ich eingeschworen.«

Und auch das ist möglich, dass ich vielleicht einmal über etwas anders urteile, als es diesen meinen Freunden gefällt, die über alle Dinge urteilen und nichts verstehen. Wie fast alle Unwissenden klammern sie sich eben an Worte an, wie ein Schiffbrüchiger an seinen Balken, und meinen, man könne die gleiche Sache nicht ebenso gut einmal mit anderen Worten sagen, so groß ist bei ihnen der Mangel an Verstand und an Worten, ihre Gedanken auszudrücken.

Ich für meinen Teil muss gestehen, dass mir der Stil des Aristoteles, so wie er uns in der Übersetzung vorliegt, nicht allzu sehr gefällt, obwohl ich aus griechischen Schriftstellern und aus den Worten Ciceros wusste, lange bevor mich das Urteil der Unwissenheit traf, dass die Sprache im Original süß, gewandt und zierlich sein muss. Aber die mangelhafte Übersetzung hat uns seinen Stil so hart und ungeschlacht wiedergegeben, das er nicht imstande ist, dem Ohr wirklich zu schmeicheln und im Gedächtnis haften zu bleiben. So ist es oft für den Redenden leichter und dem Hörenden angenehmer, einen Gedanken des Aristoteles nicht in seiner ursprünglichen Form, sondern mit eigenen Worten auszudrücken.

Und auch das verhehle ich nicht, was ich oft unter Freunden gesagt habe und nun zu schreiben gezwungen bin, wohl wissend, dass meinem Rufe hierdurch große Gefahr droht und dass ein neuer Beweis der mir vorgeworfenen Unwissenheit daraus entnommen werden kann – aber ich schreibe es trotzdem und fürchte das Urteil der Menschen nicht. Es mögen mich hören, soviel es Aristoteliker gibt. Ich weiß, wie gern sie dies mein Büchlein bespeien werden, wenn es in ihre Hände kommt; denn sie sind ein zu Schelten und Schimpfen gar sehr geneigtes Geschlecht. Das Büchlein sehe selbst zu, wie es sich decke; mir genügt es, wenn sie nicht mich selbst bespeien. Es mögen mich hören, sage ich, alle Aristoteliker, und da Griechenland für meine Sprache taub ist, so mögen es die hören, die ganz Italien und Frankreich und das lärmende, streitsüchtige Nest zu Paris beherbergen: ich habe, wenn ich mich nicht sehr täusche, alle ethischen Bücher des Aristoteles gelesen, und bevor diese meine so große Unwissenheit enthüllt wurde, glaubte ich auch, etwas davon zu verstehen. Ich bin durch diese Bücher gelehrter, aber nicht besser geworden, wie es sich gehört hätte. Ich habe es oft bei mir selbst und anderen gegenüber beklagt, dass jener Kernpunkt der Philosophie, den er selbst im ersten Buche seiner Ethik erwähnt, bei Aristoteles so wenig betont wird: dass wir nämlich nicht so sehr viel wissen als vielmehr besser werden sollen. Ich sehe wohl, dass er das Wesen der Tugend ganz vortrefflich erklärt und sehr scharf und eingehend die Eigenschaften der Tugend und des Lasters behandelt. Aber wenn ich das gelernt habe, so weiß ich ein ganz klein wenig mehr, als ich vorher wusste, ich selbst aber, meine Seele und mein Wille sind ganz dieselben geblieben wie zuvor. Es ist ein großer Unterschied, ob ich etwas weiß, oder ob ich es liebe; ob ich es verstehe, oder ob ich nach ihm strebe. Aristoteles lehrt uns, ich leugne es nicht, was Tugend ist; aber jene überzeugenden und begeisternden Worte, die uns zur Liebe der Tugend und zum Hass des Lasters bewegen, durch die der Geist entzündet und angefeuert wird, kennt er nicht oder doch nur sehr selten. Wie häufig können wir sie dagegen bei den Unsrigen finden, wenn wir nur suchen, besonders bei Cicero und Annaeus und selbst – was vielleicht den einen oder anderen wundern möchte – in den Dichtungen des Flaccus, der zwar einen stachligen Stil, aber überaus schöne Gedanken hat.

Was nützt es, das Wesen der Tugend zu kennen, wenn wir sie nicht lieben? Oder wozu ist die Erkenntnis der Sünde gut, wenn wir sie nicht verabscheuen? Hat der zum Bösen geneigte Wille erkannt, wie schwer die Tugend und wie verführerisch leicht das Laster zu üben ist, wird er die träge, schwankende Seele eher ins Laster als zur Tugend führen. Auch ist es durchaus erklärlich, dass gerade Aristoteles wenig dazu geeignet ist, die Seele zum Guten anzuspornen, der er, wenn wir Cicero glauben dürfen, den Sokrates, den Vater dieser Art von moralisierender Philosophie verspottet und verlacht hat. Und doch haben dieser und unsere Philosophen, wie jeder weiß, der sich in der Sache auskennt, es ganz besonders verstanden, mit glühenden, begeisternden Worten die Seele zu treffen und anzufeuern, mit Worten, die die Trägen aufstachelten, die Kalten erwärmten, die Schlafenden aufrüttelten, die Kranken zur Genesung brachten, die Gefallenen aufrichteten und die an der Erde klebenden Seelen zu den höchsten Gedanken und erhabensten Wünschen begeisterten, so dass sie alles Irdische verachteten, dass sie das Laster kennen lernten, um es glühend zu hassen, dass sie mit inneren Augen die herrliche Schönheit der Tugend schauten, um in wunderbarer Liebe zu ihr und zu der Weisheit zu erglühen, Ich weiß zwar wohl, dass ohne Christi Lehre und Gnade dies nicht in vollkommenem Maße erreicht werden kann; dass kein Mensch völlig weise, tugendhaft und gut sein kann, wenn er nicht lange und viel getrunken hat, nicht von der fabelhaften Quelle, die zwischen den Gipfeln des Parnass entspringt, sondern von jenem wahren und einzigen Wasser, das seine Quelle im Himmel hat, das »hinübersprudelt ins ewige Leben«, und »von dem man trinkt, um nie wieder zu dürsten«. Aber jene Philosophen, von denen ich spreche, begleiten uns wenigstens helfend und fördernd auf dem Wege zu dieser Quelle. Das haben schon viele an vielen ihrer Bücher erfahren, und Augustinus bekennt es mit tiefem Dank besonders vom Hortensius des Cicero. Und wenn auch das Endziel unseres Lebens nicht allein in der Tugend liegt, wohin es diese Philosophen verlegen, so führt doch der Weg zu unserem Ziele durch die Tugenden, aber nicht bloß indem wir sie erkennen, sondern indem wir sie lieben.

Das also sind die wahren Philosophen und die besten Tugendlehrer, deren erste und letzte Absicht ist, den Hörer und Leser gut zu machen, die nicht nur lehren, was das Wesen von Tugend und Laster ist, und unser Ohr mit der ewigen Versicherung quälen, dass die erstere schön und das andere hässlich sei, sondern die uns Liebe und Sehnsucht nach diesem höchsten Gute einflößen und Hass gegen die Schlechtigkeit und Flucht vor der Sünde predigen. Besser ist es, für einen guten und frommen Willen als für einen klaren Verstand zu sorgen. Die Weisen sagen, der Gegenstand des Willens sei die Güte, der des Verstandes die Wahrheit. Wertvoller aber ist es, das Gute zu wollen als das Wahre zu erkennen. Denn das erstere entbehrt nie des Verdienstes, das letztere aber kann oft mit Sünden verknüpft sein, ohne sie zu entschuldigen. Darum gehen diejenigen gar sehr fehl, die ihre Zeit vergeuden in der Erkenntnis der Wahrheit und nicht in dem Streben des Willens nach ihr, in der Erkenntnis und nicht in der Liebe Gottes. Denn voll erkannt kann Gott in dieser Welt nie werden, geliebt aber kann er werden, fromm und glühend. Und diese Liebe ist immer glücklich, die Erkenntnis aber kann bisweilen schrecklich und bitter sein, wie die der Teufel, die Gott in der Hölle erkennen und vor ihm zittern.

Nun ist es ja freilich wahr, dass wir etwas, das wir nicht kennen, auch nicht zu lieben vermögen. Aber es genügt doch,

Gott so weit zu kennen, als eben unsere natürlichen Kräfte reichen, zu wissen, dass er der strahlende, köstliche, herrliche, unerschöpfliche Urgrund alles Guten ist, dass von ihm und durch ihn und in ihm besteht, was Gutes an uns ist. Und es genügt auch, von der Tugend so viel zu wissen, dass sie nach Gott das höchste Gut ist; dass wir Gott mit allen Fasern unseres Herzens um seiner selbst willen, die Tugend aber um Gottes willen lieben und verehren sollen, ihn als den einzigen Schöpfer, sie als den schönsten Schmuck unseres Lebens.

Darum ist es vielleicht nicht so tadelnswert, wie meine Richter glauben wollen, wenn ich in diesen Fragen mehr unseren Philosophen Vertrauen schenke, obwohl sie keine Griechen sind. Und wenn ich auch einmal, diesen oder meinem eigenen Urteil folgend, etwas gesagt habe, was dem Inhalt oder der Form nach Aristoteles anders gesagt haben mag, so werde ich darum bei gerechteren Richtern noch nicht als ehrlos verschrien werden. Auch ist es ja eine bekannte Eigenart des Aristoteles, von der schon Chalcidius spricht, dass er willkürlich hervorhebt, was ihm wichtig erscheint, und das übrige in verächtlicher Nachlässigkeit übergeht. Wenn ich nun also sage, er habe etwas missachtet oder vernachlässigt oder vielleicht auch gar nicht daran gedacht – was doch immerhin möglich ist und der menschlichen Natur nicht durchaus widerspricht, obwohl es freilich nach der Ansicht meiner Freunde bei Aristoteles undenkbar wäre – so kann es ja sein, dass ich mich täusche; sie aber greifen mich darob unrühmlich genug nicht mit greifbaren Anschuldigungen, sondern mit Verleumdungen und Verdächtigungen an. Ist denn dieser mein Irrtum Grund genug, mich mit dem Vorwurf völliger Unwissenheit zu überschütten? Muss ich deshalb, weil ich mich in einem Punkte irre – wobei es immer noch möglich ist, dass nicht ich, sondern sie im Irrtum befangen sind – dazu verurteilt sein, mich immer und überall zu irren und in völliger Unwissenheit dahinzuleben?

Du bist also doch, wird man einwenden, gegen Aristoteles aufgetreten? Gegen Aristoteles nicht, wohl aber für die Wahrheit, die ich liebe, wenn schon ich unwissend bin, und gegen die törichten Aristoteliker, die tagtäglich fast in jedem Worte bis zu ihrem und ihrer Hörer Überdruss den Aristoteles zitieren, von dem sie nichts kennen als den Namen, und dessen Gedanken sie willkürlich ins gerade Gegenteil verdrehen. Niemand kann mehr Achtung und Liebe gegenüber hervorragenden Männern bezeigen als ich. Kann ich doch bezüglich der Philosophen und vor allem bezüglich der wahren Theologen auf mich das Wort des Publius Ovidius Naso anwenden: »Sah einen Meister ich nur, schien er schon Gott mir zu sein.« Von Aristoteles würde ich dies nicht sagen, wenn ich ihn nicht wirklich für einen sehr bedeutenden Menschen hielte. Ich weiß, dass er sehr bedeutend war; ich füge aber hinzu: er war auch ein Mensch. Ich weiß, dass man aus seinen Büchern viel lernen kann; ich glaube aber, dass man auch außerhalb seiner Schriften noch etwas zu lernen vermag. Und es steht mir auch unzweifelhaft fest, dass es schon, ehe Aristoteles schrieb, ehe er lehrte, ja, ehe er geboren ward, Leute gab, die etwas wussten, so den Homer, Hesiod, Pythagoras, Anaxagoras, Demokrit, Diogenes, Solon, Sokrates und den Fürsten der Philosophie, den Platon.

Und wenn sie mich fragen, wer dem Platon diesen Vorrang unter allen Philosophen zuweise, so antworte ich: nicht ich, sondern die Wahrheit, die er zwar nicht völlig erkannt, die er aber geschaut hat, und der er näher gekommen ist als alle anderen Philosophen. Und deshalb räumen ihm auch alle großen Schriftsteller diese Ehrenstelle ein, Cicero vor allem und Vergil, der ihn zwar nicht nennt, aber seinen Spuren folgt; außerdem Plinius und Plotinus, Apuleius, Macrobius, Porphyrius, Censorinus, Josephus und von unseren Theologen Ambrosius, Augustinus, Hieronymus und viele andere, was ich leicht beweisen könnte, wenn es nicht schon allgemein bekannt wäre. Und wer bestreitet ihm diesen Vorrang? Einzig und allein der verrückte, heulende Pöbel von Scholastikern.

Dass Averroes den Aristoteles allen anderen vorzieht, rührt daher, dass er Erklärungen zu dessen Büchern geschrieben und diese so gewissermaßen zu seinem Eigentum gemacht hat. Und ist dieses sein Werk auch durchaus lobenswert, so ist doch sein eigenes Lob verdächtig. Denn ein altes Sprichwort sagt: »Jeder Kaufmann lobt seine Ware.« Es gibt eben Leute, die es nicht wagen, eigene Bücher zu schreiben, und die deshalb in ihrer Schreibewut wenigstens Kommentare zu fremden Büchern verfassen, ähnlich denen, die von der Baukunst nichts verstehen, dafür aber wenigstens die Hausmauern übertünchen. Und aus dieser Arbeit erhoffen sie sich einigen Ruhm, den sie aber natürlich nur erreichen können durch die, deren Bücher sie kommentieren, und deshalb loben sie dieselben voll Eifer, ohne Maß und mit vieler Übertreibung.

Und wie groß ist die Zahl derer, die fremde Bücher erklären und so fremdes Gebiet brandschatzen! Von wie vielen derartigen Handwerkern würde heutzutage vor allem der Liber Sententiarum mit laut klagender Stimme erzählen, wenn er reden könnte! Und welcher Kommentator lobt nicht das behandelte Werk, wie er nur sein eigenes loben könnte! Noch viel überschwänglicher wird er es loben, weil es ja ebenso höflich ist, anderer Leute Werk zu rühmen, als es eitel und hochmütig wäre, das eigene zu loben. Ich will ganz von denen absehen, die sich zu ihrer Erklärerarbeit ganze Bände herausgegriffen haben, wie vor allem und als erster Averroes. Aber es behauptet ja selbst ein Macrobius, der nicht nur Kommentator, sondern selbst ein vorzüglicher Schriftsteller war, am Schluss der bekannten Abhandlung, worin er des Cicero Werk »über den Staat«, und zwar nicht alle Bücher desselben, sondern nur einen gewissen Teil eines einzigen Buches erklärt: »Fürwahr, es darf gesagt werden, dass es nichts Vollkommeneres gibt als dieses Werk. Denn es enthält die volle Summe der gesamten Philosophie.« Und zwar meint er dabei nicht die Philosophie, die in diesem Buche, sondern die in allen philosophischen Büchern enthalten ist. Mehr konnte er nicht sagen, wenn er auch vielleicht mehr Worte hätte darüber machen können. Denn die »volle Summe« könnte nur noch überboten werden durch ein Zuviel. Denn was kann in allen philosophischen Büchern, die geschrieben sind und noch geschrieben werden, mehr enthalten sein als die gesamte Philosophie, nehmen wir auch an, dass jedes einzelne Buch sie völlig enthalte und enthalten wird und dass keinem Buch etwas daran fehle oder fehlen wird?

Doch genug davon. – Ich weiß, in welche Gefahr ich meinen guten Namen dadurch bringe, dass ich solche Philosophen zu erwähnen und gar mit Aristoteles zu vergleichen wage. Doch es entschuldige mich die Unwissenheit, die mir vorgeworfen wurde, und die ich nicht zurückgewiesen habe; sie pflegt ja keck und geschwätzig zu machen. Die Furcht, ihren Ruhm zu verlieren und ihrem Namen zu schaden, hält ja sonst wohl die Redner im Zaume. Mir aber hat der Richterspruch meiner Freunde den Ruhm schon genommen. Was soll ich also noch fürchten? Es kann mir ja nicht mehr verloren gehen oder gemindert werden, was ich schon verloren habe. Und nun da ein günstiger Wind mich emporgeführt aus den Abgründen meiner Unwissenheit, will ich mich aufraffen, so gut ich es vermag, und sagen, was ich schon oft gesagt zu haben mich erinnere als Antwort auf eine Frage, die schon bedeutende Männer sich gestellt haben. Ich meine die Frage, ob Platon oder Aristoteles der größere und berühmtere Mann gewesen. Meine Unwissenheit ist nicht so groß, als meine Richter glauben wollen, dass ich es wagte, in einer so schwierigen Sache eine vorschnelle Antwort zu geben. Soll man doch selbst bei kleinen Dingen nur zurückhaltend und vorsichtig sich äußern. Auch weiß ich sehr wohl, dass unter Gelehrten über ähnliche Fragen schon sehr viel gestritten wurde, so über Cicero und Demosthenes, über denselben Cicero und Vergil, über Vergil hinwiederum und Homer, über Sallust und Thukydides, über Platon endlich und seinen Mitschüler Xenophon und über viele andere. Und wenn schon bei all diesen eine Entscheidung äußerst schwierig ist, wer wird es dann vollends wagen, vom hohen Richterstuhle herab über die Frage des Vorrangs zwischen Platon und Aristoteles zu entscheiden?

Wenn aber gefragt wird, wer von beiden am meisten gerühmt werde, so antworte ich ohne Zaudern, die Sache verhalte sich so, dass Platon das Lob der Besten und Vornehmsten, Aristoteles das des gemeinen Pöbels finde. Platon wird nur von den wenigen Großen, Aristoteles hingegen von der großen Mehrzahl gelobt. Beide sind würdig des höchsten Lobes von allen Menschen, denn sie kamen in der Erkenntnis der natürlichen und menschlichen Dinge, soweit eben menschlicher Geist und Fleiß vordringen kann. In die ewigen Fragen aber drangen Platon und mit ihm die Platoniker tiefer ein, und wenn auch weder der eine noch der andere dahin gelangen konnte, wohin er strebte, so kam doch Platon dem Ziele näher. Daran kann kein Christ zweifeln, vor allem dann nicht, wenn er ein aufmerksamer Leser der Bücher des Augustinus ist. Selbst die freilich wissenschaftlich rückständigen Griechen von heute wissen dies und nennen deshalb, den Pfaden der Alten folgend, den Platon einen himmlischen, den Aristoteles einen dämonischen Geist.

Ich kenne auch sehr wohl die Art und Weise, wie Aristoteles in seinen Schriften gegen Platon aufzutreten pflegt. Tut er dies auch in allen Ehren und frei von jedem Verdacht des Neides und spricht er auch an einer Stelle davon, dass ihm Platon lieb und wert, noch teurer als Platon aber die Wahrheit sei, so mag er sich doch gesagt sein lassen, dass es leicht ist, gegen einen Toten zu streiten. Freilich hat Platon nach seinem Hingange viele und gute Verteidigung gefunden, vor allem bezüglich seiner Ideenlehre, die Aristoteles mit allen Waffen seines Geistes und mit großer Schärfe bekämpft hatte. Am bekanntesten ist seine glänzende Verteidigung durch Augustinus, dem ein frommer Leser, wie ich glaube, nicht weniger zustimmen wird als einem Platon oder Aristoteles.

Und noch eines möchte ich hier mit Nachdruck sagen, um einen Irrtum meiner Richter und ähnlicher Leute zurückzuweisen. Dem Geschwätz des Pöbels folgend, pflegen sie mit ebenso großer Unverschämtheit als Unwissenheit einzuwenden, Aristoteles habe doch viele Bücher geschrieben. Und darin irren sie gar nicht. Viel, ohne Zweifel, hat er geschrieben, mehr noch als sie vielleicht glauben; denn einiges davon ist noch gar nicht in das Lateinische übersetzt. Aber dann behaupten sie weiter, Platon, den sie doch gar nicht kennen, und von dessen Werken sie nicht eines gelesen haben, habe gar nichts geschrieben, höchstens vielleicht einige kleine Büchlein. Das würden sie nicht sagen, wenn sie so gelehrt wären, als sie mich ungelehrt nennen. Ich habe, obwohl ich kein Grieche noch ein Gelehrter bin, sechzehn oder noch mehr Werke von Platon zu Hause, und ich zweifle, ob sie auch nur einmal den Namen von einem derselben gehört haben. Nun werden sie staunen, wenn sie das lesen. Und wenn sie es nicht glauben wollen, so mögen sie kommen und sehen. Meine Bibliothek habe ich ja in deinen Händen zurückgelassen; und sie ist durchaus nicht unwissenschaftlich, wenn sie auch einem ungebildeten Menschen gehört. Auch ist sie unseren Freunden nicht unbekannt; sie kamen ja oft zu mir, mich auf die Probe zu stellen. Nun mögen sie auch einmal kommen und den Platon auf die Probe stellen und nachprüfen, ob auch er so berühmt und dabei so ungelehrt ist. Sie werden dann alles so finden, wie ich es gesagt, und werden gestehen müssen, dass ich zwar unwissend, aber kein Lügner bin. Auch werden sie dort nicht nur griechische, sondern auch einige ins Lateinische übersetzte Bücher finden, und als höchst gebildete Menschen mögen sie über den Wert dieser Werke urteilen, wie es ihnen beliebt; über deren Zahl aber werden sie nicht anders urteilen können, als ich es sagte, und werden trotz aller Streitlust es nicht zu bestreiten wagen. Und dies ist doch nur ein Teil der Bücher des Platon, die ich schon alle mit eigenen Augen gesehen habe bei dem Kalabresen Barlaam, dem hervorragendsten Vertreter der modernen griechischen Wissenschaft, der es einst unternommen hatte, mich in der griechischen Sprache zu unterrichten, ehe ich noch der lateinischen mächtig war. Und vielleicht hätte ich darin etwas erreicht, wenn nicht der neidische Tod ihn mir geraubt und so, wie es seine Sitte ist, den hoffnungsvollen Anfängen ein rasches Ende gemacht hätte.

Doch allzu lange schon verweile ich bei meiner Unwissenheit und gebe viel zu willig Geist und Feder nach. Darum will ich jetzt zum Schluss eilen.

Dies also, mein Freund, und Ähnliches sind die Gründe, die mich dem freundschaftlichen, aber ach so bösen Urteil meiner Freunde überlieferten. Und von diesen Gründen ist, wie ich weiß, keiner stärker als der, dass ich, wenn auch ein sündiger Mensch, so doch ein Christ bin. Denn sollte ich vielleicht hören müssen, was einst dem Hieronymus vorgeworfen wurde: »Du lügst. Du bist ein Ciceronianer, kein

Christ. Denn wo dein Schatz, da ist auch dein Herz!« – so würde ich antworten: meinen unvergänglichen Schatz und den höchsten Teil meines Herzens habe ich bei Christus. Aber wegen der Schwächen und Fehler des menschlichen Lebens, die nicht nur zu ertragen, sondern schon aufzuzählen eine schwere Arbeit ist, vermag ich nicht, wie ich wollte, auch die niederen Teile meines Herzens, in denen der schlimme, verführerische Hang wurzelt, zu Christus emporzuheben. So haften sie noch immer an der Erde. Wie oft habe ich es beklagt, dass ich trotz aller Anstrengung sie nicht davon wegzureißen vermag! Wie oft habe ich unter Tränen immer und immer wieder den Versuch gemacht! Und wie sehr ich darunter leide, dass es mir nicht gelingt, das weiß allein Christus, den ich bekenne und anrufe. Vielleicht erbarmt er sich und unterstützt den frommen Versuch der schwachen Seele, die von der Last der Sünde erdrückt und niedergehalten ist.

Ich leugne indes nicht, dass ich vielen eitlen und schädlichen Beschäftigungen mich hingegeben habe; aber zu diesen zähle ich den Cicero nicht. Denn von ihm weiß ich, dass er mir nie geschadet, sondern immer nur genützt hat. Und über diese meine Versicherung wird sich niemand wundern, der weiß, dass selbst Augustinus Ähnliches von sich bekennt. Doch ich erinnere mich, davon oben und anderswo gehandelt zu haben; darum begnüge ich mich jetzt, dies eine zu sagen: Ich gestehe offen, dass des Cicero Geist und Beredsamkeit mich ergötzen, wie sie auch schon, um von unzähligen anderen zu schweigen, den Hieronymus so sehr ergötzt haben, dass er weder durch jene schreckliche Vision noch durch den Tadel des Rufinus sich bewegen ließ, seine Schreibweise so zu ändern, dass sie nicht doch noch irgendwie an Cicero erinnert hätte. Er selbst fühlte es und hat sich irgendwo darob entschuldigt. Auch hat das Studium des Cicero, mit Ernst und Maß betrieben, weder ihm noch einem anderen geschadet. Vielmehr nützte es zahlreichen Leuten für die Beredsamkeit alles, für das Leben sehr viel, so vor allem, wie ich schon gesagt habe, dem Augustinus, der, ehe er der Ägypter Land verließ, mit der Ägypter Gold und Silber sich die Taschen füllte, der, ehe er als starker Kämpfer und Streiter für die Kirche den Kampfplatz betrat, sich mit der Feinde Waffen umgürtete.

Wo es sich also um irdische Dinge, namentlich um Beredsamkeit handelt, gestehe ich, dass ich den Cicero bewundere vor allen anderen Philosophen, die je geschrieben haben; und dass ich ihn nicht bloß bewundere, sondern nachahme, während ich sonst im Gegenteil mir Mühe gebe, einen anderen nicht allzu sehr nachzuahmen, weil ich fürchte, dass sonst bei mir eintreten möchte, was ich bei anderen Schriftstellern missbillige. Wenn aber den Cicero bewundern so viel ist als Ciceronianer sein, so bin ich ein Ciceronianer. Denn ich bewundere ihn so sehr, dass ich mich über die wundere, die ihn nicht bewundern. Und sollte es auch als ein neues Bekenntnis meiner Unwissenheit gelten, so gestehe ich doch, dass dies wirklich meine Ansicht und Überzeugung ist.

Wenn es sich aber darum handelt, über religiöse Fragen, über die höchsten Wahrheiten, über das wahre Glück und das ewige Heil zu denken und zu sprechen, dann bin ich weder Ciceronianer noch Platoniker, sondern Christ. Bin ich doch fest überzeugt, dass auch Cicero Christ geworden wäre, wenn er Christum hätte sehen oder Christi Lehre hätte vernehmen dürfen. Bezüglich des Platon zweifelt Augustinus nicht, dass er Christ geworden wäre, wenn er zu Christi Zeit gelebt oder Christum hätte vorausahnen können. Wie Augustinus versichert, sind auch zu seiner Zeit fast alle Platoniker, zu deren Zahl auch er gehörte, zum christlichen Glauben übergetreten. Wenn ich also auf dem Standpunkt des christlichen Glaubens stehe, wie soll dann die Beredsamkeit eines Cicero dem christlichen Dogma im Wege stehen können? Was kann es schaden, des Cicero Bücher zu lesen, da es doch selbst nichts schaden, sondern nur nützen kann, die Bücher von Häretikern zu lesen, nach dem Worte des Apostels: »Es muss notwendig Häresien geben, damit unter euch offenbar werden die Erprobten.« In Fragen des Glaubens freilich werde ich dem nächsten besten Katholiken mehr Vertrauen schenken, mag er auch ungebildet sein, als selbst einem Platon oder Cicero.

Dies also sind die stärksten Beweise meiner Unwissenheit. Ich freue mich, dass sie wahr sind, und bei Gott, ich wünsche, dass sie täglich wahrer werden möchten! Und fürwahr, mit vielen großen Männern ist es mir klar, dass gewisse Leute, wenn sie hörten, dass irgendwo ein Philosoph, und wäre er auch noch so groß, und wäre es selbst ihr Abgott Aristoteles, wieder auferstanden und Christ geworden sei, diesen für ungebildet und unwissend hielten und ihn, den sie früher verehrten, in ihrer Unwissenheit nun von oben herab verachteten. So lächerlich beschränkt sind sie, und so groß ist ihr Hass der Wahrheit. Als ob jemand dadurch seine Wissenschaft verlieren könnte, dass er aus der dunkeln, geschwätzigen Unwissenheit dieser Welt bekehrt ist zu der Weisheit Gottes des Vaters!

So ist es ja auch bekannt, dass einst Victorinus, solange er Rhetorik lehrte, in höchstem Ansehen stand, und dass ihm selbst die Ehre zuteilwurde, auf dem römischen Forum eine Bildsäule zu erhalten. Später aber, als er Christ wurde und den wahren Glauben mit lauter, segensreicher Stimme verkündigte, wurde er von diesen Hochmütigen und vom Teufel Besessenen – aus Furcht vor ihren Beleidigungen soll er, wie Augustinus in seinen Bekenntnissen erzählt, seine Bekehrung lange Zeit hinausgeschoben haben – als geistesschwach und völlig wahnsinnig verschrien. Und dasselbe wissen wir auch von Augustinus: Als er damals zu Mailand unter dem Einfluss des Ambrosius, jenes glaubensstarken und heiligsten Heroldes der Wahrheit, seinen Lehrstuhl der Rhetorik verließ, um der himmlischen Wissenschaft sich zuzuwenden und den Weg des Heiles zu gehen und aus einem Kommentator des Cicero ein Prediger Christi zu werden, da ward er den Feinden Christi und seiner Kirche umso verhasster und lästiger, je größer das Aufsehen war, das die den Christen so hochwillkommene Bekehrung eines so berühmten Mannes erregte.

Ich will hier etwas erzählen, was ich einmal gehört habe, damit du siehst, wie groß dies Laster, wie gefährlich und wie tief eingefressen es schon ist. Als ich einst einem sehr angesehenen Manne etwas von Augustinus sagte, was ihm gefiel, antwortete er mit einem tiefen Seufzer: »Wie schade, dass ein solcher Geist sich durch die öden christlichen Märchen irreleiten ließ!« Ich erwiderte darauf: »Wie bedauernswert bist du, der du dies sagst; und noch viel bedauernswerter, wenn es wirklich deine Überzeugung ist!« Worauf jener lächelnd meinte: »Nein, wie töricht bist du, wenn du so glaubst, wie du sprichst. Aber ich habe eine bessere Meinung von dir.« Worin sollte diese bessere Meinung bestehen? Doch wohl darin, dass er mich im stillen für denselben Verächter der Frömmigkeit hielt, der er selbst war?

Bei Gott und allen Gläubigen! So kann also in den Augen dieser Leute nachgerade niemand mehr gebildet sein, wenn er nicht zugleich ein Häretiker und ein Tor ist, wenn er nicht über alle Dinge unverschämt und frech aburteilt, wenn er nicht auf dem Straßenpflaster aller Städte über vierfüßige und andere Tiere spricht und dabei selbst nicht mehr als ein zweibeiniges Tier ist! Was wundere ich mich also, wenn meine Freunde mich nicht nur unwissend, sondern selbst irrsinnig nennen, da sie doch zweifellos aus dieser Herde sind, die jede Art von Frömmigkeit verächtlich und jede Religion misstrauisch betrachtet und weder für geistreich noch für gelehrt den halten, der es wagt, gegen den Aristoteles auch nur zu mucksen. Je heftiger dagegen einer gegen den Glauben spricht, je leidenschaftlicher er ihn bekämpft – vernichtet werden kann er ja weder durch Geist noch durch Gewalt – für desto geistvoller und gelehrter halten ihn diese Leute, und je treuer und gläubiger einer denselben verteidigt, für umso borniert er und ungelehrter wird er erachtet. Als ein Geständnis der eigenen Unwissenheit gilt es, den Schleier des Glaubens zu ergreifen, um sich damit zu decken und einzuhüllen, als ob ihr Wissen von den dunkeln, unbekannten Dingen ein sicheres wäre, als ob es sich dabei nicht vielmehr um willkürliche, leere und unsichere Meinungen, um widerspruchsvolle, törichte und lächerliche Märchen handelte! Die Kenntnisse dagegen, die der wahre Glaube verleiht, sind tiefe und sichere und machen glücklicher als alle irdischen Wissenschaften, die ohne den Glauben keine Wege, sondern Abwege sind, nicht Erfolge, sondern Misserfolge, nicht Wissen, sondern Irrtum.

Aber die Anschauungen dieser Leute sind nun einmal so, dass sie gewiss nicht nur die beiden obengenannten Christen oder andere dergleichen, sondern selbst einen Paulus, den ersten unter allen Bekehrten, verachten werden. Hat ja dieser einst nicht nur das Wohlgefallen der Juden verloren, wie Hieronymus in seiner Erklärung zum Galaterbrief schreibt, sondern wurde von Pharisäern und Priestern für völlig wahnsinnig gehalten, weil er aus einem Wolf ein Lamm, aus einem Verfolger des Christentums ein Apostel Christi wurde. Wenn mir also Unwissenheit vorgeworfen wird, kann ich mich mit der guten Gesellschaft trösten, in der ich mich dabei befinde; und ich könnte dies auch dann, wenn sie mir Wahnsinn vorwerfen sollten. Ja, mitunter freue und ergötze ich mich daran, dass ich aus ehrenvollen Gründen nicht nur für unwissend, sondern selbst für wahnsinnig gehalten werde.

So sehr ich mich aber darüber freue, ebenso sehr bedaure ich meine Freunde. Denn wenn sie ihrem Urteil auch andere Gründe und vielleicht weniger unsittliche unterschieben wollen, so sind doch auch diese nicht frei von Niedrigkeit und Lieblosigkeit. Und sie sind ihnen verderblich und schmählich, mir aber höchst ehrenvoll, und sollte ich aus diesen Gründen nicht nur den Ruhm, sondern selbst mein Leben verlieren müssen, so würde ich es heiteren Gemütes ertragen können. Das Schwerwiegendste daran aber ist, dass der allerwahrste und vielleicht der einzige oder doch gewiss der bedeutsamste Grund dieses Urteils der Neid ist, der schon viele Augen, freilich nur kranke und schwache, getrübt und gezwungen hat, falsche Dinge zu sehen. Eine staunenswerte, von mir bisher noch nie erlebte Tatsache – ich wollte, ich hätte sie auch jetzt noch nicht am eigenen Leibe erfahren und kennen gelernt – dass ein Freundesherz Neid bergen kann! Ich will lieber keine Freundschaft als eine halbe und unvollkommene. Die wahre Freundschaft aber besteht darin, dass man den Freund wie sich selbst liebt. Jene lieben mich ja, aber nicht aus ganzem Herzen; oder besser, sie lieben mich aus ganzem Herzen, aber sie lieben nicht meine ganze Persönlichkeit. Sie lieben mein Leben, meinen Leib und meine Seele und alles, was ich habe – mit Ausnahme meines Ruhmes und namentlich meines wissenschaftlichen Ruhmes. Und ich würde ihn doch gern und ohne Zaudern in ihre Hände legen! Dass sie aber diese Ausnahme machen, ist weder mangelnde Liebe noch laue Freundschaft, sondern allein der Neid, der, wie ich schon gesagt, auch in Freundesherzen wohnen kann. Und wenn dies hart zu hören ist, und wenn es vielleicht mit anderen Worten ausgedrückt werden kann, so will ich sagen, es ist nicht der Neid, sondern eine gewisse schmerzliche Stimmung. Sie empfinden es vielleicht schmerzlich, das heißt, sie empfinden es ganz gewiss schmerzlich, dass sie bei gelehrten Leuten, bei denen ich, wie sie wohl wissen, mit Recht oder mit Unrecht, im Rufe eines Gebildeten stehe, weder bekannt noch geachtet sind. Darum wollen sie mir entreißen, was sie selbst nicht besitzen, und was sie sich, wenn sie bei Sinnen sind, auch nie erhoffen werden. Welch großer Widerstreit in ihren Wünschen! Dem sie alles Gute, selbst die höchsten Güter wünschen, dem missgönnen sie das geringste – nicht als ob ich es besäße, sondern einzig deshalb weil sie es bedauerlicherweise nicht besitzen. Sie verlangen, und vielleicht nicht ganz mit Unrecht, dass in der Freundschaft alle gleich sein sollen; und da nun einmal nicht alle berühmt sein können, suchen sie wenigstens das leichtere Ziel zu erreichen und dafür zu sorgen, dass wir alle unberühmt seien und bleiben. Es ist, ich gestehe es, in der Freundschaft die Gleichheit etwas überaus Schönes. Denn wenn unter Freunden der eine den anderen überragt, so scheint für die Ungleichwertigen die Freundschaft nur ein bitteres Joch zu sein. Darum ist jedenfalls eine Gleichheit in der Liebe und im Vertrauen notwendig, nicht aber im Vermögen, im Stand und im Ansehen. Dies beweisen die Unterschiede in den Freundschaftsverhältnissen zwischen Hercules und Philoktet, Theseus und Peirithous, Achill und Patroklus, Scipio und Laelius. Doch es ist Sache meiner Freunde, über meinen Ruhm zu urteilen, wie sie wollen; gegen mich selbst hegen sie ja, wenn ich mich nicht täusche, die beste Gesinnung.

V

Während ich dies schreibe, mein Freund – denn du sollst alles erfahren und auch wissen, von wo aus und in welcher Geistesverfassung ich dir schreibe – fahre ich in einem kleinen Schifflein stromaufwärts auf den Wassern des Po. Wundere dich darum nicht, wenn die Hand des Schreibenden unsicher ist wie sein Stil. Mit all meiner Unwissenheit fahre ich auf den Wogen des großen Stromes, an dessen Ufer ich einst in jüngeren Tagen viel gedacht und viel geschrieben habe, was damals selbst den Beifall alter Leute gefunden hat, während jetzt in meinen alten Tagen von jungen Leuten meine Unwissenheit entlarvt wird. O schwankendes Menschenlos! Der Po selbst scheint mit mir zu leiden, als dächte er meiner alten Arbeiten und Sorgen und des Ruhmes, den ich einst als Jüngling genossen, während er mich nun im müden Alter ruhmlos und der alten Herrlichkeit entblößt erblicken muss. Und mit lautem Gemurmel und starkem Wellenschlag scheint er mich zu ermahnen, mein gutes Recht zurückzufordern von den ungerechten Richtern.

Doch ich hasse die Last des Ruhmes, die mir nur Mühe machte und Neid zuzog von solchen, von denen ich es nie erwartet hätte. Ich fliehe den Streit und verachte meine Verächter und lasse gern den lieben Räubern ihre Beute. Sie sollen alles haben, was ich verlieren muss. So wie der Dieb das gestohlene Geld besitzt, so sollen sie auch meinen Ruhm besitzen und mein Wissen oder, was bei diesen Toren dasselbe ist, mein eingebildetes Wissen. Ich aber, erlöst von beiden oder doch wenigstens von dem einen, dem eingebildeten Wissen, fühle mich glücklicher und reicher in meiner demütigen Nacktheit als diese Stolzen in ihren Prachtgewändern, die ihnen nicht gehören. Ich wandere frohen Sinnes meinen Weg, nachdem ich der Berühmtheit schwere Last zurückgelassen, und überwinde mit Rudern, Segeln und Tauen die widrige Strömung des Po und eile nach der alten Gelehrtenstadt Pavia. Dort werde ich das alte Kleid des Ruhmes wiederfinden, das ich in der Matrosenstadt Venedig verloren habe. Ja, wider meinen Willen wird man es mir aufnötigen. Denn mein Wünschen und Streben wird es immer sein, ungebildet zu heißen und dabei ein »guter Mann« oder doch wenigstens kein schlechter Mann zu sein. Und dabei werde ich die Ruhe genießen, die dem Müden das süßeste Gut ist, und die mir bis auf den heutigen Tag ein trügerischer wissenschaftlicher Ruhm geraubt hat. Aber nun soll sie mir wiederbringen der

Ruhm der Unwissenheit, sei er nun wahr oder falsch, und nach langen Jahren werde ich mich endlich einmal wohl befinden.

Doch ich fürchte gar sehr, mein Streben und Wünschen wird erfolglos bleiben. So viele Leute denken eben anders als meine Richter, nicht nur dort, wohin ich jetzt reise, sondern überall auf dieser Welt, wohin sie auch ihr Urteil verbreitet haben, so dass in den Augen der meisten, und zwar gerade der besten Menschen ihr Urteil auf ihr eigenes Haupt zurückfallen wird. Nur in einer einzigen, herrlichen und berühmten Stadt dürfen sie es wagen, so über mich zu urteilen; denn dort gibt es wegen der großen Menge der verschiedenartigen Bevölkerung viele Leute, die ohne jede Bildung den Philosophen spielen und über alle Dinge sprechen. Es herrscht dort eine allzu große Freiheit in allen Dingen und leider auch, was ich für das einzige und größte Übel halten möchte, in der Rede; und auf diese bauend, wagen es dort die untauglichsten Leute, auf alle berühmten Männer zu schmähen, zum großen Unwillen der Guten, deren es dort gleichfalls so viele gibt, dass ich nicht weiß, ob es überhaupt in einer anderen Stadt mehr bescheidene und gute Leute geben kann. Aber immer größer ist die Schar der Toren, und darum ist auch der Unwille der Weisen fruchtlos. So süß klingt eben allen Menschen das Wort Freiheit, dass selbst Keckheit und Frechheit überall Anklang finden, weil sie mit der Freiheit einige Ähnlichkeit haben. Dort kann ungestraft die Nachteule den Adler, der Rabe den Schwan, der Affe den Löwen schmähen; dort werden die ehrenwerten Leute von den schlechten, die Gelehrten von den Unwissenden, die Starken von den Feigen, die Guten von den Bösen angegriffen. Und die Guten treten dem Treiben der Bösen nicht entgegen, weil diese in der Mehrzahl sind und die Gunst des Pöbels genießen und deshalb glauben, jeder dürfe sagen, was ihm beliebe. So sehr huldigen sie dort alle dem Grundsätze des Kaisers Tiberius: »In einer freien Stadt müssen Gedanken und Worte frei sein.« Gewiss sollen sie frei sein, aber so, dass die Freiheit sich frei halte vom Unrecht.

Du siehst, dass ich zum Schluss eile und nicht schließen kann. Denn immer wieder kommt etwas dazwischen, das den

Lauf der Rede aufhält. Ich weiß wohl, mein Büchlein wäre viel weiser und viel gewichtiger geworden, wenn ich dies und anderes verschwiegen hätte. Aber es ist schwer, wenn es juckt, nicht zu kratzen. Und so musste ich oft solche Flöhe zu zerdrücken oder zu vertreiben suchen. Gern hätte ich sie ertragen, wenn ich gewusst hätte, ob auch du sie ertragen werdest. Es ist auch nicht meine Unwissenheit – die leugne ich nicht – sondern die Frechheit der anderen, was mich ärgert. Aber trotzdem hätte ich geschwiegen, wenn du nicht gewesen wärest. Deiner Entrüstung, nicht der meinigen, habe ich so viele Worte geliehen.

Indem ich dir hier über meine Unwissenheit nicht einen Brief, sondern fast schon ein Buch schrieb, habe ich dabei auch von der Unwissenheit vieler anderer, ja fast aller Menschen gehandelt, wie es mir gerade in die Feder kam. Hätte ich vollends eifrig darüber nachgedacht, so könnte ich damit nicht nur ein kleines Büchlein, sondern ungeheure Folianten füllen. Denn ich frage: Gibt es etwas Größeres, etwas Unerschöpflicheres, etwas Verbreiteteres als die Unwissenheit? Wohin ich mich wende, finde ich sie: bei mir und bei allen Menschen; nirgends aber in reicherem Maße als bei meinen Richtern. Wenn diese sie so gut kennten wie ich, so würden sie sich vielleicht hüten, andere Leute mit dem Vorwurf der Unwissenheit zu belasten, und es wären bei diesem ungerechtesten und unfähigsten Gerichtshof ewige Ferien. Denn nur der Allerunverschämteste verdammt bei seinem Nächsten, was er bei sich selbst sieht. Nur eine Entschuldigung haben sie. Sie pflegen sich für gelehrt zu halten, vor allem zu der Stunde, da sie das Urteil fällten. Und wir wissen, dass sie das Urteil nach der Mahlzeit gefällt haben.

Ich habe an die Stirne des Büchleins geschrieben: »Von meiner Unwissenheit.« Es ist das für ein Buch ein ungewohnter Titel, aber gleichwohl nicht staunenswert für den, der sich erinnert, dass einst der Triumvir Antonius ein Buch über seine Trunkenheit geschrieben hat. Sein Titel aber ist umso viel schmählicher als der meine, als die Fehler im sittlichen Leben schlimmer sind als die des Verstandes. Denn die Unwissenheit kommt von irgendeiner angeborenen Trägheit oder

Langsamkeit des Geistes, die Trunkenheit dagegen wurzelt in einer verderbten und verkehrten Willensrichtung. Wie aber Antonius sich den Allertrunkensten nennt mit Ausnahme eines einzigen Mannes, nämlich des Sohnes – o Schande – des großen Cicero, so leugne auch ich nicht, dass ich der allerunwissendste Mensch bin, aber ich nehme dabei nicht einen, sondern vier andere Menschen aus.

Doch nun ist es genug, vielleicht schon zu viel! Und schon sehe ich aus den stürmischen Fluten heraus nach dem ruhigen Hafen. Darum will ich nun endlich frohgemut den Titel eines Unwissenden auf mich nehmen, sei er nun wahr oder falsch. Denn den falschen fürchtet nur, wer auf den wahren zu wenig hoffen darf, und den wahren hasst nur der, der den falschen liebt.

Ist dieser Vorwurf unberechtigt, so wird er bald wieder verschwinden, selbst bei denen, die ihn erfunden, und die schon die Scham befallen hat, da sie noch ihre Worte wiederkäuen. Denn bei anderen Leuten wird der Vorwurf gar nicht verfangen, und nie wird er die Schwelle eines gelehrten Mannes überschreiten. Ist er aber berechtigt, was suchen wir dann nach Ausflüchten? Soll unsere Wahrhaftigkeit leiden unter der Liebe zu einem eitlen Namen? Was liegt denn an diesem, dass er imstande sein soll, einen edlen Geist zu quälen, der das Irdische kennt und nach dem Himmlischen sich sehnt? Jeder Gedanke zeigt ihm ja, wie nichtig, wie verschwindend wenig der Ruhm ist. Und nicht nur der eine oder andere von den Philosophen, die im höchsten Glanze der Wissenschaft erstrahlen, sondern alle haben es erfahren und wissen auch, wie winzig klein aller Menschen Wissen ist, wenn wir es vergleichen mit der menschlichen Unwissenheit oder mit der Allwissenheit Gottes. Du wirst mir darum, mein Freund, gerne Gehör und Glauben schenken und wirst auch zugeben, dass nicht ich zum ersten Male es ausgesprochen, sondern dass es schon oft gesagt und noch öfter gedacht wurde, dass man nämlich bei jedem von den alten oder neuen, im Rufe großer Gelehrsamkeit stehenden Philosophen, wenn man ihn herausgreift aus der großen Herde der Berühmten und vom Strahlenglanze seines Namens absieht und ihn genau prüft, finden wird, dass er in Wirklichkeit trotz allem Beifallsgeschrei des Pöbels nur ein sehr mäßiges Wissen, aber eine sehr große Unwissenheit bekundet. Ich bin sogar überzeugt, dass selbst meine Richter, wenn sie anwesend und frei von falscher Scham wären, mir hierin völlig zustimmen würden. Erzählt man sich doch von Aristoteles, dass er auf dem Sterbebette seufzend gesagt habe, niemand solle sich selbst rühmen und auf sein eingebildetes Wissen stolz sein, sondern Gott danksagen, wenn ihm vielleicht etwas über das gewöhnliche Maß geglückt ist; aber man solle nicht allzu rasch sein, solches von sich zu glauben, sondern dabei lieber auf sein eigenes Urteil als auf das Lob anderer hören und sich selbst gegenüber nicht den schmeichelnden Lobredner, sondern den strengen Richter spielen.

Und gewiss, wer fern von jeder Voreingenommenheit, wodurch wir so oft uns und andere täuschen, mit offenen Augen sich selbst betrachtet, der wird viel Beweinenswertes und sehr wenig Lobenswertes an sich finden. Und ich will dabei gar nicht von den Tugenden, über deren Fehlen man noch viel mehr klagen könnte, sondern nur vom menschlichen Wissen reden. Wie soll man fürchten, durch den Verlust einer Sache arm zu werden, in deren vollem Besitz der Reichste in Wahrheit noch immer bettelarm ist? Wenn wir innerhalb des engen Rahmens der uns zugänglichen Dinge philosophieren, so widersprechen wir uns in unserer Aufgeblasenheit unaufhörlich und sind dabei stolz auf den Schein einer großen Wissenschaft! Und in dieser Enge sind selbst unsere größten Denker befangen. Was sie wissen, ist sehr wenig, und was sie nicht wissen, ist sehr viel; und wenn sie bei Vernunft sind, wissen sie das eine sicher, dass sie nichts wissen. Durchaus wahr ist das Wort Ciceros, dass jeder ernste Philosoph wisse, dass ihm noch viel an seinem Wissen fehle. Um diesen Mangel kümmert sich freilich der nicht, dem er noch gar nicht zum Bewusstsein gekommen ist. Dagegen sind gerade die gelehrtesten Männer die lernbegierigsten, weil sie am meisten von dem Bewusstsein ihrer Unwissenheit durchdrungen sind.

Wie häufig und gefährlich sind dabei noch die Klippen in dem bisschen Wissenschaft, womit die Menschheit wie mit kahlen Federn prunkt! Wie zahlreich und lächerlich sind die Spitzfindigkeiten der Philosophie! Wie groß ist der Widerspruch der Meinungen, die mit unverschämter Hartnäckigkeit festgehalten werden! Wie groß ist die Zahl der verschiedenen Schulen, wie zahlreich ihre Gegensätze und Auseinandersetzungen! Wie schwankend ist die Kenntnis von vielen Dingen, wie unendlich verworren ihre sprachliche Bezeichnung! Wie tief, wie unnahbar sind die Geheimnisse der Wahrheit! Wie hinterlistig sind die Kunstgriffe der Sophisten, die mit allem Eifer den Weg zum Wahren mit Dornen und Gestrüpp versperren, so dass niemand mehr erkennen kann, welcher Pfad den rechten Weg weise! Wollte doch darum der alte Cato den Carneades aus der Stadt Rom verbannt wissen. Wie groß ist endlich auf der einen Seite die Tollkühnheit, auf der anderen Seite dagegen die Verzagtheit gerade der größten Männer und die Verzweiflung an der endgültigen Erfassung der Wahrheit! Pythagoras sagt, von jeder Sache könnte man ebenso gut auch das gerade Gegenteil mit Gründen beweisen. Und andere Philosophen meinen, die Wahrheit sei verschüttet und wie in einem tiefen Schacht begraben; man müsse sie in den tiefsten Finsternissen der Erde und nicht auf den strahlenden Höhen des Himmels suchen, man müsse sie mit Klammern und Stricken aus dem Boden ziehen und nicht zu ihr emporsteigen auf den Stufen des Geistes und der Gnade. Und wenn Sokrates sagt: »Dies eine weiß ich, dass ich nichts weiß« – so tadelt ein Archesilaus dieses allerdemütigste Geständnis der eigenen Unwissenheit als viel zu kühn und behauptet, nicht einmal dies eine wissen wir, dass wir nichts wissen. Diese großsprecherische Philosophie, die ihre eigene Unwissenheit bekennt oder vielmehr nicht einmal das Wissen von dieser Unwissenheit zugibt, ist nur ein unentwirrbarer Widerspruch, ein trügerisches Spiel mit Worten. Gorgias von Leontini, ein uralter Rhetor, glaubt dagegen, dass nicht nur der Philosoph, sondern auch der Redner alles Wissen beherrsche; ja, er war, wie Cicero erzählt, der Ansicht, dass der Redner am besten über alle Dinge sprechen könne – was er selbst sicher nicht konnte, und wozu er doch vorher alle Dinge hätte erkannt haben müssen. Derselben Ansicht huldigte

Hermagoras, der nicht nur die Rhetorik, sondern die ganze Philosophie und die Kenntnis von allen Dingen dem Redner zuweist. Ein großes Selbstvertrauen für einen mittelmäßigen Geist! Das allergrößte Selbstvertrauen aber bewies Hippias, der zu behaupten wagte, er wisse überhaupt alles, der nicht nur in den freien Wissenschaften und in der ganzen Philosophie, sondern auch in den mechanischen Künsten den vollen Meisterruhm sich erringen wollte. Ich möchte ihn einen göttlichen Menschen nennen, wenn ich ihn nicht für verrückt hielte.

So ist es also sicher, dass die Menschen nicht alles, ja nicht einmal vieles wissen können, und die alten griechischen Philosophenschulen sind längst verschwunden und abgetan. Dafür ist es umso sicherer, dass wir durch Gottes Offenbarung gewisse Dinge erfahren haben. Und darum mag es genügen, so viel zu wissen, als zum Heile nötig ist. Viele haben mehr gewusst, als nötig war, und sind doch zugrunde gegangen, und während sie sich Weise nannten, waren sie, wie der Apostel sagt: »Toren geworden, und verfinstert hatte sich ihr Herz in Torheit.« Ich aber bin zufrieden, wenn es mir gelingt, zu wissen, was zum Heile nötig ist – und die große Schar von ungelehrten heiligen Männern und Frauen zeigt mir, dass dies ohne große, ja ohne jede wissenschaftliche Bildung möglich ist – und ich werde mich für glücklich halten und die Arbeit meines Lebens nicht bereuen. Diese geschwätzigen Dummköpfe aber, die auf ihren erlogenen Gelehrtenruf stolz sind, werde ich bedauern oder verabscheuen oder werde über sie lachen, wenn sie über wertlose, unbekannte Dinge sich streiten; und neidlos werde ich ihnen ihre Prahlerei und ihren sündhaften Hochmut und alles, was sie besitzen – auch ihre Reichtümer – überlassen, den Armen, die nie zur Besinnung kommen, sondern völlig umnachtet in der Welt umherlaufen. Und schließlich lege ich auch gerne den Namen eines gebildeten Mannes nieder oder habe ihn vielmehr schon niedergelegt; trug ich ihn unwürdig, so leiste ich nun damit der Wahrheit und meinem Gewissen, andernfalls eben dem Neide Genugtuung.

Über die ganze Sache wird die Nachwelt urteilen, wenn mein Name auf den Schwingen des Ruhmes zu ihr gelangen sollte; wenn nicht, dann die Vergessenheit. Die unverdorbene Nachwelt, sage ich, mag darüber urteilen; denn diese wird vom gerechten Urteil nichts abhalten, keine Art von Voreingenommenheit, nicht Hass noch Zorn noch Liebe noch Neid, die Feinde der Wahrheit. Die Nachwelt möge über mich urteilen, wenn sie von mir hört. Von meinen Richtern freilich wird sie nie hören; denn die sind ja nicht einmal bei ihren Zeitgenossen, kaum in ihrer nächsten Nachbarschaft bekannt. Die Nachwelt möge richten und urteilen; und wenn sie dem Urteil meiner Richter beipflichtet, so will ich es zufrieden sein; wenn sie es aber zurückweist, so will ich auch dann meinen Freunden nicht zürnen, denn ich weiß, wie groß im Menschenherzen die Macht der Leidenschaft ist. Nicht meine Freunde waren es, die dieses Urteil über mich fällten; es war einer, den ich heute schon oft genannt habe, der Neid. Er hat mit seinen Fingern das Urteil niedergeschrieben, und weder Liebe noch Vernunft vermochten es zu ändern. Warum soll ich also meinen Freunden zürnen für ein Vergehen, das ihr eigener Feind begangen hat? Kein Vater trägt die Schuld des Sohnes und kein Sohn die des Vaters. Um wieviel weniger darf dann das Verbrechen des Feindes dem Freunde schaden, der doch selbst von jenem in Kerker und Ketten gehalten wird, und der, einmal frei, das Unrecht rächen wird, das ihm und seinem Freunde zugefügt wurde.

Und noch viele andere Gründe hätte ich, den Zorn, der sich vielleicht erheben möchte, zu mildern und zu beschwichtigen. Denn gab es jemals eine Gelehrsamkeit, eine Heiligkeit, eine Tugend, die so hoch stände, dass sie nicht doch unter Verleumdungen hätte leiden müssen? Sagt doch schon Livius: »Je größer der Ruhm, desto näher ist er dem Neide.« Und so ist es. Denn obwohl der Neid ein niedriges Übel ist und es nicht wagt, stolz sein Haupt zu erheben, sondern nach Art der Schlangen, wie Naso sagt, am Boden kriecht, so wächst er doch in der Nähe des glänzenden Ruhmes und ist voll Tücke bereit, seine Wurzeln anzugreifen und berühmte Namen mit seinem Gift zu beträufeln, so wie gewisse Würmer tief drinnen im Erdreich die Wurzeln der Bäume in stiller, dunkler Arbeit benagen und zerfressen.

So wühlt der Neid im Verborgenen, doch bisweilen braust er auch auf mit lautem Toben, wenn die Leidenschaft des Herzens das Schweigen brechen muss. So erzählt die Ilias des Homer, wie der fußlahme, verkrüppelte, bucklige, hochbrüstige und kahlköpfige Thersites den Agamemnon, den König der Griechen, und den Achill, ihren tapfersten Helden, öffentlich laut zu schmähen wagte, und Vergils Aeneis berichtet uns, wie Drances den Turnus mit Schmähreden überschüttete. Aber daran ist nichts Sonderbares. Immer pflegen sich solche zu hassen, die sich völlig ungleich sind. Wieviel wurde von Freund und Feind gegen den hehren Julius Caesar und gegen den Kaiser Augustus gesprochen! Über alles Maß aber staune ich darüber, dass ein so herrlicher Mann wie Pescennius Niger behaupten konnte, das Geschlecht der Scipionen, die erste Familie in ganz Rom, sei, mehr vom Glück begünstigt als durch eigene Tüchtigkeit, stark geworden. Das war sicherlich kein Neid, sondern eine unbedachtsame Freiheit des Urteils.

Doch dies und Ähnliches sind Beispiele, die uns fremd sind und fernliegen. Ich will darum näherliegende anführen. Ich könnte Heilige erwähnen, vor allem den hl. Hieronymus; aber der Gegenstand ist zu weltlich, und es ist ja allein von den Wissenschaften die Rede. Deshalb spreche ich nur von solchen – und zwar nicht von allen – die unserem Falle näher stehen. Wer weiß nichts von Epikur, der aus Hochmut oder aus Neid oder aus beiden zugleich alle anderen Philosophen herabsetzte, den Pythagoras, den Empedokles, den Timokrates, seinen eigenen Freund, den er in ganzen Bänden deshalb wütend angegriffen haben soll, weil er in seiner Philosophie ein klein wenig von ihm und seinen ungesunden Ansichten abgewichen war? Aber es haben diese drei und andere, die er übel behandelte, Grund genug sich zu beruhigen; hat er doch sonderbarerweise selbst den Platon verachtet und den Aristoteles und den Demokrit schamlos angegriffen. Und von diesem Letzteren hatte er doch alles gelernt, was er in der Philosophie wusste, und war ihm auch, von geringen Wortänderungen abgesehen, in allem nachgefolgt. Aber er schmähte ihn wohl gerade deshalb umso heftiger, weil er den Anschein erwecken und sich rühmen wollte, ohne Lehrer groß geworden zu sein. Und es folgten ihm in dieser Schmähsucht wie einem Lehrer Metrodorus und Hermacus, die gleichfalls die obenerwähnten Philosophen zerzausten und keine Größe noch Berühmtheit schonten. Auch Zeno war ein solcher Lästerer und Spötter; den Crispus, einen sehr scharfsinnigen Mann und Anhänger seiner eigenen Sekte, nannte er verächtlich immer nur Crispa statt Crispus und griff mit Schmähreden und Schimpfwörtern nicht nur seine Zeitgenossen, sondern selbst den Sokrates, den Vater der Philosophie, an und nannte ihn in lateinischer Sprache – vermutlich weil in der fremden Sprache das Scherzwort noch bissiger klingen sollte – den attischen Possenreißer. Dasselbe Scherzwort, wenn es überhaupt ein solches ist und nicht eher eine Beleidigung genannt werden sollte, gebrauchten auch die Widersacher Ciceros, bei dem das Vorhergehende berichtet ist, indem sie diesen wegen seiner hervorragenden witzigen Schlagfertigkeit den konsularischen Possenreißer nannten. Kein übler Scherz im Munde dieser drolligen Possenreißer, aber unpassend gegenüber einem solchen Manne. Bekannt ist auch die Art und Weise, wie Annäus Seneca und Quintilian sich gegenseitig befehdeten. Beide waren Männer von hervorragenden Geistesgaben, beide Spanier von Geburt, und doch verfolgten sie einander mit ingrimmiger Wut, und einer verdammte des anderen Stil – sonderbar fürwahr bei so bedeutenden Geistern. Sonst pflegen nur ungelehrte Leute die Gelehrten zu hassen und zu verabscheuen und, wo sich eine Gelegenheit dazu bietet, am guten Ruf zu schädigen. Die Gelehrten aber, wenn sie sich auch nicht von Angesicht kennen, fühlen sich doch gegenseitig verwandt, es sei denn, dass Neid oder ehrsüchtiges Streben sie entzweit habe, was bei diesen beiden wie bei den anderen obengenannten Philosophen der Fall gewesen zu sein scheint. Aber auch dann, wenn zuweilen Neid und Eifersucht nachgelassen haben, scheint zwischen berühmten Männern doch eine geheime Missgunst zu bestehen, so wie das Meer auch bei Windstille nie ganz zur Ruhe kommt.

Der Grund dafür scheint, wie ich schon irgendwo gelesen habe, ein doppelter zu sein. Der eine liegt in dem Beifall der

Schüler und Anhänger, der den Meister, obwohl er lieber ruhen möchte, zum Kampfe gegen fremde, gegensätzliche Anschauungen verführt. Der andere liegt eben in dem Umstande, dass zwei Gelehrte an Bedeutung sich gewachsen sind. Dadurch werden sie wider ihren Willen im Urteil solcher, die zwischen beiden Vergleiche ziehen, zueinander in Gegensatz gebracht. So kann es kommen, dass durchaus gleichgesinnte und von Leidenschaften freie Männer wie zwei nahe Berge oder Türme sich schweigend zu messen scheinen. Ein solches Beispiel haben wir, wie ich oben schon erwähnt zu haben mich erinnere, an Platon und Xenophon. Oft ist auch der Grund dieser Feindseligkeit zwischen großen Männern ein viel tieferer und ernsterer: nicht der Neid, sondern ein im tiefsten Herzen glühender Hass. Die Angriffe, die Sallust und Cicero, Aeschines und Demosthenes widereinander führten, richteten sich weder gegen Begabung noch gegen Schriftstil, sondern gegen den Charakter des Gegners. Ein unschönes und gehässiges Streiten, das nichts Versöhnliches an sich trägt, nichts Witziges und nichts Scherzhaftes; ein ganz anderer Kampf als der, der über Wissen oder Ruhm zu entbrennen pflegt.

Vergleichen wir mit einer derartigen Fehde die Sticheleien meiner Freunde, so sind diese nur Scherze, die man leichten Herzens ertragen kann. Auch könnte ich ja außer denen, die du eben gehört hast, noch tausend andere nennen, die sich allein wissenschaftlicher Fragen wegen entzweit hatten, so namentlich die Homerforscher Aristarch und Zoilus, dann Cornificius und Evangelus, die sich über Vergil, Asinius und Calvus, die sich über Cicero stritten. Und dabei fällt mir jener strenge, aber durchaus nicht ungebildete Fürst ein, der daran gedacht haben soll, die Gedichte des Homer zu vernichten, mit der Begründung, warum denn ihm verwehrt sein solle, was dem Platon erlaubt war, der den Homer aus seinem Idealstaat zu vertreiben gedachte. Und nicht viel fehlte, und er hätte auch die Schriften Vergils und des Titus Livius aus allen Bibliotheken entfernt, da nach seinem Urteil der eine keinen Geist und wenig Gelehrsamkeit besaß, der andere ebenso wortreich als unzuverlässig in seinen historischen Darstellungen sein soll. Und den Annäus Seneca, der damals wie heute sehr beliebt war, nannte er eine Rennbahn ohne Ziel. Doch was reden wir von Männern? Hat doch einst ein griechisches Weib zu Leontium – Cicero spricht sogar von einer Dirne – es gewagt, gegen einen Philosophen wie Theophrast zu schreiben! Wer darf da noch zürnen, wenn auch einmal gegen ihn ein schlimmes Wort gesagt wird?

So bleibt mir also nichts anderes übrig, als meine Freunde – freilich nicht dich und einige andere, die einer Aufforderung mich zu lieben nicht bedürfen – und mit meinen Freunden auch meine Richter zu beschwören, dass sie fürderhin mich lieben, wenn nicht als einen gebildeten, so doch als einen »guten Mann«, und wenn das nicht, so doch als ihren Freund; und sollte ich wegen Mangels an Tugenden selbst den Namen eines Freundes nicht verdienen, so mögen sie mich wenigstens lieben als einen, der sie liebt und ihnen treu ergeben ist.

Inhalt

Einleitung 7

Des Francesco Petrarca Brief an die Nachwelt 46

Des Francesco Petrarca Gespräche über die Weltverachtung 58
    Das erste Gespräch 61
    Das zweite Gespräch 89
    Das dritte Gespräch 128

Des Francesco Petrarca Büchlein
von seiner und vieler Leute Unwissenheit 185